말레이세계로 간
한국 기업들

삼성, 미원, 삼익, 코린도의
동남아 현지화 전략

말레이세계로 간
한국 기업들

오명석 엮음

한국 기업이 동남아에 진출한 지 이제 거의 반세기에 가까워지고 있다. 동남
아는 한국 기업의 해외투자가 처음으로 시도된 개척지이면서 현재도 가장
중요한 투자처 중의 하나이며, 2015년 아세안 공동체 출범을 앞두고 이 지역
으로의 한국 기업 투자는 한층 더 활발하고 다양한 모습으로 진행될 것으로
예상된다. 하지만 이렇게 비교적 오랜 기간 축적되어 온 한국 기업의 동남아
진출 경험이 기업들 사이에, 더 나아가 한국 사회에 널리 공유되고 있는가 하
는 점을 생각해보면 긍정적인 결론을 내리기 쉽지 않다. 이 책은 이 점을 다소
나마 보완하기 위한 목적으로 쓰였다. 일찍부터 동남아에 진출한 몇몇 대표
적인 한국 기업들을 사례로 하여, 이들이 현지에서 성공적으로 정착하기 위
하여 어떤 경영 전략을 시도했는지, 언어, 종교, 노사관계, 지역사회와의 관계
라는 몇 가지 측면에 주목하여 그 구체적인 모습을 포착하고자 했다. 이로써
해외 경영의 현지화 전략의 문제를 보다 일상적인 회사 경영의 차원에서 보여
주고자 했다.

　이 책의 제목인 "말레이세계로 간 한국 기업들"에 대한 약간의 설명이 필
요할 것 같다. 이 책은 인도네시아와 말레이시아에 진출한 한국 기업을 다루

고 있는데, 이 두 국가는 언어적으로 매우 가깝다. 현재 인도네시아 국어인 "바하사 인도네시아Bahasa Indonesia"와 말레이시아의 국어인 "바하사 말레이시아Bahasa Malaysia"는 모두 말레이어에 기초하고 있으며 서로 간의 의사소통에 별 어려움이 없다. 언어뿐 아니라, 인도네시아와 말레이시아 원주민의 대부분은 이슬람을 신봉하는 무슬림이며, 역사적으로도 두 국가는 깊은 연관을 맺으면서 변화해왔다. 근대에 들어 인도네시아와 말레이시아가 각각 네덜란드와 영국의 식민지배를 거치면서 두 개의 국민국가로 분리되었지만, 역사적·문화적으로 많은 공통점을 지니고 있다는 점에서 크게 말레이세계라고 부를 만한 근거를 가지고 있다.

이 책은 서울대 아시아연구소 동남아센터가 수행하고 있는 연구 프로젝트인 "'문화에 민감한' 시장진출 전략과 지속 가능한 경제협력: 말레이-이슬람 문화권의 인도네시아와 말레이시아 사례 연구"의 결과물로 발간되는 것이다. 본 연구소는 한국연구재단의 "신흥지역 연구사업"의 연구비 지원을 받아 2012년도부터 동 연구 프로젝트를 수행해왔다. 2년에 걸친 1단계 연구에서는 인도네시아와 말레이시아에 진출한 한국 기업을 대상으로 하여 이들 기업의 현지화 전략을 문화와의 연관성 속에서 탐구하는 것을 목표로 삼았다. 조사 방식으로 개별 기업에 대한 심층면접과 관찰을 통한 사례 연구를 채택했는데, 이를 위해 인도네시아에 진출한 미원, 코린도, 삼익악기와 말레이시아에 진출한 삼성전자에서 현지조사를 시행했다.

기존의 기업연구가 주로 설문지 조사를 통한 통계분석에 기초하고 있는 것에 반해, 본 연구는 개별 기업에 대한 질적 연구를 수행했다는 점에서 차별성을 가지고 있으며 새로운 시도였다고 자부한다. 질적 연구는 사람들의 생각과 느낌과 행동을 보다 구체적이고 세밀하게 포착할 수 있다는 방법론적 장점을 지니고 있다. 기업경영도 결국 사람이 하는 것이고, 사람들 사이의 관계를 통해 이루어지는 것이기 때문에 질적 연구가 잘 적용될 수 있는 영역이라고 생각한다. 더욱이, 해외에 진출한 한국 기업은 불가피하게 현지인과 관계를 맺을 수밖에 없기 때문에 문화 간 의사소통이 중요한 과제로 대두되는데, 문화적 차이를 이해하기 위해서는 계량적 방법보다는 질적 방법이 보다 효과적일 수 있을 것이다.

본 연구에는 인류학자, 정치학자, 지리학자가 공동연구원으로 참여했는데, 이들은 인도네시아와 말레이시아 지역전문가로서 비록 기업연구의 경험은 부족하지만 현지 사회와 문화에 대한 깊이 있는 지식을 갖추고 있다는 장점을 지니고 있다. 전공 분야는 서로 다르지만, 각자가 그동안 가져왔던 관심 주제에 역량을 최대한 발휘할 수 있는 방식으로 연구가 진행되었다. .

본 연구를 가능하게 했던 한국연구재단에 감사하며, 무엇보다 연구자들에게 접근을 허용한 미원, 코린도, 삼익악기, 삼성전자에 고마움을 표하고자한다. 회사의 입장에서는 외부인에게 기업 내부를 공개하는 것이 쉽지 않은일이었음에도 불구하고 흔쾌히 조사를 허락하고 많은 협조를 베풀어준 것은 기대 이상의 일이었다. 이 책이 이에 대한 답례가 될 수 있기를 기대한다.
끝으로, 이 책을 공들여 만들어준 정성원 대표와 심민규 실장을 비롯한 도서출판 눌민의 관계자들께도 감사의 마음을 전한다.

필진을 대표하여
편저자 오명석

차 례

태국

캄보디아

베트남

말레이시아삼성전자

브루나이

말레이시아

쿠알라룸푸르

세렘반

싱가포르

칼리만탄

수마트라

인도네시아

자카르타

수라바야

찔릉시

자바

삼익 인도네시아

미원 인도네시아

동남아시아 전도

● 수도
○ 한국 기업 소재지

필리핀

민다나오

술루 제도

코린도 인도네시아 복합사업장

술라웨시

말루쿠 제도

파푸아

보벤디굴

동티모르

오스트레일리아

일러두기

1. 단행본, 총서, 저널 등은 겹낫표(「」)로, 영화, 티비 드라마, 신문 등은 쌍꺾쇠(《 》)로 묶어 표시했다.
2. 인명, 지명, 저널, 신문 등의 발음 표기는 각 원어의 실제 발음에 가깝게 하려 노력했다.
3. 간략한 설명 및 첨언은 본문 속에 괄호로 묶어 표시했다.
4. 부제의 기업명 표기 순서는 본문에 수록된 순서를 따랐다.

"문화에 민감한" 기업경영의 현지화 전략을 위해서

오명석

"1968년에 한인 기업 남방개발이 인도네시아에 진출한다. 원목사업을 목적으로 하는 최계월의 남방개발은 해병대 출신 부사관 120명으로 구성된 한국인 직원들을 보르네오 섬의 칼리만탄Kalimantan에 '상륙'시켰다. 이것이 대한민국 역사상 첫 해외투자였다. [...] 공장 투자는 1973년 대상 그룹의 미원 인도네시아의 설립으로 처음 이루어졌다. 이는 한국 사상 최초의 제조업 해외투자였다."(전제성 2013: 44~45)

수출지향적 산업화 전략에 기반을 두고 해외자본 유치에 적극적인 관심을 보였던 1960~70년대 한국의 경제개발 시대에 비록 소수이긴 하지만 일부 한국 기업[1]이 이미 해외진출에 나서고 있음을 보여주는 대목이다. 주목할 만한 부분은 인도네시아가 한국 기업의 해외진출에 첫번째 대상 지역이었다는 점, 그리고 최초의 해외진출 한국 기업의 직원이 해병대 출신으로 구성되었다는 점이다. 인도네시아에 진출한 초기 한국 기업들

---

1   한국 기업이란 표현 대신 한인 기업을 사용할 수도 있다. 해외투자처에 본사가 있고, 그곳의 주식시장에 상장을 한 기업의 경우 한국 기업이란 표현을 쓰는 것이 부적절할 수 있지만, 한인 기업이란 표현이 익숙하지 않은 점을 고려하여 이 책에서는 한국 기업이란 표현으로 통일했다.

은 한국식 경영 방식의 특징으로 꼽히는 병영식 노무관리를 했는데, 후자는 이를 암시하는 듯한 사건으로 흥미롭다(전제성 2013:60).

1980년대 이후 한국 기업의 해외진출이 활성화되면서 투자 대상 지역이 전 세계에 걸쳐 다변화되어 왔지만, 동남아는 줄곧 가장 중요한 투자처 중의 하나로 남아 있다. 1968년에서 2012년까지 동남아에 진출한 한국 기업의 투자 누적액은 약 320억 불에 달하는데, 이는 같은 기간 중 한국의 해외직접투자 총액의 14.7퍼센트에 해당하며, 미국, 중국에 대한 투자에 이어 3위를 점하는 수치이다(한아세안센터 2013:81). 동남아 국가 중에서는 베트남, 인도네시아, 싱가포르, 말레이시아가 한국 기업 투자의 집중적인 대상이 되어왔다. 잘 알려진 바와 같이, 동남아가 한국 기업 해외진출의 주요 대상 지역으로 부상한 중요한 이유는 값싼 노동력과 풍부하고 다양한 천연자원 때문이며, 이를 적극적으로 활용하여 수출경쟁에서 살아남고자 하는 노동집약적 중소기업(봉제, 의류, 신발 등)이나 자원개발형 기업이 동남아 투자를 주도해왔다. 하지만 최근에는 아세안 FTA의 체결로 아세안 역내를 아우르는 상품 및 서비스 시장이 형성되면서 약 6억의 인구를 보유한 이 지역의 소비 잠재성 자체에 주목하기 시작했으며, 동남아의 높은 경제성장률과 산업화에 부응해서 기술집약적 대기업의 진출도 활발하게 이루어지고 있다.

미국, 일본, 유럽의 기업과 비교해서 해외투자의 역사가 일천한 한국 기업에 있어서 동남아는 해외진출에 의한 성공과 기회의 땅일 뿐 아니라, 반복적으로 시행착오를 겪는 시련의 땅이기도 했다. 인도네시아에서는 1990년대에 한국 기업들이 심각한 노사분규에 휘말려 들면서 현지 언론의 집중적인 주목을 받아 전국적 악명을 얻었으며(전제성 2013: 59~63), 2014년 초 캄보디아에서는 매우 드문 대규모 노동자 시위에서 한인 봉제기업이 주요 표적이 되었다는 최근의 기사는 그러한 시행착오가 심각한 결과를 초래했었으며 지금도 진행 중임을 시사한다. 해외투자에 수반되는 시행착오를 피하기 위한 방안으로 제시되어 온 것이 다국적 기업의 "현지화 전략"이다. 현지화 전략을 통해 현지 사회에서 발생할 수 있는 갈등을 최소화하고 현지 환경에 잘 적응함으로써 성공적인 사업 활동을 이룰 수 있다는 데에 오랜 해외진출 경험을 가진 다국적 기업들은 대부분 동의하고 있다.

하지만 현지화 전략이라는 기본 취지에는 동의할지라도, 기업 활동의 어떤 영역에서 어느 정도 현지화해야 할 것인지는 매우 어려운 선택의 문제이며, 현지 조건과 개별 기업 내부의 역량을 종합적으로 고려해서 어떤 영역을 어느 정도 현지화할 것인가에 대한 구체적이고 단계적인 방안이 수립되어야 실효를 거둘 수 있다. 현지화는 그 자체가 목적이 아니고, 현지 사업 활동의 성공이라는 궁극적인 목적을 위한 수단이기 때문이다(김용규 2000: 145). 현지화 전략을 실행하기 위한 주요 영역으로는 마케팅의 현지화, 인적자원의 현지화, 생산 및 기술의 현지화, 자본 조달의 현지화, 조직의 현지화, 현지 사회와의 융화라는 여섯 가지 분야를 들 수 있다(이지평·손민선 1998; 김용규 2000: 143에서 재인용). 즉, 현지화 전략은 단순히 현지법인의 경영진 구성에 현지인의 고용 비율을 높이는 데 그치는 것이 아니고, 기업 활동의 전 영역에 걸쳐 적용되는 내용을 포함한다. 그리고 이 여섯 가지 분야의 현지화가 실제로는 서로 긴밀하게 연결되어 있다는 점에 주목할 필요가 있다(김용규 2000: 144~145). 하지만 이 책에서 다루고 있는 내용은 인적자원의 현지화, 조직의 현지화, 현지 사회와의 융화에 보다 직접적으로 연관된다고 할 수 있다.

현지화 전략을 실행하는 데 있어서 자본, 기술, 가격(상품 가격과 임금)과 함께 현지 문화가 중요한 변수로 고려된다. 이 책이 추구하는 "문화에 민감한" 경영 전략이란 현지 문화에 대한 충분한 이해를 바탕으로 그 문화적 특수성을 반영한 경영 체계를 수립하는 것을 뜻한다. 마케팅의 현지화와 관련해서 현지인의 소비 취향, 즉 현지 사회의 문화적 특성을 반영하는 집단적 소비 취향에 부합하는 제품을 개발하는 것이 새로운 시장 개척을 위해 필요한 과제임은 이미 잘 알려져 있는 사실이다. 마케팅뿐만 아니라, 인적자원의 현지화, 조직의 현지화, 현지 사회와의 융화에 있어서도 문화는 핵심적인 고려 사항이 된다. 현지법인 내에서의 파견사원과 현지사원 간에 원활한 의사소통이 가능하기 위해서, 현지 사회에서의 기업 이미지를 높이기 위해서 현지 문화에 대한 이해가 선행될 필요가 있다.

문화에 대한 이해가 왜 필요한가? 바람직한 "관계 맺기"를 위해서이다. 또는 불편한 관계와 오해로부터 야기되는 갈등을 피하기 위해서이다. 기업 활동은 시장교환을 전제로 한 계약적 관계에 기초하고 있지만, 현실에 있어서는 그러한 시장계약만으로 모든 것이 해결되는 것이 아니고 다양한 인격적 관계를 수반하며 그것이 기업 활동의 결과에 지대한 영향을 미친다. 기업 내부의 노사관계뿐 아니라, 기업과 소비자의 관계, 기업과 지역사회의 관계가 화폐가치에 의해 측정되고 평가된다는 점은 현대 시장경제의 명백한 현실이지만, 화폐가치로 환원될 수 없는 정서적이고 윤리적인 평가가 노사관계, 소비자와의 관계, 지역사회와의 관계에 개입하고 있음도 부인할 수 없는 현실이다. 문화에 대한 고려가 필요한 것도 바로 이 지점이다. 개별 문화는 그 사회 구성원들이 현실을 이해하고 평가하고 행동하는 정서적, 윤리적, 인지적 틀을 제공하기 때문이다.[2] 더욱이, 기업의 해외진출에서와 같이 상이한 문화적 배경을 가진 행위자들이 조우하게 되는 상황에서 서로 다른 문화에 대한 이해는 바람직한 관계 맺기를 위해서 보다 절실하게 요구되며, 그러한 이해의 부족은 종종 심각한 갈등과 분열을 초래한다.

1990년대 인도네시아 한국 기업들에서 빈발했던 노사분규의 주요한 원인으로 지적된 것은 한국인 주재원의 병영식 노무관리 방식이었다. "'빨리빨리' 처리할 것을 재촉하며 큰 소리로 지시하고 공개적으로 질책하고 고함에 욕설까지 섞어서 때로는 구타에 체벌까지 가하는 노무관리"(신윤환 2001: 180)는 현지 문화의 규범에 정확히 배치되었던 것이다. 자바인들은 온화하고 부드럽다는 뜻의 "할루스halus"를 인간관계의 덕목이며 지배자의 덕목으로 간주하고, 거칠다는 뜻의 "까사르kasar"를 강함이 아니라 자제력이 결핍되고 나약함의 표현으로 간주하는데, 한국인 관리자들의 언행을 까사르하다고 느낌으로써 권위를 가진 자가 행할 것으로 기대되는 문화 규범에 위배되는 것으로 평가했다(전제성 2005: 88). 또한 인도네시아 근로자들은 가진 자의 관용을 강조하는 온정주의적 태도에서 부유한 한국인 경영자들의 인색함을 비난했다(전제성 2005: 88~89). 이러한 사

---

2 문화는 사회 구성원들이 공유하는 생활관습일 뿐 아니라, 이들의 가치관과 정서적 취향을 분류하고 평가하고 표현하는 의미 체계이다.

례들은 관계 맺기의 정서적, 윤리적 측면에 문화 규범이 어떻게 개입하는 지를 잘 보여주고 있다.

현지인과의 관계를 중시하는 것은 현지화 전략의 중요한 측면이지만, 현실에서는 "양날의 칼"과도 같이 작동한다. 친밀한 관계의 형성은 상호 신뢰, 충성심, 강한 근로 동기 부여와 같이 긍정적인 효과를 가져오지만, 부패, 정실주의와 같은 부정적인 결과를 초래하기도 한다. 동남아에 진출해 있던 다국적 기업들은 90년대 말 동남아의 외환위기를 거치면서 기존의 현지화 전략의 한계가 드러났다고 인식하고, "인적자원경영HRM: Human Resources Management" 기법을 도입하여 경영혁신을 시도하게 된다(Andrews et al. 2003: 103~106). 인적자원경영은 책임accountability과 전문성의 국제적인 기준을 도입함으로써 기업경영의 효율성을 높인다는 목표를 설정하고 있는데, 그 논의 속에서 친밀한 관계는 효율성이나 합리성과 충돌하는 부정적인 것으로 평가되거나, 관계 맺기의 의미가 오로지 공리주의적 관점에서 파악되는 한계를 안고 있다. 동남아 다국적 기업에서 인적자원경영 기법을 일방적으로 강요했을 때 심각한 저항에 부딪히고 실패를 경험하게 되었다는 것은(Andrew et al. 2003: 109~142) 관계 맺기 자체가 단순히 개혁의 대상이 아님을 시사한다.

물론 "관계 맺기"는 매우 추상적인 표현이다. 그것이 의미 있는 개념이 되기 위해서는, 어떤 위치에 있는 사람들 사이의 관계인지, 어떤 행위에 의해 매개되는 관계인지, 어떤 상황에서 이루어지는 관계인지, 어떤 종류의 관계를 지시하는지에 대해서 보다 구체적인 설명과 분석이 필요하다. 문화가 관계 맺기에 개입하는 양상에 대한 논의도 이러한 구체적인 사회적 맥락과 연관되었을 때 비로소 설득력 있는 설명을 제공할 수 있을 것이다. 개별 문화에 대한 일반적 설명은 현지 경영에 대한 안내서로는 유효하지만, 그야말로 안내서의 수준에 머물러 있기 쉽다. 기업경영에 대한 문화적 접근은 결코 "만병통치약"이나 "스위스제 다목적 칼"처럼 사용될 수는 없다. 이 책이 추구하는 "문화에 민감한" 경영 전략에 관한 논의는 이러한 일반적 수준의 기술을 피하고, 개별 기업들의 구체적인 상황 속에서 관계 맺기의 특정한 양상에 문화가 어떻게 개입하고 있는지를 경험적 자료를 통해 밝혀보려는 시도이다.

이 책에서는 인도네시아에 진출한 한국 기업으로 미원, 코린도, 삼익악기, 말레이시아에 진출한 한국 기업으로 삼성전자를 기업 사례로 다루고 있는데, 본 연구 프로젝트에 공동연구원으로 참여한 각 연구자들이 2013년에 개별적으로 이들 기업을 2~3주 정도 방문하여 심층면접과 관찰을 통해 자료를 수집했다. 이들 기업의 현지화의 수준과 내용은 각 기업의 사업 분야, 판매 시장의 성격, 현지 진출의 연력에 따라 의미 있는 차이를 보였다. 인도네시아 국내시장을 겨냥한 식품업체인 미원이나, 현지의 환경정책을 충족시켜야 하는 자원개발업체(벌목, 합판, 팜오일 농장)인 코린도의 경우에는 현지 사회에서의 기업 이미지에 대해 보다 민감하게 반응하며 현지화의 수준도 상대적으로 높았다. 현지에 진출한 지 약 40년 정도 된 미원과 코린도, 약 20년 정도 된 삼익악기와 삼성전자, 그리고 최근에 막 진출한 기업 사이에도 현지화의 수준과 내용에 있어서 큰 차이가 있었다. 현지화가 단기간 내에 이루어지는 것이 아니고, 경험 축적과 기업 역량에 따라 점진적으로 진행되는 과정이라고 할 때 이러한 차이는 자연스러운 현상이라고 할 수 있을 것이다.

본 연구에는 인류학자, 정치학자, 지리학자가 참여했는데 이들은 인도네시아와 말레이시아 지역전문가로서 비록 기업연구의 경험은 부족하지만 현지 사회와 문화에 대한 깊이 있는 지식을 갖추고 있다는 장점을 지니고 있다. 각 연구자는 그동안 전문적으로 연구해왔던 자신들의 주제 영역에 초점을 맞추어서 각자가 맡은 개별 기업을 연구하는 조사 방식을 취했다. 그 결과 이 책에 수록된 네 편의 개별 기업 사례 연구는 각각 이슬람, 언어, 노동조합, 환경과 지역사회의 주제를 집중적으로 다루고 있다. 한 편의 글은 개별 기업에 대한 조사가 아닌 한국인 주재원의 자녀 교육 문제를 다루고 있다. 조사 대상 기업들을 동일한 항목으로 조사하지 않았기 때문에 이들 기업의 현지화 수준과 내용에 대한 비교론적 결과를 도출하는 데에는 한계를 보이고 있지만, 우리가 채택한 조사 방식은 특정 주제들에 대해 심도 있는 질적 분석을 가능하게 했다는 점에서는 강점을 지니고 있다. 또한 "관계 맺기"란 측면에서 현지화 전략을 분석한다는 입장을 공유함으로써 일관성을 유지하고 있으며, 종교, 언어, 환경, 교육, 노동조합, 지역사회 네트워크 등 다양한 차원에서의 관계성을 드러내는 성과도 거두었다고 생각한다.

한국인 주재원과 현지인 직원 사이의 종교적, 언어적 차이는 어떤 식으로 극복될 수 있는가? 현지화 전략은 당연히 현지의 종교와 언어를 존중하는 태도를 지닐 것을 권장한다. 하지만 기업경영의 현실에서는 일반적인 지침을 넘어서서 이를 실행할 수 있는 구체적인 방안의 수립이 필요하다. 예를 들어, 무슬림의 기도와 단식, 음식과 복장에 대한 규범을 일상적인 기업 활동에서 어떤 방식으로 반영할 것인지, 지역 모스크와의 관계는 어떻게 수립할 것인지, 회사 내의 의사소통을 영어로 할 것인지 아니면 현지어로 할 것인지, 후자로 할 경우 어떤 수준의 의사소통이 가능한지를 평가하고 선택해야 한다. 이러한 선택은 경영 효율성이란 측면에서뿐 아니라, 현지인과의 관계 맺기란 측면에서 고려할 필요가 있다. 무슬림 현지 근로자들의 예민한 종교적 감수성을 고려할 때 한국인 주재원의 이슬람에 대한 태도가 이들과의 관계 맺기에서 매우 중요한 변수로 작용할 것이라는 점은 충분히 예상할 수 있다(오명석 이 책). 인도네시아에 진출한 한국 기업이 1990년대에 심각한 노사분규를 겪었을 때 무슬림의 종교적 권리가 무시되고 있다는 불만이 사태를 악화시킨 주요 원인이었음은 잘 알려져 있는 사실이다. 종교뿐 아니라 언어 사용도 현지인과의 관계 맺기에서 중요한 변수로 작용한다. 예를 들어, 삼익악기에서 "공장말"이라고 불리는 독특한 형태의 현지어를 사용하는 것이 작업을 지시하고 확인하는 측면에서는 실용적 성과를 거둘 수 있지만, 현지인 근로자와 인간적 관계를 형성하는 "마음의 말"에 이르지 못하고 있음은 언어를 매개로 한 관계적 측면이 언어 사용에 있어서 중요한 요소임을 잘 보여주고 있다(강윤희 이 책).

현지에 진출한 한국 기업은 노동조합, 지역사회 엘리트와 주민, 중앙정부와의 관계를 어떤 방식으로 설정하는 것이 바람직한가? 현지화 전략은 현지 직원들이 기업과 일체감을 갖고 회사경영에 적극적으로 참여하는 태도를 갖는 것을 중요하게 간주하며(김용규 2000: 159~162), 지역사회에 공헌함으로써 사회적 신임을 쌓고 현지 사회의 일원으로 받아들여지도록 노력할 것을 제안한다(김용규 2000: 174~176). 노사관계에서 노동조합에 어느 정도의 자율권을 부여할 것인지, 또는 노동조합의 활동을 어떻게 통제할 것인지는 매우 민감한 문제이며 기업경영에 있어서 핵심적인 사항에 해당한다. 임금을 포함한 근로조건에 대한 노사협상에서 한국인 주재원, 현지인 관리자, 노동조합이 각각 어떤 역할을 수행하도록 제도화되어 있으며 실제로 어떻게 실행되고 있느냐 하는 점은 현지인과의 관계를 평가하는 시금석이라고 할 수 있으며, 현지화의 수준을 가늠하는 중요한 지표이다(전제성 이 책). 지역사회와의 관계는 최근 주목받고 있는 "기업의 사회적 책임CSR: Corporate Social Responsibility"과 밀접하게 연관된 문제이다. 기업 이익의 일부를 지역사회와 공유하는 것은 기업의 사회적 책임을 수행하는 중요한 측면인데, 이에는 지역 주민의 고용, 장학금 지급, 사회복지시설 또는 종교단체에 대한 지원, 사회기반시설의 제공, 교육훈련 기관의 운용 등 다양한 방식이 존재한다. 해당 지역사회가 현실적으로 원하는 지원의 우선순위를 정하고, 어떤 사회적 경로를 통해 이러한 지원을 실행하느냐가 기업의 사회적 책임 전략의 성공 여부를 좌우한다고 할 수 있다. 코린도와 같이 인구가 드문 오지에서 대규모로 자원을 개발하는 경우에는 이주 근로자들을 위한 정착촌의 형성에 기업이 직간접적으로 간여하게 되는데, 여기에는 주택, 의료시설, 교육시설, 교통시설, 시장 등 전 방위에 걸친 종합적인 대책과 지원이 요구되며, 이 지역에 살고 있던 원주민에 대한 보상 문제도 대두된다(엄은희 이 책).

한국인 주재원의 자녀 교육은 기존 연구에서 거의 주목받지 못한 주제이지만, 파견사원의 입장에서는 매우 중요한 현실적 문제에 해당한다. 현지에서의 교육이 자녀의 미래에 어떤 자원으로 활용될 수 있는가가 가장 중요한 고려 사항이라고 할 수 있는데, 영어를 중시하는 대부분의 한국인 주재원들은 자녀를 국제학교에 보내고 있다. 이러한 선택은 한국인 주재원 가족들이 현지 사회와 단절된 채 한국인끼리 모여 사는 "고립된 enclaved" 사회를 형성하는 주된 원인이 되고 있다(최서연 이 책). 기업 활동에서는 현지화가 중시되는 것과 대조적으로 한국 주재원의 일상생활은 현지화와 거리가 먼 현상이 발생하고 있는 것이다.

이 책의 필자들은 개별 기업을 사례로 하여 미시적 차원에서의 관계 맺기의 양상을 다양한 차원에서 탐구하고 있는데, 그러한 양상이 보다 거시적 차원, 즉 국가적 차원과 국제적인 차원에서의 정치적, 경제적, 사회적 조건의 변화와 맞물려 있음에도 주목할 필요가 있다. 이 책에서 이에 대한 본격적인 분석을 시도하지는 못했지만, 개별 사례 연구에서 이와 관련된 측면이 부분적으로 언급되어 있다. 예를 들어, 이 책에서 언급된 1970년대 이후 말레이시아 사회 전반에 걸쳐 이슬람화가 심화되는 현상, 그리고 2000년대 이후 인도네시아의 민주화가 빠르게 진척됨으로써 지방정부와 노동조합의 권한이 크게 강화되고 있는 현상이 그러한 예에 해당한다. 다민족 사회인 말레이시아와 인도네시아의 종족관계도 이 지역으로 진출하는 한국 기업이 반드시 고려해야 할 중요한 사항이라고 할 수 있을 것이다. 현지화 전략을 "관계 맺기"의 측면에서 접근할 필요가 있다는 우리의 제안은 미시적 차원과 거시적 차원을 함께 고려할 때 보다 설득력을 가질 수 있다는 점에서 이 연구의 한계를 인정하며, 동시에 효율성을 일방적으로 강조하면 "현지화 전략"이든 "인간자원경영 전략"이든

이를 현실에 적용할 때 중요한 측면을 놓칠 수 있다는 점을 환기한다는 것에서 연구의 의의를 찾고자 한다. 이 연구가 화두로 삼고 있는 "문화에 민감한" 기업경영의 현지화 전략을 다른 말로 바꾸면 "관계 맺기에 민감한" 현지화 전략이라고도 할 수 있을 것이다.

참고 문헌

김용규. 2000. "국제기업의 아시아 주요 신흥시장 진출시 현지화 고려 요소".『국제경영연구』
　　11(2). 141~184쪽.

신윤환. 2001.『인도네시아의 정치경제: 수하르또 시대의 국가, 자본, 노동』. 서울대학교출판부.

이지평·손민선. 1998.『동남아 진출기업의 통화위기 대응방안과 현지화 전략: 일본기업 사례를
　　중심으로』. LG경제연구원.

전제성. 2005. "인도네시아 한인 기업 노사분규와 현지 지식의 빈곤".『국제이해교육연구』1(1).
　　80~95쪽.

──── . 2013.『인도네시아 속의 한국, 한국 속의 인도네시아』. 이매진.

한-아세안 센터. 2013.『2013 한아세안 통계집』.

Andrew, T.G. et al. 2003. *The Changing Face of Multinationals in Southeast Asia*, London:
　　Routledge.

1

무슬림 근로자를 위한 이슬람적 노무관리

말레이시아 삼성전자 디스플레이SDMA의 사례

오명석

SDMA에서의 현지조사는 2013년 7월 11일에서 25일 사이에 이루어졌다. 본 조사를 허락하고 협조해주신 SDMA의 이태희 법인장, 방현우 상무, 이병철 차장께 감사의 뜻을 전한다.

이슬람 사회에서 기업을 경영할 때 무슬림 근로자들의 종교적 요구를 어떤 방식으로 반영해야 하는가? 이 글은 말레이시아 삼성전자 디스플레이 SDMA: Samsung Electronic Display Malaysia, 이하 SDMA의 사례를 중심으로 이 문제를 살펴보고자 한다. 동남아시아에서 이슬람 사회에 해당하는 국가는 말레이시아, 인도네시아, 브루나이이다. 하지만 이슬람이 차지하는 사회적 위상은 이들 국가들 사이에 차이가 있다. 말레이시아와 브루나이가 이슬람만을 공식 종교로 채택하고 있는 것에 반해, 인도네시아는 "빤짜실라 Pancasila"라는 국가 이념에 따라 유일신 종교를 공식 종교로 인정함으로써 제한적인 다종교주의를 채택하고 있다.[1] 인도네시아에서는 무슬림이 인구의 약 90퍼센트를 차지하고 있는 반면에, 말레이시아에서는 무슬림이 인구의 약 60퍼센트를 차지하여 인구 구성의 종교적 측면에서 보면 인도네시아가 보다 동질적인 이슬람 사회에 해당한다. 말레이시아는 말레이가 50.4퍼센트, 화인(화교)이 23.7퍼센트, 인도인이 7.1퍼센트, 토착 소수민족이 11퍼센트를 차지하는 다종족 사회로, 말레이는 모두 무슬림인 반면 화인은 거의 대부분 비非무슬림이며, 인도인에는 무슬림과 힌두교도가 섞여 있다. 따라서 말레이시아에서 기업경영을 한다는 것은 이슬람이 공

---

1 빤짜실라는 유일신에 대한 믿음, 인도네시아의 통합, 인본주의, 민주주의, 사회정의의 다섯 가지 원칙으로 구성되어 있다. 이 중 유일신에 대한 믿음이란 원칙에 의거해서 이슬람뿐 아니라 기독교, 가톨릭, 불교, 힌두교도 공식 종교로 인정하고 있다.

식 종교이면서도, 무슬림과 비무슬림이 공존하는 다종족 사회라는 독특한 사회적 상황에 놓인다는 것을 의미한다.

전 세계 무슬림 인구는 약 18억 명으로 이슬람은 기독교와 더불어 세계 2대 종교라고 할 수 있으며, 지역적으로도 중동뿐 아니라 인도, 중앙아시아, 아프리카, 동남아 등 전 세계에 널리 분포되어 있다. 하지만 이슬람은 우리에게 여전히 낯선 종교이며, 이슬람에 대한 이해도 크게 부족한 상태이다. 그렇기 때문에 한국 기업이 이슬람 사회에 진출할 때 보다 신중한 준비가 필요하다. 인도네시아에 진출한 한국 기업들은 1990년대에 매우 심각한 노사분규를 겪었는데, 당시 인도네시아 무슬림 근로자들이 제기했던 요구 중에는 기도실 설치, 기도 시간 보장, 이슬람 명절 상여금 지급과 같이 이슬람과 관련된 내용이 포함되어 있었다(전제성·유완또 2013: 60~61). 노동조건과 작업환경에 대한 불만에 무슬림의 종교적 권리가 무시되고 있다는 인식이 더해져서 노동자들의 저항이 더 격렬한 형태를 띠게 되었던 것이다.

여느 종교와 마찬가지로 무슬림도 신실한 무슬림과 그렇지 못한 무슬림으로 나뉘지만, 일반적으로 얘기해서 이슬람의 5대 의무(신앙고백, 기도, 금식, 순례, 희사)와 음식, 복장과 관련된 금기는 무슬림의 당연한 권리이자 의무라는 관념이 일반 무슬림들의 의식 속에 뿌리 깊게 자리 잡고 있다. 이러한 관념은 이들의 일상생활뿐 아니라 근로환경에 대한 평가에도 큰 영향을 미친다는 점에서 기업경영인이 주의 깊게 관심을 기울일 필요가 있다. 이슬람 사회에서 비무슬림이 소유한 기업도 무슬림 근로자를 고용할 때 이들의 종교적 요구를 충족해야 한다는 사회적 압력이 존재하는데,

말레이시아도 그런 사회에 해당한다. 또한 무슬림과 비무슬림이 공존하는 다종족 사회로서의 말레이시아에서 이슬람이 차지하는 독특한 정치적·사회적 위상을 이해하고 이에 적합한 무슬림 관련 노무관리 정책을 수립할 필요가 있다.

이 글에서는 먼저 1970년대 이후 강화되고 있는 말레이시아 사회의 이슬람화 현상에 대해 간략히 언급하고, SDMA의 사례를 중심으로 무슬림의 종교적 의무를 살펴봄과 동시에, 이슬람법에서 허용된 것과 금지된 것에 대해 회사가 어떠한 정책을 시행하고 있으며, 이에 대해 무슬림 근로자들과 한국인 주재원들이 어떻게 인식하고 있는지를 살펴보도록 하겠다.

1. 말레이시아 사회의 이슬람화

동남아에 이슬람이 전파된 시기는 대략 13세기 이후로 추정된다. 동남아, 인도, 아랍을 잇는 향료 해상교역로를 다니던 아랍 상인과 인도 무슬림 상인에 의해 동남아 지역에 이슬람이 들어왔으며, 그 결과 동남아 중에서도 그 해상교역로에 위치한 현재의 말레이시아와 인도네시아 지역이 힌두교와 불교에서 이슬람으로 개종했다. 개종의 과정은 13세기에서 현재에 이르기까지 오랜 기간에 걸쳐 점진적으로 진행되었다.

말레이시아가 영국 식민지배로부터 독립한 1957년에 두 주요 종족 집단인 말레이와 화인 사이에 정치적 타협이 이루어졌는데, 이민자 집단인 화인에게 시민권을 부여하는 대가로 말레이에게는 "부미뿌뜨라 bumiputra(원주민)"로서의 특별한 권리를 인정하는 것이었다. 말레이의 종교인 이슬람만을 국가의 공식 종교로 채택한 것은 부미뿌뜨라의 특별한 권리를 인정하는 정책에서 핵심적인 사항에 해당했다. 또한 이 시기에 제정된 독립헌법에 말레이는 반드시 무슬림이어야 한다는 규정이 포함되었다. 이슬람을 공식 종교로 채택했지만 다른 종교를 가진 사람들을 이슬람으로 개종하도록 강요한 것은 아니었으며, 기본적으로 종교의 자유는 허용되었다. 따라서 화인과 인도인들은 그들의 종교인 불교, 도교, 힌두교, 기독교를 따르는 신앙생활을 유지할 수 있었다. 하지만 이러한 종교들은 공식 종교로서의 지위를 부여받지 못함으로써 정부의 지원을 받을 수 없었고, 무슬림을 대상으로 하는 선교 활동도 엄격한 제약을 받게 되었다. 특히, 말레이와 화인 사이에 종족적 차이와 종교적 차이가 중첩됨으로써 말레이=무슬림, 화인=비무슬림이라는 이분법적 구분이 말레이시아 사회에 확고하게 자리 잡게 되었으며, 이들 사이에 혼인, 음식, 복장, 오락 등 일상생활에서의 분리와 구별이 뚜렷해지는 현상이 발생했다.

　1970년대 이후 "다꽈dakwah"라고 불리는 이슬람 부흥운동이 말레이 대학생, 지식인, 중산층을 중심으로 활발하게 전개되면서 말레이시아 사회 전반에 걸쳐 이슬람화가 심화되고 있다(오명석 2011; 홍석준 2001).[2] 이슬람 부흥운동은 말레이 민족주의와 긴밀하게 연관되어 있는데, 말레이 무슬림으로서의 정체성을 강화하고 일상생활 전반에 걸쳐 이슬람적 윤리와 규범의 실천을 강조하는 개혁적 사회운동이다. 말레이시아의 말레이계 집권 정당인 암노UMNO: United Malays National Organization는 이슬람 부흥운동의 정치적 압력에 대한 대응으로 정부 스스로 이슬람화를 추진하는 다양한

2　인도네시아에서도 1970년대 이후 이슬람 부흥운동이 전개되고 사회 전반적으로 이슬람화가 심화되는 양상이 나타났다(김형준 2013).

이슬람 정책을 1980년대 이후 적극적으로 도입하게 된다. 이슬람 은행과 이슬람 보험의 설립, 이슬람 교육과 이슬람 법정의 강화, 할랄 인증제의 도입이 이러한 이슬람 정책의 대표적인 사례인데, 이슬람법을 현대에 맞게 적용함으로써 말레이시아를 국제적 무슬림 세계의 선진적인 국가로 만들고자 하는 장기적 전망 아래에서 시행되고 있다.

　말레이시아 사회의 전반적인 이슬람화는 말레이 무슬림의 종교적 감수성이 과거에 비해 더욱 예민해지는 경향을 초래했다. 예를 들어, 기도와 금식과 같은 종교적 의무를 보다 철저하게 수행할 것이 요구되었고, 특히 음식과 복장에 있어서 이슬람법에 부합하는 소비 방식을 준수할 것이 강조되었다. 하지만 현재 진행되고 있는 이슬람화는 말레이계 이슬람 야당인 빠스PAS: Parti Islam Se-Malaysia가 추구하는 이슬람 국가의 수립과는 거리가 있다. 빠스의 이슬람 국가론은 이슬람법의 전면적인 시행을 요구하는 것인데, 이에 대해 화인과 인도인이 강력하게 반발하고 있을 뿐 아니라, 말레이 내부에서도 의견이 분열되어 있다. 집권 여당인 암노는 다종족 사회인 말레이시아에서 이슬람 국가의 설립은 현실적으로 어려울 뿐 아니라 사회갈등을 증폭시키는 부적절한 목표라고 비판하며, 그보다는 가능한 영역에서 이슬람화를 추진하는 것이 바람직하다는 입장을 취하고 있다. 예를 들어, 말레이시아 정부는 화인이 돼지를 사육하거나 돼지고기를 판매하는 것은 허용하고 있지만, 학교나 공공기관과 같은 공적 성격이 강한 공간에서는 돼지고기 음식의 판매를 금지하고 있다. 90년대 중반 이후에 도입된 할랄 인증제는 정부가 할랄 식품의 생산과 판매를 관장하는 제도인데, 이는 무슬림의 할랄 음식에 대한 요구를 받아들여 채택된 정책이다(오명석 2012). 할랄 인증제가 짧은 기간 동안에 말레이시아의 식품 생산과 판매에서 확고하게 자리 잡게 된 것은 시장이 이에 대해 매우 긍정적으로 반응했기 때문이다. 말레이시아의 식품 산업을 장악하고 있는 화인 기업 또는 다국적 기업은 무슬림 소비자를 확보하기 위해 자신들이 생산한 제품에 정부가 관장하는 할랄 인증을 취득하는 것이 유리하다고 판단하여 적극적으로 이 제도를 활용했다. 할랄 인증제는 이슬람 금융과 함께 말레이시아 정부가 추진하는 이슬람 정책의 한 단면을 잘 보여주는데, 시장 친화적인 방식으로 이슬람법의 현대적 적용을 시도한다는 실용적 태도가 드러나 있다. 이러한 사례는 이슬람화가 무슬림에게는 유리하게 작용하고 비무슬림에게는 불리하게 작용할 것이라고 섣불리 판단할 수 없으며, 구체적인 영역에서 어떤 방식으로 실현되느냐에 따라 그 결과가 크게 달라질 수 있음을 시사한다. 말레이시아 사회에서 이슬람이 차지하는 독특한 위상과 그것이 변화하는 양상에 기업이 주목해야 하는 이유는 이슬람이 단지 종교적 영역에만 머무는 것이 아니라 정치, 경제, 사회문화적 영역에서 현실적인 힘으로 작동하고 있기 때문이다.

2. 말레이시아의 전자산업과 SDMA

삼성 그룹은 1989년부터 말레이시아에 자본투자를 시작했다. 포트 클랑Port Klang에 전자레인지를 생산하는 SEMASamsung Electronics Malaysia를 설립한 것을 필두로 하여, 1990년에는 칼라 브라운관을 생산하는 삼성SDI(M), 1995년에는 TV와 컴퓨터 모니터를 생산하는 SDMA를 설립했다. 느그리 슴빌란Negri Sembilan 주의 수출입관세 면제 지역인 투안쿠 자파르Tuanku Jaafar

산업단지 내에 20만 평에 달하는 "세렘반 삼성복합단지"를 조성하여, 현재 SDMA, 삼성코닝정밀소재^{Samsung Corning Precision Materials}, 삼성SDI(M), 삼성SDI에너지(M)의 네 개 회사가 입주해 있다.

삼성전자의 다양한 해외법인 중 말레이시아 삼성전자는 동남아 지역의 주요 생산거점으로서의 위치를 차지하고 있는데,[3] 이는 삼성전자의 글로벌 경영 전략에 따른 것일 뿐 아니라, 말레이시아 국내 상황의 변화와 맞물려 나타난 현상이라고 할 수 있다. 말레이시아는 1957년 독립 이후 수입대체산업화 전략을 채택했다가, 1970년대에 들어서서는 수출지향산업화 전략으로 전환한다. 이를 위해 말레이시아 정부는 자유무역지대의 설치, 세금 면제 등의 다양한 투자 인센티브 제도를 도입하여 해외자본을 유치하는 데 적극적으로 나섰다. 이 과정에서 핵심적인 제조업 분야로 부상한 것은 전자산업이었다. 정부의 적극적인 지원과 해외자본의 유입에 힘입어 전자산업은 이후 비약적으로 발전하게 되는데, 말레이시아의 전체 수출액 중 전자제품이 차지하는 비중은 2010년에 39.1퍼센트에 달했고, 금액으로는 약 2500억 링깃^{ringgit}(780억 달러)에 이르렀다(Nganyin Lai 2013: 164).

1970~80년대에 말레이시아의 전자산업에서 반도체와 전자부품의 생산 비중이 압도적으로 높았으며,[4] 이는 주로 미국계 다국적 회사에 의해 주도되었다. 1980년대 후반부터 말레이시아 전자산업의 구조가 크게 바

---

3 삼성전자의 해외 생산공장이 설치된 동남아 국가는 말레이시아, 인도네시아, 베트남, 태국, 필리핀이다.

4 1982년도 전자산업의 총 매출액 중에서 반도체 등 전자부품이 차지하는 비중은 85.6퍼센트이고 가전제품의 비중은 8.7퍼센트였다(O'Conner 1993: 212).

뀌는데, 가전제품의 생산 비중이 높아지기 시작했으며, 일본, 한국, 대만 등 동아시아계 다국적 회사가 이를 주도하게 되었다. 이러한 변화를 야기한 가장 중요한 요인은 1985년의 플라자 협약Plaza Accord에 의해 엔화, 원화, 대만 달러의 환율이 급상승했고, 1988년에는 미국의 일반특혜관세제도 GSP: Generalized System of Preference의 대상국에서 아시아의 신흥 산업국이 제외되는 정책이 채택되었다는 점이다(Rajah Rasiah 2009: 124~125). 국제무역 환경이 변화함에 따라 수출 전략에 어려움을 겪게 된 일본의 가전제품 회사들이 동남아를 포함한 해외 지역으로 생산공장 이전을 시도하게 되는데, 전자산업 분야가 이미 상당한 수준으로 발전되어 있고 정부의 지원 정책과 사회기반시설이 양호한 말레이시아가 매력적인 투자처로 부상했다. 소니Sony, 샤프Sharp, 도시바Toshiba, JVC, 산요Sanyo, 히타치Hitachi, 미쓰비시 Mitsubishi 등 일본의 대표적인 가전제품 회사의 대부분이 이 시기에 말레이시아로 진출했다(O'Connor 1993: 219~220). 삼성전자가 1989년에 전자레인지를 생산하는 SEMA, 1995년에 TV를 생산하는 SDMA를 설립한 것은 이러한 전반적인 추세에 부응하는 경영 전략을 채택한 결과였다고 할 수 있다.

일본의 가전제품 회사에 비해 약간 늦게 말레이시아에 진출했지만, 삼성전자는 말레이시아에서 가장 성공적인 다국적 회사로 성장했다. SDMA는 2012년에 TV 310만 대와 모니터 280만 대를 생산했으며, 매출액은 15억 달러에 달했다. LED TV와 PDP TV 등 고급 사양의 TV제품을 주로 생산하고 있는데, TV의 수출 지역별 공급 비중에서 중동이 51퍼센트, 호주와 뉴질랜드가 21.7퍼센트, 동남아가 14퍼센트, 러시아가 13퍼센트를 차지하고 있다. 특이할 만한 점은 중동으로의 수출 비중이 매우 높다는 것으로, SDMA가 삼성 TV의 중동 수출을 위한 거점 생산기지로서의 역할을 담당하고 있다고 할 수 있다. 그 이유로 중동의 수입상들이 이슬람 국가인 말레이시아에서 생산된 "메이드 인 말레이시아" 제품을 비이슬람 국가에서 생산된 제품보다 선호한다는 점을 한국인 주재원들은 지적했다. 동남아로의 수출은 주로 싱가포르(8.4퍼센트)와 말레이시아(4.6퍼센트)를 대상으로 하는데, 말레이시아로의 수출은 곧 현지 국내시장 판매를 의미한다. SDMA의 판매처로서 국내시장의 비중은 매우 낮은 편이지만, 2013년에 8퍼센트대로 신장할 계획을 세웠듯이 점차 국내시장의 중요성이 강화될 전망이다.

SDMA의 전체 종업원은 약 1200명으로 말레이, 화인, 인도인 그리고 외국인 이주노동자로 구성되어 있다. 이 중 말레이가 41퍼센트, 화인이 13.5퍼센트, 인도인 6.5퍼센트, 외국인 노동자(주로 미얀마인과 네팔인)가 39퍼센트를 차지하며, 한국인 주재원 관리자는 10명이다. 종업원의 종족별 구성에 있어서 외국인 노동자의 비중이 상대적으로 높긴 하지만,[5] 말레이시아 국내의 주요 종족 집단이 포함되어 있음을 알 수 있다. 무슬림과 비무슬림이 공존하는 말레이시아의 다종족적 상황이 SDMA의 종업원 구성에도 반영되어 있는 것이다. 이러한 상황에서 SDMA가 말레이 무슬림 근로자를 고려해서 어떠한 이슬람적 노무관리 방식을 시행하고 있는지 알아보도록 한다. 특히, 무슬림의 종교적 의무를 수행하는 데 필요

---

[5] 말레이시아의 다국적 전자제품 회사들은 1990년대 후반부터 외국인 노동자를 고용하기 시작했다(Rajah Rasiah 2009: 125).

한 시설과 제도를 어떻게 제공하고 있으며, 이슬람에서 허용된 것과 금지된 것에 대한 규정을 음식과 복장의 측면에서 어떻게 적용하고 있는가를 중점적으로 살펴볼 것이다. 이러한 회사 정책은 기본적으로 무슬림 근로자에게만 적용되는 것이지만, 금요일의 점심시간이나 구내식당의 음식 같은 경우에는 비무슬림 근로자도 영향을 받게 된다.

이 글에서 다루는 내용은 최근 무슬림 세계에서 관심을 받고 있는 "이슬람적 경영"과 밀접한 연관이 있다. 이슬람적 경영은 이슬람법을 따르는 조직원리와 경영기법을 지칭하는데, 특히 이슬람적 윤리, 이슬람적 의사결정 방식, 이슬람적 리더십, 이슬람적 의례가 기업경영에 어떻게 반영되어야 하는지, 또는 어떻게 실현되고 있는지가 주목받고 있다. 예를 들어, 정의adil, 신뢰amanah, 성실ikhlas, 인내sabar, 회개tawbah와 같은 이슬람적 윤리, 협의musyawarah를 통한 의사결정 방식,[6] 기도, 금식, 순례, 음식 및 복장 규범과 같은 이슬람적 의례가 이에 해당한다(Azhar Kazmi & Khaliq Ahmad 2013: 12~14). 말레이시아의 무슬림 회사들을 대상으로 한 실증적 조사에 의하면, 이들이 실천하는 이슬람적 경영은 이슬람적 윤리나 의사결정 방식의 도입보다는 주로 이슬람적 의례와 관련된 것이었으며, 이를 통해 "이슬람적 정취Islamic flavor"를 드러내려는 데 그치고 있었다(ibid. 15). SDMA가 채택하고 있는 이슬람적 노무관리의 성격도 이슬람적 의례에 치중하고 있다는 점에서 말레이시아에서 실제로 실행되고 있는 "이슬람적 경영"의

---

6   "무샤와라musyawarah"는 서로 상이한 입장을 가진 사람이나 집단이 토론과 협의를 통해 서로 동의할 수 있는 해결책에 도달하는 관행을 가리킨다. 투표를 통해 다수가 소수에게 동의를 강제하는 서구식 민주주의와 달리, 다수와 소수가 서로의 입장 차이를 조정함으로써 새로운 통합적 결정에 이르는 과정을 중시한다(김형준 2014:4).

기본 방향과 크게 다르지 않다고 할 수 있다.

3. 무슬림의 종교적 의무

무슬림이 반드시 지켜야 할 종교적 의무로 신앙고백, 기도, 금식, 순례, 희사의 다섯 가지가 있다. 이를 이슬람의 "5대 기둥[Five Pillars]"이라고 부르듯이, 신앙심[ibadah] 표현의 주춧돌이 되는 종교적 실천에 해당한다. 신앙고백은 "알라 이외의 신은 없고 무함마드는 알라의 메신저"임을 인정하는 것이며 무슬림은 기도를 하면서 이 구절을 반복해서 읊는다. 이러한 신앙고백은 이슬람이 유일신교임을 천명하는 것이다. 이에 기초해서 이슬람은 철저하게 우상숭배를 거부하는데, 이러한 측면은 의례뿐 아니라 종교적 건축과 회화에도 반영되어 나타난다. 즉, 모스크[mosque](예배를 보는 건물)에는 알라, 무함마드 또는 성인들의 형상을 표현한 조각이나 그림이 사용되지 않으며, 동물의 이미지도 기피되고, 주로 기하학적 도안이나 아랍 문자의 서예적 표현이 활용된다. 희사[zakat]는 기독교의 십일조와 유사한 종교세이다. 무슬림을 고용한 회사의 입장에서 기업경영과 관련해 특히 고려해야 할 무슬림의 종교적 의무 또는 이슬람적 의례로는 기도, 금식, 순례가 해당하기 때문에 이 장에서는 이에 대한 논의로 국한하기로 한다.

1) 기도

기도[salat]는 무슬림이 일상적으로 실천해야 하는 가장 중요한 종교적 의무이다. 다양한 시점과 계기에 따라 기도를 행하지만, 이 중 하루 다섯 차례 기도를 하는 것이 무슬림이 지켜야 할 의무에 해당한다. 무슬림 사이에서도 신실한 무슬림인지 그렇지 않은지를 따질 때 흔히 하루 다섯 차례 기도를 행하는지 여부로 판별한다. 다섯 차례의 기도는 각각 고유한 명칭을 갖고 있으며, 정해진 시간에, 그리고 엄격하게 규정된 기도 절차에 따라 수행해야 한다. 말레이시아에서 각 기도 시간의 고유 명칭은 수부subuh, 조호르zohor, 아사르asar, 마그립maghrib, 이샥isyak으로 불린다. 기도 시간은 태양의 움직임에 따라 정해지는데, 수부는 동이 틀 때, 조호르는 해가 중천에 떴을 때, 아사르는 오후 시간에, 마그립은 해가 졌을 때, 이샥은 땅거미가 진 초저녁에 해당한다. 따라서 각각의 기도를 시작하는 정확한 시간은 매일 조금씩 변한다. 말레이시아는 적도 지역에 위치해서 계절에 따라 해가 뜨고 지는 시간에 큰 편차가 없기 때문에, 대략 수부는 오전 5~6시 사이, 조호르는 오후 1~2시 사이, 아사르는 오후 4~5시 사이, 마그립은 오후 7~8시 사이, 이샥은 오후 8~9시 사이에 해당 기도 시간이 시작된다. 우리에게 잘 알려진 금요예배는 금요일의 조호르 시간대에 행하는 예배이다.

SDMA의 경우 2교대 전일제로 운영되는 SMDsurface-mount devices(표면 실장 소자) 생산 라인을 제외하고는, 다른 모든 생산 라인과 사무실이 오전 8시에 출근해서 오후 6시에 퇴근하는 근무 방식을 채택하고 있기 때문에, 이들 부서의 경우 야근이 없는 날에 근무 시간과 기도 시간이 겹치는 것은 조호르와 아사르뿐이다. 근무 시간과 기도 시간이 겹칠 경우 현재 회사는 순번제 기도의 방식으로 무슬림 근로자들이 기도에 참여하는 것을 보장하고 있다. 이는 작업조장이나 관리자의 허락을 받아 근로자들이 교대로 기도를 다녀오는 방식인데, 이들이 동시에 기도에 참여함으로써 작업이 일시적으로 중단되는 결과를 피하면서 기도 의무에 대한 이들의 요구를 수용하는 절충적인 해결책이라고 할 수 있다. 필자가 면접한 SDMA의 무슬림 근로자들은 해당 기도 시간이 시작되는 정확한 시점에 함께 기도를 드리는 것이 가장 바람직하지만 이로 인해 조업이 전면 중단되는 것은 회사의 현실적인 여건에 부합하지 않는다는 측면을 이해하는 입장이었으며, 순번제 기도로 기도 시간을 보장하는 회사 정책에 대해서 긍정적인 평가를 했다. 또한 순번제 기도에 대해 이슬람법에 따른 해석도 덧붙였는데, 각각의 기도가 시작되는 시간은 정해져 있지만 어쩔 수 없는 개인 사정 때문에 그 시각에 기도에 참여할 수 없다면 다음 기도 시간이 시작되기 이전에 기도를 함으로써 해당 기도를 수행한 것으로 간주한다는 것이다. 순번제 기도는 회사 내에서 이미 정착된 관행으로, 기도를 위해 작업장을 잠시 비우거나 그 공백을 다른 근로자들이 돌아가면서 맡는 상황을 당연하고 일상적인 것으로 받아들이고 있다.

반면, 금요예배 시간에는 회사 업무가 전면적으로 중단된다. 이는 무슬림 근로자뿐 아니라 비무슬림 근로자에게도 똑같이 적용된다. 금요일의 점심시간은 평소보다 한 시간 늦게 오후 1시부터 시작하며 또한 평소보다 30분 많은 한 시간 반의 휴식이 주어지는데, 이는 금요예배에 참여할 수 있는 시간을 보장해주기 위한 회사 측의 배려이다. 금요예배는 무슬림이 모스크에 모여서 함께 기도를 드리는 것이 권장되며 이맘(이슬람의 종교 지도자)의 설교가 있는 특별한 기도 시간이기 때문에 평일의 순번제 기도 방식과는 달리 동시에 기도에 참여할 수 있는 시간을 부여하는 조치가 필요한 종교적 의례라고 할 수 있다. 그런데 회사의 여성 무슬림 근로자들은 모스크의 금요예배에 참여하지 않았다. 남성 무슬림의 경우에는 모스크의 금요예배 참여가 의무이나 여성 무슬림의 경우에는 의무가 아니라는 차이점이 있는데, 이들 여성 무슬림 근로자들은 금요예배 때 모스크에 가는 것이 여성으로서 적절치 못한 행동이라는 인식을 갖고 있었다. 일부 여성 무슬림 근로자들은 금요예배 시간에 여성 율법학자를 자체적으로 초청하여 회사 기도실에서 이슬람 강연을 듣는 모임을 비정기적으로 갖고 있었다.

하루 다섯 차례의 기도는 대체로 집이나 기도실 또는 모스크에서 행한다. SDMA에는 회사 모스크가 없기 때문에 대신 "수라우surau"라고 부르는 기도실을 제공하고 있다. 남녀의 기도 공간을 분리하여 남성용 수라우 1실과 여성용 수라우 1실이 회사 건물 내부에 위치하고 있다. 순번제 기도를 하는 무슬림 근로자들이 이용하는 시설이다. 수라우 1실의 크기는 30명 정도가 함께 기도할 수 있는 정도의 규모로, 순번제로 기도를 하고 기도를 등한히 하는 무슬림 근로자들도 꽤 있기 때문에 기도 시간에 공간이 부족하다고 느껴지지는 않는다. 수라우의 바닥에 기도용 양탄자가 깔려 있을 뿐 거의 아무런 종교적 장식이나 제단이 없는 텅 빈 공간과 같다. 수라우의 옆에는 세면실이 바로 붙어 있다. 이는 기도에 들어가기 전에 "우둑wuduk"이라고 불리는 물 정화의례를 하기 위한 시설이다. 우둑은 물로 손바닥, 코와 얼굴, 손목, 머리털, 귓불, 발의 순서로 간략히 닦음으로써 기도 전에 신체를 정결하게 하는 의례적 행위인데, 기도실과 모스크에는 이를 위한 세면시설이 마련되어 있어야 한다.

회사 설립 초기에 무슬림 근로자들이 회사 내에 모스크를 설립해줄 것을 요청한 적이 있었다고 한다. 하지만 모스크를 설립하기 위해서는 말레

위 SDMA의 수라우

아래 SDMA의 세면실

이시아의 국내 이슬람법 요건을 충족해야 하는데, 그것이 현실적으로 불가능해서 모스크 설립 추진은 중단되었다. 모스크가 관장하는 지역 내에 상시 거주하는 무슬림이 40인 이상 있어야 하는데 SDMA 구내에 그러한 거주자가 없으며, 회사 외부에 사는 무슬림 지역 주민에게 모스크를 개방하여 회사 출입을 허용하는 방식은 보안 관계상 채택할 수 없었기 때문이다. 현재 회사의 남성 무슬림 근로자들은 금요예배 때 회사에서 자동차 또는 오토바이로 10~15분 정도 걸리는 거리에 떨어져 있는 두 지역의 모스크를 이용하고 있다. 필자가 금요예배 때 방문한 타만 투안쿠 자파르 Taman Tuanku Jaffar라는 모스크는 상당히 규모가 컸지만, 공단 근처에 위치하고 있기 때문에 이 지역 주민뿐만 아니라 이 일대에 분포해 있는 여러 공장들에서 많은 근로자들이 몰려와서 빈 공간을 찾기 힘들 정도로 붐볐으며, 모스크 주변의 도로는 주정차한 자동차와 오토바이로 무척 혼잡했다. 회사에서 모스크까지 왕복하는 데 20~30분, 기도와 설교가 약 30분 정도 걸리기에 금요예배에 한 시간 반의 시간이 주어지지만 점심 식사까지 하려면 빡빡한 일정이다.

SDMA는 평일의 순번제 기도 시간과 금요예배 시간을 보장하고 기도실을 설치하여 기도를 위한 시간적·공간적 조건을 제공함으로써 무슬림 근로자들의 가장 기본적이고 일상적인 종교적 요구를 충족시키고 있다고 할 수 있다. 말레이시아의 일부 무슬림 회사에서는 하루 근무를 시작할 때와 끝날 때, 그리고 공식 회의를 시작할 때와 끝날 때 코란의 구절을 읽는 기도를 하지만(Azhar Kazmi & Khaliq Ahmad 2013: 13), 이는 무슬림의 종교적 의무에는 해당하지 않는 의례로 SDMA와 같은 비무슬림 회사에

타만 투안쿠 자파르 모스크에서의 금요예배

는 요구되지 않는다.

2) 금식

무슬림은 라마단^{Ramadan}이라고 불리는 이슬람력의 아홉번째 달에 한 달 동안 금식^{puasa}을 한다. 이 기간 중에는 해가 떠서 질 때까지 일체의 음식이나 음료를 섭취해서는 안 되며, 담배를 피워서도 안 된다. 라마단 기간 중에 무슬림들은 대체로 새벽에 일어나서 금식이 시작되기 전에 간단한 식사를 하며, 금식이 끝나는 시간을 기다려 함께 식사를 한다. 후자를 "부까 뿌아사^{buka puasa}"라고 하는데, "금식을 깬다"라는 의미를 갖고 있다. 이 시간은 마그립 기도에 들어가는 시점이기도 하다. 라마단 기간은 금식을 하는 고통과 수행의 시간이면서 동시에 축제의 시간이기도 하다.[7] 라마단의 저녁 시간에 다양한 종교행사가 열리기도 하고, 특히 부까 뿌아사를 함께하기 위한 저녁 식사 모임이 빈번하게 열린다는 점에서 축제의 분위기가 조성된다. 라마단 기간 동안 사회 활동이 위축될 것으로 생각하는 것은 오해이며, 오히려 이 기간 중에 사회적 교제가 활발하게 이루어진다고 보아야 할 것이다.[8] 최근 말레이시아에서는 라마단 기간 중에 고급 호텔에서 매일 저녁 부까 뿌아사를 위한 화려한 뷔페 행사를 여는 것이 하나의

---

[7] 인도네시아에서도 라마단 기간은 낮에는 고통의 시간이지만, 일몰 후에는 종교 활동과 질 좋은 음식이 풍부한 즐거움의 시간이다(김형준 2012: 225~227)

[8] 최현아(2013: 97)는 "라마단 기간 중에는 팀 회식이나 외부 활동을 자제하는 것이 좋다."라고 제안하는데, 이는 금식이 시행되는 낮 시간에는 옳은 얘기이지만, 라마단 기간 전체에 적용할 수는 없다. 라마단 기간 중에 필자가 묵고 있던 호텔의 저녁 뷔페에서 SDMA의 한 부처가 팀 회식을 가졌는데, 이는 말레이시아에서는 자연스러운 관행이다.

유행처럼 자리 잡았는데, 이러한 과소비적 행사가 절제와 금욕을 강조하는 라마단의 원래 정신을 훼손한다고 비판하는 목소리도 나오고 있다.

필자가 SDMA를 방문했던 시점이 라마단 기간과 겹쳤는데, 라마단이라고 해서 평소와 다른 점은 별로 눈에 띄지 않았다. 평상시와 같은 정상근무가 이루어지고 있었으며,[9] 회사의 구내식당과 편의점도 평소처럼 운영되고 있었다.[10] 라마단 기간 중에 구내식당이 운영되는 것은 비무슬림 근로자를 위한 배려이다. 무슬림 근로자들은 자발적으로 금식을 하며, 개인의 신앙심뿐만 아니라 동료 무슬림 근로자들의 시선을 의식하여 금식이 적용되는 시간에 구내식당에서 식사를 하는 경우는 전혀 없다. 회사에서는 저녁 시간에 부까 뿌아사를 위해서 간단한 빵과 물을 제공하고 있는데, 이에 대해서 무슬림 근로자들은 이슬람에 대한 회사 측의 배려로 간주해 긍정적으로 평가하고 있었다. 하지만 라마단의 저녁 시간에 모스크에서 다양한 종교행사가 열리고 지역 유지들이 이를 위해 기부를 하는 관행이 있는데, SDMA는 지역 모스크에 이러한 후원을 하지 않고 있었다.

종교적인 측면에서 본다면 라마단 기간은 무슬림이 자신의 신앙심을 돈독히 하고자 노력하는 시기이다. 회사의 기도실 게시판에 붙어 있던 라

---

9   말레이시아의 일부 무슬림 회사에서는 라마단 기간 중에 노동 부담을 줄이기 위해 근무 시간을 단축하기도 한다(Azhar Kazmi & Khaliq Ahmad 2013: 14).

10 자카르타에서는 다국적 패스트푸드점이 라마단을 존중하는 태도에서 낮 동안에는 매장 유리를 천으로 가리고 영업을 하고 있다(김형준 2012: 233). 쿠알라룸푸르에서는 이 기간에 이런 모습을 볼 수 없었다. 다종족 사회인 말레이시아에서 라마단 기간 중에 비무슬림 식당을 운영하는 것은 자연스럽게 받아들여지고 있기 때문이다.

마단에 관한 안내문에 이 점이 잘 드러나 있었다. 무슬림 근로자들이 자체적으로 붙인 그 안내문은 라마단 기간에 실천해야 할 사항에 대한 여러 가지 지침을 제시하고 있는데, 코란과 종교서적을 독경하고, 아침에 일찍 일어나고 밤에 깊이 잠드는 버릇을 갖도록 하며, 주위의 어려운 사람을 돕고, 가족과 지내는 시간을 많이 갖도록 하며, 신의 이름이나 코란의 특정 구절을 반복적으로 낭송하는 염신기도念神祈禱인 "지키르zikir"를 수행할 것을 권장하고 있었다. 즉, 라마단 기간 중에는 단순히 금식만을 하는 것이 아니고, 무슬림으로서의 종교적·사회적 의무를 실천할 것을 강조하는 것이다. 라마단 기간 중의 금요예배 설교에서도 금식을 통해 인내심과 자기희생의 태도를 배우고, 자신이 저질렀던 과거의 잘못을 씻고 모든 사람에게 용서를 구할 것을 권유했다.

라마단 기간의 금식이 끝난 직후, 즉 이슬람력으로 열번째 달인 샤왈Shawwal의 첫째 날에 무슬림의 최대 명절인 "하리 라야 아이딜피트리Hari Raya Aidilfitri/Hari Raya Puasa"가 시작된다. 아이딜피트리는 라마단의 금식이 끝났음을 축하하는 명절로 말레이시아의 법정 공휴일이며 공식적으로는 이틀을 쉰다.[11] 아이딜피트리 명절 기간 중에는 한국의 추석이나 구정과 마찬가지로 외지에 나갔던 가족들이 고향집으로 돌아와서 온 가족이 함께 모이고, 첫째 날에 마을 모스크에서 합동 기도를 드린 후 이웃 집단별로 나누어 가가호호 방문해서 용서를 구하고 축복을 하는 행사를 하며, 그

---

11 말레이시아에서는 다종족·다종교적 사회 구성을 반영하여 여러 종교의 명절을 법정 공휴일로 지정하고 있다. 이슬람과 관련된 법정 공휴일에는 아이딜피트리뿐 아니라, 순례의 달에 있는 "하리 라야 하지Hari Raya Haji"와 무함마드 생신일Maulidur Rasul이 포함되며, 중국인의 구정Chinese New Year's Day, 석가탄신일Wesak, 크리스마스, 힌두교의 디파발리Deepavali가 법정 공휴일에 해당한다.

후에 친척과 친구의 집을 개별적으로 방문하는 일이 이어진다.[12] SDMA는 아이딜피트리에 즈음해서 무슬림과 비무슬림을 포함한 모든 근로자들에게 과자나 케이크를 명절 선물로 주고 있다. 이때 명절 상여금은 따로 지급하지 않았다. 인도네시아에 진출한 한국 기업이 겪었던 파업 사태에서 무슬림 근로자들이 요구했던 사항 중의 하나가 아이딜피트리 명절 상여금 지급이었던 점을 감안하면(전제성 2002: 38) 이는 노사분규의 한 쟁점이 될 수 있는 문제인데, 필자가 면접한 무슬림 근로자들은 회사 측의 입장을 이해하는 태도를 보였다. 말레이시아는 말레이, 화인, 인도인 등으로 구성된 다종족 사회로 이들의 종교적 명절이 다 다른데 그때마다 명절 상여금을 지급할 수는 없을 것이고, 이슬람 명절 때에만 상여금을 지급하는 방식은 비무슬림 근로자의 불만을 야기할 것이라는 점을 지적했다. 이러한 지적은 회사의 한국인 관리자들이 이 문제에 대해 인식하는 방식과 일치하는 것이기도 하지만, 말레이 무슬림 근로자들도 말레이시아의 다종족적·다종교적 상황에 익숙해져 있으며, 이에 대해 현실적인 판단을 하고 있음을 반영한다. 이들은 현재와 같이 12월에 일괄적으로 연말 상여금을 지급하는 방식이 더 공정하다는 평가를 했으며, 자녀를 둔 여성 무슬림 근로자는 이때가 학교 개학과 겹치기 때문에 필요한 학비를 마련하는 데 더 적절한 시기라는 실용적인 이유를 들기도 했다.

---

12 말레이는 아이딜피트리 명절 때 일주일 정도의 연가를 신청하는 경향이 있어서 공장의 정상적 가동에 어려움을 야기하기도 한다(Wendy 2003: 130).

3) 순례

순례haji는 이슬람력으로 열두번째 달인 히자Hijjah의 8~12일 사이에 메카를 방문해서 일정한 의례를 수행하는 것을 의미한다. 무슬림은 평생에 한 번 이상 이러한 순례에 참여하는 것을 종교적 의무로 간주한다. 하지만 건강과 경제적 여건이 허용될 경우라는 조건이 붙어 있어서 무조건적인 의무 사항은 아니다. 그럼에도 불구하고, 무슬림은 순례를 다녀오는 것에 매우 큰 종교적 의미를 부여하며, 순례를 다녀온 사람은 "하지haji"라고 불리며 존경을 받는다. 오늘날에는 순례를 다녀온 사람이 많아졌기 때문에 과거와 같은 존경심을 불러일으키지는 않지만, 여전히 중요한 종교적 덕목으로 간주되고 있다. 과거에는 순례를 떠난 사람이 메카에 몇 달씩 또는 몇 년씩 머무르면서 이슬람에 대한 지식을 쌓고 고향으로 돌아와서 종교학자 또는 종교 지도자로서 선교 활동을 수행하기도 했다. 오늘날의 순례에는 이슬람 지식의 학습과 선교 활동의 의미는 퇴색하고 종교적 의무의 수행이란 점이 부각되고 있다.

말레이시아에서의 순례는 국가기관인 "순례기금위원회Lembaga Tabung Haji"에 의해서 관장되고 있다. 순례의 등록, 순례 비자 발급, 교육, 순례 여행과 관련된 일체의 업무를 순례기금위원회에서 관리하며, 순례자는 이 기관의 적금에 가입하여 순례 비용을 저축한다. 사우디아라비아 정부가 매년 국가별로 순례자 숫자를 할당하는데, 말레이시아의 순례 신청자 수가 할당 인원보다 훨씬 많기 때문에 신청자들은 자기 순서가 올 때까지 기다려야 한다. 대체로 순례 신청을 한 뒤에 6~7년은 기다려야 한다고 한다. 2011년에 순례를 다녀온 사람의 경우 1인당 순례 경비는 약 1만

4000링깃(약 450만 원) 정도가 들었다고 한다. 여성이 순례를 가려면 반드시 남성 보호자가 있어야 하기 때문에 부부가 함께 가는 경우가 많으며, 또한 부모에게 효도한다는 생각에서 부모를 모시고 가기도 한다. 여기에 순례를 간 동안 자녀를 돌볼 사람을 구해야 한다면 추가 비용이 든다. 따라서 웬만한 경제적 능력을 갖추지 못하면 순례를 떠날 엄두를 내기 힘들다. SDMA의 무슬림 근로자 중에서 순례를 다녀온 사람은 몇 명 되지 않았다. 생산직 근로자 중에는 순례를 다녀온 사람이 없었고, 관리자 중의 몇 사람이 최근에 순례를 다녀왔다. 순례 비용은 본인 부담이며 회사에서 이에 대한 별도의 재정적 지원은 하지 않는다.[13] 회사 경영의 측면에서 순례가 문제 되는 점은 약 45일간의 장기휴가가 필요하기 때문에 이로 인한 업무상의 공백이 발생한다는 것이다. 아직까지 그런 일은 없었지만 관리자 여러 명이 동시에 순례를 간다면 문제가 더 심각할 것이라는 우려도 존재한다. 더욱이 순례기금위원회에서 신청자에게 순례 일정에 임박해서 확정 통지를 하는 경우가 많기 때문에 회사에서 장기휴가에 대비한 사전 준비를 할 시간적 여유가 없다는 문제도 안고 있다. 순례 신청자의 입장에서는 오랫동안 기다려왔던 순례이니만큼 기회가 왔을 때 놓치지 않으려는 심정이 강하고, 회사 측에서는 예측하기 힘든 장기간의 업무 공백을 감당해야 하는 어려움이 있어서 갈등의 소지가 있는 영역이다.

---

13 말레이시아의 무슬림 회사에서도 순례를 위한 별도의 융자 제도를 갖고 있지 않다. 순례를 유급 장기휴가로 처리하는 경우가 종종 있을 뿐이다(Azhar Kazmi & Khaliq Ahmad 2013: 14).

4. 무슬림에게 "허용된 것"과 "금지된 것"

이슬람법에서 "할랄halal(허용된 것)"과 "하람haram(금지된 것)"으로 규정된 사항을 준수하는 것은 무슬림의 일상적인 삶에서 중요한 생활 지침이다. 종교적 의무의 수행과 함께 할랄과 하람의 준수는 신앙심을 실천하고 평가하는 구체적인 잣대라고 할 수 있다. 코란과 하디스Hadith(무함마드의 언행록), 그리고 이에 기초해서 편찬된 법률 체계로서의 샤리아shariah에서 무슬림에게 허용된 것과 금지된 것으로 규정된 내용이 할랄과 하람에 대한 현대적 논의의 기반이 되고 있다. 말레이시아와 인도네시아를 포함한 동남아 이슬람 사회는 샤피Shafii 학파의 샤리아를 따르고 있다.[14]

할랄과 하람의 규정은 무슬림의 일상생활의 거의 모든 측면과 연관된다. 음식과 복장뿐 아니라, 남녀 관계, 가족생활, 오락, 상거래의 방식에 할랄·하람의 규정이 적용된다. 무슬림의 음식 금기, 여성 베일 착용, 매춘과 간음, 포르노, 도박, 사기, 이자를 받는 금융거래 등이 이러한 규정의 적용을 받는 구체적인 사례들이다. 현대 말레이시아 사회는 영국의 관습법common-law에 기초한 시민법과 이슬람법의 이중적인 법률 체계를 갖고 있는데, 이슬람법은 무슬림에게만 적용된다. 또한 시민법의 관리는 연방정부의 관할하에 있는 데 반해, 이슬람법의 관리는 주정부의 관할하에 있으며 주로 가족법과 "순수하게 종교적인 문제"에 국한해서 적용된다(Peletz 2002:60). 최근 말레이시아에서 이슬람화가 강화되는 전반적인 사회 변화

---

14 무슬림 세계에서 정통 샤리아로 인정하는 것은 샤피Shafii, 한발리Hanbali, 말리키Maliki, 하나피Hanafi의 4대 학파의 이슬람법 체계이다. 샤피 학파는 히자즈Hijaz(메카와 메디나), 하드라마우트Hadhramaut(지금의 예멘), 남인도의 케랄라Kerala 주, 동남아에 수용되어 있다. 샤피 학파의 이러한 지리적 분포는 해상교역로를 통해 동남아에 이슬람이 전파된 역사적 과정과 깊은 연관이 있다.

와 맞물려서 이슬람법에서 금지한 내용을 시민법 체계 속에 포함하는 경향이 나타나고 있지만, 이슬람법의 전면적인 시행과는 거리가 멀다. 따라서 할랄과 하람의 규정은 부분적으로만 말레이시아의 시민법 또는 이슬람 행정 체계에 반영되어 있으며, 기본적으로는 무슬림의 윤리적 규범으로 작동하고 있다고 할 수 있다. 이 절에서는 기업경영과 직접적인 연관이 있는 할랄·하람의 영역으로서 음식과 복장에 대해 살펴보고자 한다.

1) 음식

유태인에게 코셔^{kosher} 음식이 있듯이, 무슬림에게 종교적으로 허용된 음식을 할랄 음식이라고 한다. 이슬람법에서 금기하는 음식을 제외하면 모두 할랄 음식이라고 할 수 있다. 따라서 무엇이 할랄 음식에 해당하는지를 따지기보다는 무엇이 금기 음식인지를 알아보는 것이 이 문제를 이해하는 데 더 쉬운 방식이다. 잘 알려져 있듯이 돼지, 개, 술은 무슬림에게 금기 음식에 해당한다. 하지만 이보다 더 중요한 사항은 이슬람 방식에 의해 도살되지 않은 동물의 사체도 금기 음식의 대상이 된다는 점이다. 즉, 소, 양, 닭과 같이 무슬림에게 허용된 동물의 고기라도 이슬람적 도살을 거치지 않았으면 금기의 대상이 된다. "이슬람적 도살^{zabiha}"의 기준은 도살자가 반드시 무슬림이어야 하고 동물의 목젖 바로 아래 부분에서 식도와 기도, 동맥과 정맥을 날카로운 칼로 단숨에 베는 방식으로 도살이 행해져야 한다는 것이다. 이슬람적 도살을 거치지 않은 동물의 고기는 그 자체의 소비가 금기시될 뿐 아니라, 그것으로부터 추출된 재료가 포함된 식품도 마찬가지로 금기의 대상이 된다. 따라서 육류가 포함된 식품에 할랄·

하람의 규정이 까다롭게 적용되고 있다고 할 수 있다.

무슬림은 할랄 음식의 섭취에 매우 예민하게 반응한다. 더욱이 말레이시아와 같이 무슬림과 비무슬림이 공존하는 사회에서 시장에서 구매하는 식품이 과연 할랄 음식에 해당하는지 크게 우려하는 태도를 갖고 있다. 말레이 무슬림들의 이러한 우려를 해소하기 위해서 말레이시아 정부는 1994년부터 할랄 인증제를 도입했으며, 할랄 음식의 진위 여부를 정부가 보장하는 방식을 채택했다(오명석 2012). 화인 기업이나 다국적 기업이 소유한 가공식품업체나 식당에서는 말레이 무슬림 소비자를 확보하기 위한 영업 전략으로 할랄 인증을 적극적으로 취득하는 반응을 보여왔다. 과거에는 말레이 음식=할랄 음식, 중국 음식=비할랄 음식이라는 고정된 관념이 존재했지만, 할랄 인증제의 도입 이후 할랄 인증을 받은 중국 음식도 출현함으로써 그러한 이분법이 깨지고 있다.

SDMA의 구내식당과 편의점에서는 할랄 식품만을 취급하고 있다. 구내식당의 식사 메뉴에는 말레이 음식, 중국 음식, 인도 음식의 세 종류가 있지만 이들 음식은 모두 할랄에 해당한다. 이러한 방식은 현재 말레이시아의 공공기관이나 대학의 구내식당에서 할랄 음식만을 제공하는 것과 동일하다. SDMA의 구내식당에 음식을 조달하는 외부의 케이터링 회사는 할랄 인증을 취득한 업체이다. 구내식당에서 할랄 음식만을 제공하는 것은 음식에 관해 매우 예민한 무슬림 근로자에 대한 회사 측의 배려이지만, 메뉴에 말레이 음식뿐 아니라 중국 음식과 인도 음식도 있어서 비무슬림 근로자도 함께 배려하고 있음을 알 수 있다. 음식에 들어가는 육류에 당연히 돼지고기는 제외되지만, 불교, 도교, 힌두교 신자들이 소고기

SDMA의 구내식당의 모습

를 기피하는 점을 고려해서 소고기 요리도 가급적 피하고 있다. 따라서 다양한 종교적 배경을 가진 근로자들이 모두 선호하는 육류로 생선과 닭고기가 주로 제공된다. 구내식당의 음식과 관련된 이러한 회사의 정책은 무슬림의 요구를 일차적으로 반영한 것이지만, 동시에 다양한 종족 집단의 요구도 고려함으로써 집단 간의 음식 소비의 경계를 허무는 데 일조하고 있다. 특히 구내식당에서 제공되는 중국 음식과 인도 음식은 할랄 식품에 해당하기 때문에 말레이 무슬림 근로자들도 이들 음식을 소비할 수 있게 되었다.

회사의 연례 만찬과 같은 공식적인 행사에서도 무슬림 근로자를 배려해서 할랄 음식이 제공될 뿐 아니라, 술도 제공되지 않는다. 하지만 부서별 비공식적인 식사 모임은 때로 술이 나오는 식당에서 열리기도 하는데, 여기에 참석한 무슬림 근로자들은 술을 입에 대지 않는다.[15] 매우 신실한 무슬림은 술자리 자체를 피하기도 하지만, 말레이시아는 이란이나 사우디아라비아처럼 술 소비를 전면적으로 금지하는 엄격한 잣대를 적용하지 않는 사회이다. 비무슬림의 술 소비는 당연히 인정될 뿐 아니라, 무슬림의 경우에도 본인이 술을 먹지 않는 한 술이 나오는 자리에 함께하는 것에 대해서 처벌받거나 비난받지 않는다. 사회 전반적으로 공식적 공간과 시간에서는 이슬람 규범이 철저하게 적용되지만, 비공식적 공간과 시간에서 보통의 말레이 무슬림들은 상황에 따라 판단하는 보다 유연한 태도를 갖고 있다.

---

[15] 한국인과 화인에게 있어서 술자리는 직원들 사이의 화합을 도모하는 중요한 기회이기도 한데, 무슬림이 함께 술을 하지 못함으로써 이들과 인간적 교류를 맺는 데 다소 어려움이 있다고 한국인 주재원은 지적했다.

2) 복장

무슬림의 복장과 관련해서 고려해야 할 사항은 "아우라awrah"라고 하는 감추어야 할 신체 부분에 대한 규정이다. 그러한 신체 부분을 다른 사람에게 노출하는 것은 수치스러운 일로 간주된다. 아우라에 해당하는 부분은 남녀마다 다른데, 남자의 경우는 배꼽에서 무릎 사이가 해당하며, 여자의 경우는 얼굴과 손을 제외한 모든 신체 부분이 해당한다. 무슬림 여성이 머리카락과 목을 감추는 베일을 착용하는 것은 이러한 규정을 따르기 때문이다.

말레이시아에서 무슬림 여성의 베일 착용은 1970년대 이후 이슬람 부흥운동(다꽈)이 활성화되면서 강화되는 양상을 보여왔다. 이 시기에 아랍식의 무슬림 여성 베일에 가까운, 머리에서 가슴 또는 허리까지 내려오는 "미니 뜰르꿍mini-telekung"의 착용이 특히 말레이 여대생과 중산층 여성을 중심으로 퍼지기 시작했다. 이러한 여성 베일의 착용은 다꽈 운동에 동참하는 여성이라는 징표로도 간주되었다. 아랍식의 여성 베일을 착용하지 않더라도, 머리카락과 목을 완전히 감추는 베일을 쓰는 것이 일반적인 관행으로 자리 잡은 데에는 이슬람 부흥운동의 영향이 컸다. 70~80년대에 말레이 여성 공장 근로자의 경우에는 베일 착용이 드문 편이어서 말레이 여대생 또는 중산층 여성과 계급적 차이를 보였으나(오명석 1997: 33~37), 사회의 전반적인 분위기가 이슬람화 되어감에 따라 이들 역시 근무 시간에 베일을 착용하기 시작했다. 말레이시아에서 베일 착용은 무슬림 여성임을 표현하는 종교적 상징일 뿐 아니라 말레이 여성임을 표현하는 종족적 상징의 의미를 담고 있다.

SDMA에서는 회사 설립 초기에 무슬림 여성 근로자들에게 표준화된 형태와 색깔의 베일을 회사에서 제공했다. 이는 무슬림 여성 근로자들의 베일 착용에 대한 요구를 반영한 조치였다고 할 수 있다. 그런데 이러한 회사의 정책은 의외로 이들의 반발에 부딪쳤다. 당시 회사에 근무했던 한 무슬림 여성 근로자에 의하면 회사에서 제공하는 베일이 유니폼처럼 느껴졌고 멋이 없었기 때문이라고 한다. 이러한 지적은 무슬림 여성들이 베일 착용에 부여하는 또 다른 의미의 한 단면을 드러낸다. 무슬림 여성들에게 베일은 아름다움과 개성을 표현하는 일종의 패션과 같은 의미도 갖고 있는 것이다. 그런 이유 때문에 대부분의 무슬림 여성들은 다양한 색깔과 디자인으로 만들어진 베일을 수십 개씩 갖고 있으며, 상황에 따라 적합한 색깔과 디자인의 베일을 착용한다. 회사가 제공하는 베일에 대한 불만을 반영해서 각자가 자유롭게 자신의 베일을 착용하는 것으로 정책이 바뀌었다.

여성 베일에 관한 회사 방침은 기본적으로 이에 관여하지 않는다는 것이다. 베일을 착용하는지 여부는 개별 무슬림이 결정할 사항으로 남아 있는데, 실제로는 거의 대부분의 무슬림 여성 근로자들이 근무 시간에 베일을 착용하고 있다. 베일을 착용하지 않는 것은 무슬림답지 못한 것으로, 또는 말레이 여성답지 못한 것으로 인식하는 동료 집단의 사회적 압력이 존재하기 때문이다. 하지만 베일의 색깔에 대한 규제는 존재한다. 생산직 근로자의 경우 흰색 또는 회색 계열의 밝은 단색으로 된 베일을 써야 한다는 지침을 적용하고 있는 것이다. 사무직 근로자의 경우에는 베일의 색깔을 자유롭게 선택할 수 있도록 허용하는 것과 대비되는 지점이다.

SDMA의 사무직 여직원

이러한 차이는 생산직 근로자는 회사 유니폼을 입는 데 반해서, 사무직 여성 근로자는 자유복을 입는 회사의 복장 코드가 베일 착용의 경우에는 색깔 규제로 반영되고 있음을 보여준다.

무슬림 여성 근로자의 복장과 관련해서 사소하지만 논란이 되는 부분은 여성 유니폼 상의의 소매 길이에 대한 것이었다. 한 무슬림 여성 근로자는 자신이 착용했던 유니폼 상의가 낡아서 긴팔 상의를 요청했더니 재고가 떨어졌다고 반팔 상의를 준 것에 불만을 표시했다. 단순해 보이는 이 사건은 자세히 들여다보면 좀 더 복잡한 문제들과 연관된다. 먼저 아우라와 관련된 이슬람법을 어떻게 해석하느냐 하는 문제가 있다. 여성의 팔꿈치에서 손목에 이르는 부분이 감추어야 할 신체 부분에 해당하는지 여부를 둘러싸고 이슬람 율법학자ulama들 사이에 논란이 있으며, 이에 대한 확정적인 결론은 내려지지 않은 상태이다(Qaradawi 1985: 156). 따라서 반팔 상의를 입는 것이 이슬람법에 저촉된다고 분명하게 규정할 수는 없다. 다음으로 상의의 소매 길이에 대한 말레이 무슬림 여성들의 일반적인 태도를 고려해보아야 한다. 반팔 상의를 입은 말레이 여성도 눈에 띄긴 하지만 대부분은 긴팔 상의를 입기 때문에, 반팔 상의를 선호하는 화인 또는 인도인 여성의 복장과는 베일뿐 아니라 상의의 측면에서도 차별성을 보인다. 이런 점에서 보면 긴팔 상의를 입는 것이 무슬림 여성 근로자들에게 더 자연스럽게 느껴질 수 있다. 그렇다고 유니폼의 상의가 반드시 긴팔이어야 하는지는 별개의 문제이다. 반팔의 유니폼 상의 안에 긴팔 티셔츠를 입음으로써 팔을 감출 수 있기 때문이다. 실제로 SDMA의 무슬림 여성 근로자들은 대부분 이런 식의 복장을 하고 있었으며, 이는 필자가 쿠알라룸푸르 시내에서 관찰한 직장 여성의 유니폼 상의 착용 방식에서도 흔히 볼 수 있는 모습이었다. 한 무슬림 여성 근로자가 재고 부족의 이유로 긴팔 유니폼을 제공해주지 않은 것에 대해 불만을 표시했지만, 다른 무슬림 여성 근로자들이 긴팔 유니폼을 선호할지 반팔 유니폼을 선호할지는 그렇게 분명하지는 않다. 이 사건은 무슬림 여성 근로자에게 유니폼 상의의 소매 길이가 어떤 게 적합한지 하는 문제를 넘어서서, 어떤 방식으로 결정되든 관리자와 무슬림 여성 근로자 사이에 의사소통이 좀 더 필요하다는 점을 시사하고 있다. 이슬람적 복장과 관련해서 사소하다고 할 수 있는 이런 문제까지 회사가 관심을 보인다면 무슬림 근로자들은 이슬람에 대한 회사의 세심한 배려라고 긍정적인 평가를 내릴 것이다.

5. 무슬림 근로자의 인식과 태도

필자와 면접한 무슬림 근로자들은 SDMA의 이슬람과 관련된 회사 정책에 대해 어떻게 생각하느냐 하는 질문에 대부분 긍정적으로 평가했다. 어떤 점에서 긍정적으로 평가하는지 이어 질문하자, 이들이 공통적으로 지적한 것은 기도 시간이 보장되어 있고 기도실이 마련되어 있으며, 구내식당에서 할랄 음식을 제공하고 있다는 점이었다. 면접이 이루어졌던 시기가 라마단 기간이었기 때문에 부까 뿌아사를 위해 과자와 음료가 제공되고 아이딜피트리 명절 때 회사에서 선물을 준다는 점도 지적했다. 무슬림 근로자들이 가장 큰 관심을 갖는 기도와 음식과 관련해서 기본적인 여건이 갖추어져 있음을 시사하는 것이다.

이들이 이슬람과 관련된 회사 정책을 평가하는 데 있어서 한 가지 주목할 만한 측면은 이들의 실용적 태도이다. 기도가 순번제로 이루어지는 방식에 대해서 생산 작업이 기도로 인해 중단되지 않기 위해서는 불가피한 조치라고 회사의 방침을 이해했으며, 아이딜피트리 명절에 상여금이 지급되지 않는 것에 대해서도 다양한 종교적 배경을 가진 근로자들이 있기 때문에 연말에 일괄적으로 상여금을 지급하는 현재의 방식이 공평하다고 인식했다. 회사 의무실에 남성 전문의만 있기 때문에 여성 무슬림 환자가 불편을 느끼지 않느냐는 필자의 질문에도, 회사 의무실에서는 기본적인 진료만 이루어지기 때문에 남성 의사와 여성 환자 사이에 과다한 신체 접촉이 없으며, 또한 질병과 같이 위급하거나 불가피한 상황에서는 필요에 의해 금기를 지키지 않을 수도 있다는(이 경우에는 혼인하지 않은 남성과 여성 간의 신체 접촉) 이슬람법에 따른 해석을 제시했다. 이들의 실용적 태도는 "레즈끼^{rezeki}(생계 또는 행운이라는 의미)"에 대한 인식에서도 드러난다. 흔히 무슬림들은 자신에게 필요한 생계는 신이 부여하는 것으로 생각하는 숙명론적 태도를 갖고 있다고 지적되어 왔는데, 필자가 면접한 한 무슬림 여성 근로자는 레즈끼를 얻으려면 스스로 먼저 노력해야 한다는 점을 강조하면서 숙명론적 태도를 단호하게 부정했다. 그 면접자는 관리직 근로자로서 성취동기가 강한 말레이 중산층의 태도를 반영한다고 할 수 있지만, 무슬림의 가치관이 이슬람의 영향을 받아 숙명론적 태도를 갖고 있다고 쉽게 일반화해서는 안 된다는 점을 분명하게 보여준다.

말레이 무슬림들이 자신의 신앙생활을 평가하고 행동의 지침으로 활용하는 중요한 개념으로 "빠할라^{pahala}"와 "도사^{dosa}"가 있다. 빠할라는 신이 요구하는 좋은 행위를 의미하며, 도사는 신이 금지한 행위 또는 이슬람법에 어긋나는 행위를 의미한다. 이 용어들이 산스크리트어에서 기원 했다는 점에서 힌두교 또는 불교적 관념이 동남아의 이슬람에 수용된 것으로 짐작된다.[16] 빠할라를 많이 쌓으면 천국에 가고, 도사를 많이 쌓으면 지옥에 간다고 인식하듯이, 현세에서의 활동을 내세에서의 보상과 연관 시키는 관념이다. 빠할라를 쌓는 행위로는 기도, 금식, 순례, 희사와 같은 종교적 의무를 실천하는 것을 가장 중요하게 생각하며, 이 외에도 다른 사람을 돕거나 친절하게 대하는 행위, 부모에게 효도하는 행위, 음식과 복장의 금기를 지키는 행위도 포함된다.

한 무슬림 근로자가 빠할라를 "좋은 점수good points"라고 표현하듯이, 빠 할라는 양적으로 계산할 수 있는 성질을 갖는다고 인식한다. 종교적 의무를 수행하는 것은 빠할라에 해당하지만, 그것을 어떤 방식으로 실천하느냐에 따라 빠할라의 크기가 다르다고 평가하는 것이다. 예를 들어, 정해진 기도 시각에 하는 기도는 그보다 늦게 하는 기도보다 빠할라가 크다고 간주한다. 이러한 논리에 따르면, 회사의 순번제 기도는 이슬람법으로는 허용되는 방식이지만, 빠할라의 측면에서는 부족한 점이 있다고 인식된다. 또한 혼자 하는 기도보다 집단으로 하는 기도가 27배 빠할라가 크다고 한다. 이런 점에서 모스크에서 집단적으로 하는 금요예배에 참여하는 것은 빠할라를 쌓는 데에 큰 도움을 준다. 따라서 회사에서 금요예배

---

16 빠할라는 불교에서의 공덕 쌓기와 매우 유사한 관념이다. 동남아 불교에서 공덕 쌓기는 일반 불교 신자들의 일상생활에서 매우 중요한 행동 지침이다. 절과 승려에 시주를 하거나 계율을 지키는 행위는 공덕을 쌓는 일이며, 이를 통해 자신의 업業 karma을 향상할 수 있다고 믿는다(Tambiah 1970: 146~147). 동남아 불교에서는 시주 또는 보시를 공덕 쌓는 방식으로 가장 중요시하는 데 반해, 동남아 무슬림들은 종교적 의무나 계율을 준수하는 것이 빠할라를 쌓는 데 더 중요하다고 생각한다는 점에서 차이가 있다.

시간을 보장해주는 것은 이들에게 빠할라의 측면에서도 중요한 의미를 갖는다고 할 수 있다.

무슬림 근로자들 사이에 신앙심의 정도나 이슬람 지식을 습득하고 있는 수준에는 상당한 차이가 존재한다. 회사 내의 "신실한" 무슬림들은 동료 무슬림 근로자들이 종교적 의무를 충실하게 수행하지 않는다고 비판했다. 하루 다섯 차례의 기도를 자주 거르며, 모스크의 금요예배에도 참여하지 않는 무슬림이 많다는 것이다. 빠할라와 도사에 대해서도 일상생활에서 이를 항상 의식하고 행동하는 사람도 있지만 별로 개의치 않는 사람도 있다고 했다. 이들은 이런 문제를 이슬람에 대한 교육으로 해결할 필요가 있다고 생각한다. 노르딘Nordin이라고 하는 한 무슬림 관리자는 동료 무슬림 근로자들이 이슬람에 대한 이해가 부족하다고 지적했다. 예를 들어 이들은 무슬림의 다섯 가지 종교적 의무를 수행하는 것만을 신앙의 실천이라고 생각하는데, "일이 곧 신앙의 실천work is ibadah"이라는 이슬람의 보다 깊은 가르침은 모르고 있다는 것이다. 그의 이러한 지적은 최근 말레이시아에서 논의되고 있는 이슬람적 경영의 논지와 정확히 일치하는 것이다. 이슬람적 경영을 새로운 경영원리로 제시하고 있는 무슬림 학자들은 성실, 인내, 공정, 신뢰 등의 이슬람적 윤리를 기업경영에 도입할 것을 제안하고 있으며, 이러한 윤리에 입각해서 노동과 경영을 하는 것이 무슬림으로서의 신앙생활을 실천하는 것임을 주장하고 있다(Azhar Kazmi & Khaliq Ahmad 2013: 13).[17] 노르딘은 회사 차원에서 정기적으로 이슬람 강연을 개최해줄 것을 요구했는데,[18] 이를 통해 이슬람 지식에 대한 무슬림 근로자들의 욕구를 충족할 수 있을 것이라고 주장했다. 또한 "일이 곧 신앙의 실천"이라는 이슬람적 윤리를 언급함으로써 이슬람에 대한 깊이 있는 이해는 무슬림의 근무 태도를 향상하는 데에도 기여할 수 있음을 강조했다.

6. 한국인 주재원의 인식과 태도

SDMA는 회사 설립 초기부터 무슬림 근로자들의 종교적 요구를 고려하여, 기도실 설치, 순번제 기도 방식의 도입, 금요예배 시간 보장, 구내식당에서의 할랄 음식 제공 등의 정책을 시행해왔다. 이 정책은 현재까지 그대로 유지되고 있으며, 무슬림 근로자들이 이슬람과 관련된 회사 정책에 대해 긍정적 평가를 하는 가장 중요한 요인이다. 한국인 주재원들은 이곳에서 근무하면서 이슬람에 대한 인식이 많이 바뀌었다고 얘기했다. 과거에는 이슬람이 과격하고 폭력적이라는 이미지를 갖고 있었는데, 말레이시아에서의 경험으로 이슬람이 평화적인 종교라고 느끼게 되었다는 것이다. 말레이시아에서는 무슬림 과격단체에 의한 테러가 거의 발생하지 않기 때문에 이러한 평화적 이미지를 갖게 된 것으로 짐작된다. 물론, 말레이시아 사회에도 말레이와 화인 간의 종족적 갈등이 무슬림과 비무슬림 사이의 종교적 차이와 중첩되어 존재하지만, 그러한 갈등이 폭력적인 형태로 표출되는 경우는 매우 드문 편이다. 인도에서 근무했던 한 주재원은

---

17 이슬람적 경영의 논지는 말레이시아의 마하티르 전 총리가 제안했던 "신말레이New Malay" 개념과 연장선상에 있다. 그는 "게으른 말레이"라는 기존의 편견을 깨기 위해서 근면, 절약, 규율, 신용과 같은 이슬람 노동 윤리를 실천하는 태도를 말레이 무슬림들이 가져야 한다고 주장했다.

18 말레이시아의 일부 무슬림 회사에서는 근로자 훈련 프로그램에 이슬람 교육을 포함하고, 코란을 읽고 이해할 수 있도록 아랍어 강좌를 제공하기도 한다(Azhar Kazmi & Khaliq Ahmad 2013: 13~14).

그곳에서 힌두교도와 무슬림 간의 폭력적 충돌을 익히 보아왔던 경험에 비추어, 말레이시아에서 이러한 종교적 폭력이 없는 것이 새로운 경험이었으며 이슬람에 대한 이미지도 크게 바뀌었다고 언급했다.

SDMA의 TV제품의 약 절반 정도가 중동 지역에 수출되고 있는데, 말레이시아가 이슬람 사회란 점이 중동의 바이어들이 SDMA의 제품을 구매하는 데 하나의 중요한 요인으로 작동하고 있다. 이 점은 한국인 주재원들이 분명하게 인지하고 있는 부분이다. 따라서 이슬람에 대한 배려는 무슬림 근로자의 관리 측면에서 필요할 뿐 아니라, 수출 전략의 측면에서도 유효하다는 인식을 갖고 있었다. 하지만 한국인 주재원의 이슬람에 대한 지식은 충분치 못한 상태였다. 무슬림의 종교적 의무와 할랄·하람에 대한 기본적인 정보는 갖추고 있었지만, 그것의 세부적인 내용과 이유에 대한 이해가 부족하다는 한계를 안고 있었다. 파견근무 이전에 이슬람에 대한 사전 교육을 별로 받지 못했으며, 현지에서 이슬람을 접하면서 배우지만 체계적인 교육 과정이 없기 때문에 이런 현상이 발생하고 있다.

한국인 주재원들은 무슬림의 기본적인 종교적 요구를 충족하기 위한 제도의 시행이 필요하다는 점은 전적으로 인정했지만, 이슬람에 대한 지나친 지원은 다른 종교를 가진 근로자들에게 공평하지 못한 처사로 비칠 것에 대해 우려를 표명했다. 이슬람에 대한 어느 정도의 지원이 적절한지, 또는 지나친지를 판단하는 것은 무척 어렵고 예민한 사항이다. 예를 들어, 무슬림에게만 기도실을 제공하고 순번제 기도를 보장하며, 구내식당에서 할랄 음식만을 제공하는 것은 종교적 공평성에 어긋나는 것은 아닐까 하는 의문을 제기할 수 있다. 하지만 이 문제를 판단하기 위해서는 말레이시아의 독특한 사회적 상황을 고려할 필요가 있다. 말레이시아는 다양한 종교의 공존을 인정하지만 공식적으로는 이슬람만이 국가 종교이다. 따라서 모든 종교가 동등한 지위를 갖고 있는 것은 아니며, 이 점에 대해서는 말레이시아의 독립 이후 어느 정도 사회적 합의가 이루어져 있다고 할 수 있다. 무슬림의 기도, 베일 착용, 할랄 음식과 같은 영역이 이에 해당한다. 하지만 이슬람, 불교, 힌두교, 기독교의 명절이 국가 공휴일로 지정되어 있으며, 아이딜피트리 명절 상여금 대신에 연말 상여금으로 통일하는 것에 대해서는 무슬림들도 다종족적 사회라는 특수성을 고려해서 인정하는 태도를 보이고 있다. 구체적 사항에 따라 이슬람의 우선권과 종교적 평등이 복잡하게 적용되는 상황이기 때문에, 각각의 사항에 대한 일반적인 사회적 합의를 포착하여 기업의 정책을 수립해야 할 필요가 있다. 회사의 CSR(기업의 사회적 책임) 정책과 관련해서 무슬림과 비무슬림 지역사회에 대한 기부와 지원은 모두 가능하지만 그 방식에 있어서는 종교적 측면을 고려해야 한다. 예를 들어 기업이 지역 모스크에 기부하는 것은 말레이 지역 주민에 대한 CSR 정책의 일환으로 사회적으로 용인되는 유력한 방안인 데 반하여,[19] 비이슬람 종교단체에 기부하는 것은 사회적으로 민감한 반응을 불러일으킬 수 있는 말레이시아의 독특한 종교적 상황이 존재하는 것이다.

---

19 모스크에 대한 지원도 언제, 어떤 방식으로 하느냐에 따라 그 효과가 달라질 수 있다. 특히 이슬람의 종교적 명절에 행하는 기부는 특별한 의미를 갖는 것으로 여겨진다. 예를 들어 라마단 기간 중에 열리는 다양한 종교행사를 지원한다거나(강윤희 이 책), 순례의 달에 있는 "하리 라야 하지Hari Raya Haji"에 모스크에서 가난한 사람들을 위해 분배할 고기를 마련하는 데 필요한 비용을 지원하는 방식은 지역사회로부터 존경을 받는 기부 행위이다.

7. 다종족 이슬람 사회에서의 종교적 배려

말레이시아는 이슬람을 국가의 공식 종교로 삼고 있으면서도, 무슬림과 비무슬림이 공존하는 다종족 사회라는 독특한 성격을 갖고 있다. 1970년 대 이후에는 이슬람 부흥운동과 정부의 이슬람 정책의 시행으로 말레이 시아 사회 전반에 걸쳐 이슬람화가 강화되는 양상을 보이고 있다. 말레이 시아의 세 주요 종족 집단인 말레이, 화인, 인도인 근로자의 가치관을 비 교한 한 연구는 이들 중 종교를 중요시 여기는 태도가 말레이 집단에서 상당히 높게 나타난다고 보고했다(Asma and Lim 2000). 이러한 말레이시 아 사회에서 기업경영을 하기 위해서는 이슬람이라는 종교적 측면을 반 드시 고려해야 하며, 이는 말레이 무슬림 근로자를 고용한 외국 기업의 경우에도 마찬가지로 적용된다. 인도네시아에 진출한 한국 기업이 초기 에 노사분규를 심각하게 겪는 과정에서 무슬림의 종교적 권리를 제대로 보장하지 못한 데서 기인한 불만이 중요한 요인이 되었다는 점은 우리에 게 시사하는 바가 크다.

SDMA는 회사 설립 초기부터 기도실의 설치, 순번제 기도 방식의 도 입, 금요예배 시간 보장, 구내식당에서의 할랄 음식의 제공을 통해 무슬 림의 기본적인 종교적 요구를 충족했다는 점에서 모범적인 사례에 해당 한다. 회사의 무슬림 근로자들도 이 점에 대해 긍정적인 평가를 하고 있 었다. SDMA의 사례에서 보듯이 무슬림의 기본적인 종교적 요구를 충족 하는 데에는 그다지 큰 자본과 시설이 필요한 것은 아니다. 이에 대한 관 심과 배려가 있으면 얼마든지 실행할 수 있는 부분이다. 또한 말레이 무슬 림들도 지나칠 정도로 종교적 요구를 하기보다는, 다종족 사회에서의 종교적 관용이 어느 정도 몸에 배어 있고 회사 사정을 고려하는 실용적 태도도 보이고 있다.

하지만 여전히 개선될 점은 남아 있다. 한국인 주재원들은 무슬림의 종교적 의무와 이슬람법에서 허용된 것과 금지된 것에 대한 기본적인 정보는 갖추고 있지만, 그것의 세부적인 내용과 이유는 충분히 숙지하지 못하고 있다. 그러한 상태가 세세한 일상의 문제에 부딪치면, 무슬림과의 소통에 한계가 드러나고 불필요한 오해를 불러일으킬 소지를 안고 있다. 무슬림의 기본적인 종교적 요구를 충족하는 여건을 제공하는 것을 넘어서서, 세세한 부분을 세심하게 배려하고 지원하는 것이 무슬림 근로자들에게는 예상치 못했던 관심의 징표로 느껴질 수 있으며, 한국인 관리자와 무슬림 근로자 사이에 신뢰를 보다 두텁게 하는 매우 효과적인 방법이 될 수 있을 것이다.[20] 이슬람 사회에서의 기업 이미지를 높이는 데에도 당연히 긍정적으로 작용할 것이다.

---

20 앤드루스에 의하면 동남아 근로자들이 다국적 회사의 상급자들로부터 기대하는 가장 중요한 것 중의 하나가 "배려받고 있다"는 느낌이다. 이러한 느낌은 봉급이나 상여금뿐 아니라, 회사가 근로자들의 일상에 관심을 가짐으로써 생긴다(Andrews et al 2003: 139~140).

참고 문헌

김형준. 2012. 『적도를 달리는 남자: 어느 문화인류학자의 인도네시아 깊이 읽기』. 이매진.

———. 2013. "이슬람 부흥의 전개와 영향: 인도네시아의 사례". 『동남아시아연구』 23(3). 181~
215쪽.

———. 2014. "무샤와라: 인도네시아 자바의 분쟁해결방식". 『한국문화인류학』 47(2). 3~44쪽

오명석. 1997. "이슬람, 아닷(adat), 근대화 속에서의 말레이 여성의 정체성 변화". 『한국문화인류
학』 30(1). 3~51쪽.

———. 2011. "동남아 이슬람의 쟁점: 이슬람과 현대성". 『아시아리뷰』 1(1). 107~226쪽.

———. 2012. "이슬람적 소비의 현대적 변용과 말레이시아의 할랄 인증제". 『한국문화인류학』
45(3). 3~62쪽.

전제성. 2002. "수하르또 치하 인도네시아에서 노동계급의 조직화 없는 저항". 『동아연구』 43.
31~49쪽.

——— ·유완또. 2013. 『인도네시아 속의 한국, 한국 속의 인도네시아』. 이매진.

최현아. 2013. "비무슬림도 교육하라, 모욕 없도록……". 『동아비지니스리뷰(DBR)』 No.131.
96~100쪽.

홍석준. 2001. "현대 말레이시아 이슬람 부흥운동의 문화적 의미". 『동남아시아연구』 11권 봄호.
127쪽.

Andrews, Tim, et al. 2003. *The Changing Face of Multinationals in Southeast Asia*, London:
Routledge.

Asma A. & Lim, L. 2000. "Cultural Dimension of Anglos, Australians and Malaysians."
Malaysian Management Review December: 9~17, Kuala Lumpur: Malaysian Institute of
Management.

Azhar Kazmi & Khaliq Ahmad. 2013. "Managing from Islamic Perspective: Some Preliminary
Findings from Malaysian Muslim Managed Organizations." *European Journal of Business and
Management* 5(11): 10~16.

Nganyin Lai. 2013. "The Rise of Samsung Group in Malaysia." In *Labour Rights in High Tech
Electronics: Case Studies of Workers' Struggles in Samsung Electronics and its Asian Suppliers*, Hong
Kong: Asia Monitor Resource Center, pp.161~179.

O'Connor, David. 1993. "Electronics and Industrialisation: Approaching the 21st Century."
In Jomo K.D.(ed.) *Industrialising Malaysia: Policy, Performance, Prospects*, London: Routledge,

pp.210~233.

Peletz, M. 2002. *Islamic Modern: Religious Courts and Cultural Politics in Malaysia*, Princeton: Princeton University Press.

Qaradawi, Yusuf. 1985. *The Lawful and the Prohibited in Islam*, Petaling Jaya: Islamic Book Trust.

Smith, Wendy. 2003. "Culture and Management in Malaysia." Warner, Malcom(ed.) *Culture and Management in Asia*, London: ReoutedgeCurzon.

Tambiah, S. J. 1970. *Buddhism and The Spirit Cults in North-East Thailand*, Cambridge: Cambridge University Press.

2

노동조합과 함께하는 노사관계의 현지화

미원 인도네시아의 사례

전제성

이 글은 「동남아시아연구」 24권 2호에 실린 논문 "해외투자 한인 기업 노사관계의 현지화: 미원 인도네시아 사례 연구"를 수정한 것이다. 공장 현지조사를 허락해준 김두련 사장을 비롯하여, 조사 과정에서 환대하고 협력해준 미원 인도네시아사 임직원들, 경영진 면담 자료를 공유해준 인하대 경영학과의 백연정 교수, 한글 기사를 검색해준 전북대 대학원 정치학과의 김현경 석사, Kompas 기사 검색을 도와준 서강대 동아연구소의 서지원 교수께 감사한다.

인도네시아에서 한인 기업 투자의 역사는 거의 반세기에 육박한다. 그럼에도 불구하고 여전히 심각한 노사 갈등을 겪는 한국 기업들이 존재한다(Abu Mufakhir 2013). 필자가 처음 인도네시아 땅을 밟았던 1995년에 현지인들으로부터 "한국 기업은 왜 그러냐?"라는 질문을 받곤 했는데, 2013년에도 같은 질문을 받아야 했다. 우리 기업들이 인도네시아에서 다각적으로 현지화를 추구해왔지만, 노사관계는 현지화가 가장 지체된 영역인 것 같다. 경영 현지화에 대한 대표적인 기존의 연구들(신만수·김대중 1996; 신만수·김주희 2008; 권기수·고희채 2010)도 노동조합, 노사분규, 노사협상 같은 사안들에 깊은 관심을 기울이지 않았다.

그동안 필자는 인도네시아의 한국 기업에서 발생한 노사분쟁 사례의 소개와 분석에 초점을 맞춰왔다(전제성 1999; 2005; 전제성·유완또 2013 2장; Jeon & Yuwanto 2014: 57~92). 그러나 노사분쟁을 적절히 회피하여 평화로운 노사관계를 맺고 있는 사례를 발굴하고 공유할 필요도 느꼈다. 그러한 사례가 한인 경영자들에게 실현 가능한 대안으로 수용될 가능성도 크다고 여기게 되었다. 그래서 접근한 사례가 미원 인도네시아의 경우이다.

작년에 투자 40주년을 맞이한 미원은 한국 기업 최초의 제조업 해외진출 사례로, 인도네시아에서 현지화에 충분히 성공했으며, 특히 지난 10여 년간 파업이 부재했다는 점에서 탐구해볼 만한 사례이다. 미원의 정착과 발전은 시장개척, 기술개발, 자율경영뿐만 아니라 노사관계 영역에서도 그 비결을 찾아볼 수 있다. 미원 인도네시아에 관한 기존 문헌들(김병순 2002; 최순규 외 2003; 김정식 2004)이 주목하지 않았던 영역도 바로 이것이다.

필자는 미원 경영진과 현지 조직노동과의 관계, 즉 경영자들이 어떻게 노동조합을 대하고 노동조합과 교섭하는지를 조사했다. 미원의 노사관계에 관한 자료를 수집하기 위하여 두 차례 현지를 방문했다. 2013년 1월 말에 자카르타 본사를 방문하여 한인 경영자들과 면담하고 조사 허가를 받고 자료를 제공받았으며, 6월 말에는 동부 자바의 그레식Gresik에서 가동 중인 공장을 방문하여 4박 5일간 사택에 기거하며 한인 주재원, 현지인 관리자 및 노동조합 간부들과 인터뷰하고 자료를 수집했다. 한인 경영진과 주재원들의 협조하에 이루어진 조사였지만, 현지인 직원들과의 인터뷰는 한인들이 입회하지 않은 상황에서 자유롭게 수행되었다.

우선 1장에서 미원의 진출, 현황, 다각적 현지화 과정이 소개될 것이다. 이어서 2장에서 미원의 노사관계 역사를 간추리고 기본적인 고용 관련 정보를 제공할 것이다. 마지막으로 3장에서는 조화롭고 안정적인 노사관계를 형성하기 위한 미원의 전략을 분석할 것이다. 이렇게 소개되는 미원 사례가 한국 기업들에게 현지 노사관계 개선을 위한 시사점을 제공할 수 있기를 기대한다.

1. 미원의 진출과 현지화

1960년에 제품을 출시한 한국의 대표적인 조미료 생산업체 미원은 1973년에 인도네시아 투자를 시작했다. 당시 미원은 제일제당(미풍, 현 CJ)

과 전개된 국내시장 경쟁을 피하면서, 조미료 생산에 필수적인 당밀糖蜜 (사탕수수를 설탕으로 가공할 때 나오는 즙)의 안정적 확보와 시장개척을 위해 해외투자를 모색했다. 말레이시아, 태국, 필리핀, 인도네시아를 비교한 끝에 인도네시아를 최적의 투자지로 선택했다. 그 이유는 우선 인도네시아가 양질의 당밀 생산지(현재 1위)였기 때문이다. 인도네시아는 당밀의 질도 가장 좋다고 평가받는 곳이었다. 세계 4위의 인구 대국으로 시장이 크고 인건비가 저렴하며, 인프라 수준이 양호했던 점도 긍정적으로 평가되었다. 수하르토Suharto 권위주의 체제가 이룩한 정치 안정 역시 투자에 이로운 환경을 제공할 것으로 기대되었다. 최종적인 공장입지를 동부 자바 그레식으로 잡은 이유는 그 지역이 네덜란드 식민시대부터 사탕수수 집산지여서 양질의 당밀이 충분히 공급될 수 있고, 가까운 수라바야Surabaya 항구를 통해 물자 운송이 용이하고, 인접한 하천의 용수 활용이 가능하다는 장점을 갖추고 있었기 때문이다(김병순 2002; 최순구 외 2003; 임덕진 면담).[1]

국내 자본과 기술로 1973년 11월에 현지법인 미원 인도네시아사PT. Miwon Indonesia를 설립하고 판매영업부터 시작했다. 1975년 9월에 공장을 완공하고 이듬해부터 조미료 중간제품DGA: Dry Glutamate Acid의 생산에 돌입했으며, 같은 해에 판매와 유통을 담당하는 현지 회사 지코아궁PT. Jiko Agung(2000년에 외국인 회사로 등록 변경)을 설립했다. 1978년 11월부터는 미

---

1   조미료를 생산하는 경쟁사들도 모두 사탕수수 집산지인 동부 자바에 위치하고 있다. 아지노모토는 모조 커르토Mojokerto, 사사는 프로보링고Proboringgo, 조미료와 사료용 아미노산을 생산하는 CJ는 좀방Jombang과 파수루안Pasuruan에 자리 잡았다.

원[MSG: Monosodium Glutamate](사탕수수를 발효한 천연 조미료)을 본격적으로 생산할 수 있게 된다.

요즘 미원이 판매하는 제품들은 인도네시아에서 생활하는 이들이 쉽게 마주칠 수 있는 것들이다. 조미료 분야에서 미원, 바이오[Bio](조미료를 코팅하여 미감을 더하고 적은 양으로도 맛을 낼 수 있게 만든 제품), 미원플러스[Miwon Plus](산업용 조미료), 인도라사[Indo Rasa], 가람구리[Garam Gurih]("고소한 소금"이란 뜻으로 미원을 10퍼센트 첨가한 맛소금), 분말음료로서 인삼커피[Kopi Ginseng], 생강차[Jahe Wangi], 레몬차[Lemon Tea] 등이 미원[Mi-Won] 상표로 판매되고 있다. 1996년에 설립된 미원 베트남사는 준비 단계부터 미원 인도네시아의 지원을 받았고 미원 인도네시아로부터 조미료 중간제품[DGA]을 제공받음으로써 발효 공정의 설비 투자 없이 조미료 완제품을 생산할 수 있었다.

1995년에 아베엔사[PT. ABN: Aneka Boga Nusantara]를 추가로 설립하여 수산물을 취급하다가 2003년 8월에 가공식품회사로 변경하여 마마수까[Mama Suka](엄마가 좋아한다) 상표를 부착하고 튀김가루[Tepung Bumbu], 빵가루, 양념(이를테면 Terasi Udang), 식용유, 간장, 마요네즈, 크림수프[Sup Krim], 푸딩 원료 등을 생산·판매하고 있다. 1996년에는 인쇄사업(제품 포장용 필름 인쇄)을 시작하여 생산품을 자체 포장하게 되었다. 2008년부터 옥수수 수출에 뛰어들었고, 2011년부터 술라웨시 섬 고론탈로[Gorontalo]와 보르네오 섬의 동부 칼리만탄 불룽안[Bulungan] 군의 농장에서 옥수수를 재배하기 시작했다. 2008년에는 자원개발을 위한 지주회사[PT. Miwon Agrokencana Sakti]를 설립했고, 2009년에는 팜오일 제조업[PT. Sintang Raya]을 시작했으며, 칼리만탄의 폰티아낙[Pontianak]에서 팜 농장을 운영하고 있다. 청정원의 한국 식품들(고

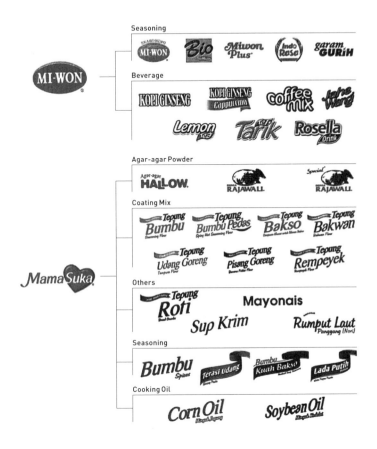

미원 그룹의 제품들. ©미원 인도네시아

추장, 액젓, 김, 홍초, 수프 등)과 담배인삼공사의 한국 담배(에세, 레종, 원) 수입 배급도 담당하고 있다. 이리하여 미원은 4개 공장, 17개 지점, 164개 대리점을 개설하고, 연간 매출액이 3억 불에 달하는 기업집단으로 성장했다(Miwon 홍보책자; 임덕진 공장장 면담).[2]

이 글은 여러 계열사 중에서 근간이 되는 그레식의 미원 공장을 중심으로 분석할 것이다. 이 공장은 미원 그룹이 인도네시아에 처음으로 지은 공장으로서 기념비적 의미를 지닌다. MSG조미료 및 조미료 첨가물 제품과 포장용 필름을 생산해왔고, 최근에 마요네즈를 추가했다.

미원은 조미료 분야에서 먼저 자리를 잡고 현지 조미료 시장을 양분하던 일본인 회사 아지노모토Ajinomoto나 대만인 회사 사사Sasa와 경쟁하면서, 사업 시작 5년 만에 시장의 10퍼센트를 점유했다. 아지노모토가 제소한 상표 도용 소송에서 패하여 6개월간 생산이 중단되기도 했지만, 시장점유 2위 자리를 놓고 벌이는 "한일 국제전"에 뛰어들어 투자 10년 만에 시장의 30퍼센트를 차지함으로써 현지의 조미료 천하를 삼분하는 데 성공했다(KBS 2005). 그 후 미원은 종종 시장점유율 1위를 기록했고, 현재는 사사에 이어 2위 자리를 굳히고 있다고 한다. 제품의 약 30퍼센트는 43개국으로 수출되고 있다.

미원의 성공은 오래전부터 "철저한 현지화" 덕분이라고 평가받아 왔다. 인도네시아에 한인 기업이 희소하던 1990년대 초반부터 "현지화에

---

2 미원은 1989년부터 2006년까지 인도네시아 최대 재벌인 살림Salim 그룹과 합작으로 투자하여 수마트라 람풍Lampung에서 조미료를 생산하기도 했다. 기린푸드사와 합작하여 식품첨가물 제조업체 기린미원사PT. Kirin-Miwon를 설립하여 핵산을 생산하기도 했는데, 2013년에 기린 측에 자본을 넘기고 사업을 정리했다. 1995년에 현지 주식시장에 상장했으나 실익이 없다고 판단하여 2003년에 철회한 바 있다.

미원 인도네시아의 그레식 공장. ⓒ미원 인도네시아

성공한 대표적인 기업"이라고 언급되기 시작했다(연합뉴스 1992.08.10). 당시 보도의 일부를 살펴보면 다음과 같다.

"이제 인도네시아 사람들처럼 콧수염을 기르고 인도네시아 옷을 입을 작정입니다." 수라바야 공장에서 일한 지 벌써 9년째인 주홍명 공장장의 말은 미원의 현지화 작업이 마무리 단계에 접어들었음을 한마디로 요약해준다. 약 1천여 명이 일하고 있는 미원 수라바야(오류: 그레식) 공장에서 한국인 관리자는 주 공장장 단 한 명뿐이다. 물론 6명의 미원 본사직원이 파견돼 일하고 있지만 이들은 단순한 자문역에 불과하며 생산부장, 인사부장 등 6명의 부장이 모두 인도네시아 사람이며 과장이나 계장들도 모두 현지인이다. [...] 미원 인도네시아의 회사 서류는 모두 인도네시아어로 되어 있으며 회의도 물론 인도네시아어로 진행된다. 회의가 끝나고 식사 시간이 되면 주 이사는 인도네시아 사람들과 함께 현지식으로 손으로 음식을 집어 먹는다(연합뉴스 1992.06. 14).

필자가 2013년에 그레식 공장을 방문했을 때도 1990년대 초반의 언론보도에서 묘사된 현지화 기조가 유지되고 있음을 금방 확인할 수 있었다. 그레식 공장 1013명의 직원 중 5명만이 한국인 주재원이었다. 그들의 주된 업무도 기술 관리 지도였다. [표 1]의 인력 구성 변화가 보여주듯이, 현지인 관리자가 꾸준히 증가하고 한인 주재원은 계속 감소했다. 거의 전적으로 현지인에 의해 가동되는 공장으로 발전한 것이다. 그래서 두번째 현지 파견을 나왔다는 한국인 주재원 김현우 부장은 "미원을 한국 기업이

표 1 | 미원 인도네시아 그레식 공장의 인력 구성 변화

구분	1978	1982	1989	1993	1999	2000	2013
현지인 종업원	384	689	774	1,046	1,043	994	856*
현지인 관리자	0	5	20	33	37	37	152
현지인 계	384	694	794	1,079	1,080	1,031	1,008
한인 주재원	66	21	15	8	7	6	5
총 인원	450	715	809	1,087	1,087	1,037	1,013

출처 | 최순규 외 2003, 78, 표 9와 Miwon Indonesia 2013a 종합.

주의 | *는 아웃소싱 150명 포함.

아니라 인도네시아 기업으로 봐야 한다"고 말했다.

또 다른 주재원 임철희 부장에 따르면, "모든 것을 현지인 체제로" 운영하기 위하여 모든 업무를 인도네시아어로 처리하고 "2001년 이후에는 아예 영어 사용을 금지"했다. 당연히 한인 주재원들도 인도네시아어를 원활히 구사할 수 있어야 했다. "만약 석 달이 지나도록 현지어가 능숙하지 못하면, 현지인과 결혼시켜 버린다"는 말이 있을 정도로, 스스로 알아서 조속히 현지어 구사 능력을 갖추도록 요구받았다(한인 기업의 현지어 사용에 관한 분석은 이 책의 강윤희의 글 참조).

한인 주재원들은 현지인 직원들과 동일한 작업복을 입는다. 한인 주재원과 현지인 직원의 복장 차이가 없다. 사무직과 생산직의 복장 차이도 없어서 한인 공장장이 현지인 생산직과 똑같은 작업복을 입는다. 오로지 모자 옆면에 작은 글씨로 적힌 직능만 다를 뿐이다. 한인 주재원들은 "구

별 짓기"를 선호하지 않고, 현지인 노조 간부들도 "복장 평등"을 지지한다. 복장 평등을 신기해하는 필자에게 임덕진 공장장은 "같은 공장에서 같은 작업복을 입는 게 당연하다"며 "전혀 신기한 일일 수 없다"고 답했다. 주재원들은 위계적 "관리자"가 아니라 기술적 "조언자advisor"로 스스로를 정의한다. 노동조합 간부들도 복장이 다른 것은 싫고 현재가 좋다고 답했다.

게다가 한인 주재원들은 현지 사원들과 같은 식당에서 식사를 하고, 공장에 연이은 사택에서 산다. 점심 식사에 차이가 있다면, 사택의 현지인 가정부가 만들어준 김치를 비롯한 약간의 한국 반찬들이 추가되어 있다는 것이다. 사무직원들의 책상 배치도 공장장과 부공장장의 자리만 별도의 반半개방적인 사무공간으로 분리되어 있을 뿐이고, 나머지 한인 주재원들은 현지인 사무직원들과 구분되지 않는 위치에 위계적(이를테면 현지인 직원들의 뒤통수를 보는 감시 체계)이지 않은 방식으로 배치되어 있었다. 담당 업무가 기술적技術的이고 분야가 서로 다르기 때문에 한인 주재원들끼리의 관계도 덜 위계적인 것처럼 보였다.

미원 인도네시아는 현지 사회와 큰 마찰 없이 가동되어 왔다. 수하르토 체제에서는 대통령의 가족으로부터 기업 지분의 배당을 요구받았고, 수하르토 퇴진 과정에서 도처에 폭동이 발생할 때는 지역에 주둔하는 해군에 보호를 요청해야만 했다. 민주화 이후에는 주민들의 다양한 불만을 접했다. 그렇지만 대화와 협상 그리고 적극적인 기여 활동으로 현지 사회와 원만한 관계를 유지해왔다.

무슬림들을 위한 식품을 생산한다는 할랄 인증을 받고 잘 준수함으

공장 식당에서 점심을 함께하는 한인 주재원들

로써 경쟁사인 아지노모토처럼 할랄 기준 위반으로 현지 사회의 비판을 받은 적도 없다. 할랄이란 무슬림에게 허용된 것(할랄 식품은 무슬림이 먹을 수 있는 것)으로 그 인증과 감독은 인도네시아 이슬람학자위원회^{MUI: Majelis Ulama Indonesia}에서 관장한다. 일본 조미료 회사 아지노모토는 2000년 9월에 실시된 MUI의 감사 과정 중에 발효에 사용되는 미생물을 배양하는 배지에서 돼지기름 성분이 검출됨으로써 현지인들의 강력한 항의를 받고, 공장 가동을 중단하면서 3000톤에 달하는 조미료를 회수해야 했으며, 직원 세 명이 지방경찰에 구속수사를 받는 고초를 겪어야 했다(Justfood 2001. 01. 09; 할랄의 의미와 인증제에 관해서는 말레이시아 사례를 다룬 오명석 2012 참조).

미원사는 수십 건에 이르는 이웃 주민들과의 분쟁도 협상과 타협의 과정을 거쳐 모두 해결했다. 미원사가 제공한 자료에 따르면, 2000년부터 2011년까지 주민과의 분쟁이 총 11건이나 발생했다(Miwon 2013b). 하청 건설업체가 유발한 경우를 제외하면 총 10건이었다. 분쟁의 소재는 주로 환경문제로 소음 발생, 수질오염, 대기오염, 토지 사용 등에 관한 것이었다.

특히 미원은 투자 초기부터 인접한 수라바야 강^{Kali Surabaya}의 오염원으로 지목되어 왔다. 폐수를 흘려보내 1975년 7월에 물고기 떼죽음을 유발했다는 지적을 받은 데 이어, 1976년 8월 말에 발생한 물고기 떼죽음의 책임을 지게 되었다. 당시 동부 자바 주지사는 미원을 수질오염을 유발하는 폐수를 방출한 5개 기업의 하나로 지목하고 정화시설을 갖추기 전까지 공장 가동을 중단할 것을 전화로 지시했다. 이에 따라 미원은 폐수처리시설을 마련하는 9개월 동안 공장 가동을 중단하면서 600여 근로자의 임금은 전액 지불해야 했다(Kompas 2003. 11. 13; 2008. 05. 09). 1999년에 미원은 수라바야 강을 오염시키는 12개 기업 중에 하나로 다시 지목되고 (Kompas 1999. 08. 20; 09. 27), 2003년에도 물고기 떼죽음을 유발하는 기업 으로 거명되며 공론의 비판을 받게 되었다(Kompas 2003. 11. 13). 그러나 미원사는 2006년과 2008년에 연이어 폐수처리시설이 효과적으로 작동 하고 있다는 평가를 받으면서 환경오염원이라는 오명으로부터 자유롭게 되었다(Kompas 2008. 05. 09; 2008. 11. 14). 물론 이후에도 미원사는 지방정 부와 시민사회의 지속적인 감시 대상이 되고 있다. 이를테면 2009년에 정 화시설에서 폐수가 새는 것 같다는 환경단체의 지적을 받고 미원사는 신 속한 점검과 정비를 약속하기도 했다(Kompas 2009. 06. 22).

미원의 환경 관련 민원은 당밀의 생산 과정과 관련이 있다. 사탕수수는 1년에 한 번만 수확할 수 있고 미원은 이를 구매하여 6개월간 당밀을 생 산한 뒤에 저장한다. 당밀을 생산할 때 발생하는 폐액의 처리가 문제였다. 그러나 폐액을 액체비료로 전환하는 시설을 설치하고 그 비료를 저장 탱 크에 보관함으로써 해결했다. 그래도 냄새까지 완전히 없앨 수는 없었다. 처리시설을 가급적 민가와 멀리 떨어진 곳에 설치하는 데 그치지 않고, 이웃 주민들에게 여러 혜택을 적극적으로 제공할 필요가 있었다. 마을의 도로를 닦고 하천을 정비하고, 주민들에게 쓰고 남는 전기와 정수 장치로 거른 식수를 제공하고, 조미료를 포함한 명절 선물을 돌리고, 일자리를 제공했다. 그러다 보니 현지 지방공무원으로부터 "미원은 마치 국내 기 업인 것처럼 여겨진다"라는 호평도 듣게 되었다(KBS 2005에서 동부 자바 주 공보담당관 수완또[Suwanto]의 발언).

2007년 5월에는 아웃소싱 인력 7명을 해고한 데 대한 주민들의 항의도 수용하여 다시 고용하고 아웃소싱 인력 공급을 자율적인 협동조합에 맡기는 개혁조치를 단행했다. 총무팀장 로시딘 리안또Rosidin Rianto는 가장 난감했던 문제가 공장 뒤편의 주민들이 행정계획상 존재했다며 공장을 가로지르는 길을 내서 큰길에 접근할 수 있게 해달라고 요구했던 일이었다고 회고했다. 도저히 수용할 수 없는 요구여서 대신 공장을 돌아가는 길을 내주는 것으로 타협을 보았다. 주민들 500여 명이 그레식 지방의회 DPRD로 몰려가 시위를 벌임으로써 중앙일간지에도 여러 번 보도되었던 이 사건(Kompas 2002. 05. 15; 05. 16; 05. 18; 05. 27; 07. 22) 당시 협상에 나섰던 현지인 부공장장 왈루요Waluyo는 다음과 같이 말했다.

우리는 사태에 대한 책임이 있기 때문이 아니라 주민관계를 조화롭게 유지하기 위하여 여기 참석자들과 합의한다. 이번 사건에서 주민과 공장은 과거 정부와 개발업자가 저지른 잘못의 피해자일 뿐이다. 책임져야만 하는 이들은 그들이다(Kompas 2002. 05. 18).

이러한 타협에 대하여 임철희 부장은 다음과 같이 회사의 입장을 요약했다.

인도네시아에서 대통령도 마샤라깟masyarakat(사회, 지역사회)을 이길 수 없다는 말이 있다. 외국인은 당연히 주민들에게 져줘야 한다는 생각으로 지불할 것은 지불하고 있다.

2. 노동조합과 함께하는 노사관계의 현지화 | 전제성

미원사는 분쟁 대응보다 더 넓은 차원에서 기업의 사회적 책임(CSR) 활동을 다양한 방식으로 전개함으로써 인도네시아 투자조정청^{BKPM: Badan Koordinasi Penamaman Modal}이 수여하는 표창을 받고(연합뉴스 2012. 12. 14), 대한민국 CSR필름페스티발에서 입상하고, 주인도네시아 한국대사관이 주최한 한국 기업의 사회적 책임 활동 공모전에서 최우수상을 수상하기도 했다. 특히 2011년부터 현지 자선단체와 협력해 지원하기 시작한 "사랑의 미원 마차"와 "사랑의 마마수까 마차" 사업은 현지 노점상 문화에 기반을 둔 사업으로, 식품산업으로서의 정체성도 잘 살린 사업이었다. 이 사업은 현지 거리에서 흔히 접할 수 있는 까끼리마^{kaki lima}(직역하면 다섯 다리)라는 조리 판매 겸용 소형 노점을 100대 제작하여 4개월간 식자재와 함께 빈민들에게 제공하고 위생 관리와 경영 방식까지 교육하는 경제자립 프로그램이었다.

요컨대 미원 인도네시아의 역사는 현지화의 역사라 해도 과언이 아니다. 현지화가 중요했던 이유는 여러 측면에서 추정할 수 있다. 조미료, 양념, 비료 등 소비재를 생산하고, 제품의 실현에서 내수시장이 중요한 위상을 차지하는 기업이어서 현지화가 중요한 경영 전략으로 추진되었을 것이다. 임덕진 공장장은 "현지화가 투자 초기부터 강조되었다"고 했다. 사업의 출발이 영업 활동이었기 때문에 철저한 현지화가 처음부터 강조되었고 기업의 전통으로 수립되었으리라 짐작할 수 있다. 경쟁사들이 도시를 중심으로 판매를 한다는 한계를 간파하여 오지부터 시장을 개척하려고 외방도서 구석구석까지 누비던 미원 판매원들의 이야기가 아직도 전설처럼 회자된다(김병순 2002, 12; KBS 2005).

여타 기업들처럼 현지화는 임금 비용 절감을 위해서도 필요했을 것이다. 미원에서 한국인 평사원 1인을 고용하는 데 연간 10만 불이 소요된다고 하니(연봉, 차량, 기사 등 포함) 현지화는 곧 돈이 되는 것이다. 일단 기술인력의 현지화가 이루어지면, 유사시에 한국인 인력으로 그들을 대체할 수 없게 된다. 임 공장장은 미원사가 매일 24시간 가동되어야 하는 "장치산업"이기에 "현지인 운전자들operator과의 융화"가 각별히 중요하다고 보았다.

현지법인의 자율적인 위상 역시 현지화를 강화할 수 있는 제도적 기반이었을 것이다. 대상 그룹과 미원 인도네시아의 관계는 비교적 독립적이라 알려져 있다(최순규 외 2003: 76~78; 김정식 2004). 장거리 경영의 통제로부터 자유롭다면, 현장감을 지닌 현지법인 경영진이 현지화 전략을 융통성 있게 구사할 가능성도 커질 것이다.

2. 미원의 노사관계—분쟁과 평화

미원사의 원만한 현지인 관계는 노사관계에서도 확인할 수 있다. 한인 제조업체라면 피하기 힘든 노사분규가 미원에서도 여지없이 발생하곤 했지만, 2002년의 결정적 파업 이후 12년간 재발되지 않았다. 노동조합운동이 날로 강해지는 인도네시아 상황에서 장기간 노사분규가 발생하지 않았다는 사실은 놀라운 일이다. 미원의 노사관계가 안정적이고 순탄하며 조화로운 단계에 접어들었다는 명확한 징표이다.

미원의 현지인 간부들이 전해 듣거나 기억하는 파업은 [표 2]와 같다. 부공장장 수깜소Sukamso에 따르면, 1980년부터 1983년 사이 어느 해인가 한차례 사원 시위가 발생한 적이 있었는데, 요구는 임금인상이었고, 인력부 지역분소의 중재하에 노조와 경영진이 협상하여 조정된 임금인상에 합의함으로써 조업 중단 없이 "다함께 승리하는ᵂⁱⁿ⁻ʷⁱⁿ" 타결로 끝났다. 1990년대 파업시대에 미원에서도 파업이 두 차례 발생했다. 수하르토는 집권 말기에 정권 안보를 위하여 정치적 개방ᴷᵉᵗᵉʳᵇᵘᵏᵃᵃⁿ 조치를 단행하면서 유명무실했던 지역별 최저임금제를 활성화했다(인도네시아 최저임금제에 대한 상세한 안내는 엄은희 2013 참조). 이에 따라 최저임금에 준하는 임금인상을 요구하는 제조업 노동자들의 파업이 잇따랐고 한인 제조업체 대다수가 노동자들의 집단적 저항을 경험해야 했다. 로시딘은 1995년과 1997년에 발생한 파업을 기억한다. 당시도 쟁점은 임금인상이었다. 생산

표 2 미원 인도네시아의 노동자 시위와 파업

시점	기간	핵심 요구 사항	결과
1980년대 초	수 시간	임금인상	조정된 임금인상
1995년	수 시간	임금인상	조정된 임금인상
1997년	수 시간	임금인상	조정된 임금인상
1999년	수 시간	합병된 직원의 경력 인정 (인쇄부 부분 파업)	경력 인정+해고금 반환
2002년	2일(3월 21~22일)	임금인상	조정된 임금인상

출처 | Miwon Indonesia 2013; 현지인 직원 면담 자료들.

주의 | 한인 주재원은 예전 주재원으로부터 노사분규에 관한 기록을 넘겨받지 못했다고 했고, 현지인 인사팀장도 가장 심각한 파업이었다는 2002년 파업에 관한 기록조차 남아 있지 않다고 했으며, 2002년 파업을 주도했던 SPSI 노조위원장도 보관하고 있는 기록이 없다고 했다. 분규 기록의 부실은 미원사의 인사관리와 노조 운영상의 허점으로 지적될 만하다. 최대 일간지 Kompas, 시사주간지 Tempo, 그리고 Google 검색 시스템을 사용한 검색에서도 미원사 파업에 관한 보도는 발견되지 않았다. 언론의 관심을 끌 만한 파괴 활동이 수반되지 않았기 때문일 것이다. 그래서 미원 인도네시아 파업의 역사는 현지인 관리자들과 노조위원장의 진술에 의존하여 재구성할 수밖에 없었다.

직 전체가 참여했지만, 협상을 거쳐 조정된 임금인상 결정으로 파업이 수 시간 내에 종결되면서 핵심 장치의 가동이 중단되지 않았다.

인사팀장 나닉 트리야닝시^{Nanik Triyaningsih}는 수하르토 퇴진 이후인 1999년의 부분파업에 관한 이야기를 들려주었다. 당시 미원사는 지코아궁의 인쇄 라인을 정리하고 그 직원들을 미원사의 인쇄부로 편성했다. 그런데 새로 통합된 인쇄부 직원들의 임금에 근무경력이 반영되지 않자 이에 불만을 품은 인쇄부 직원들이 부분파업을 전개했다. 사측은 그들에게 이미 퇴직금을 지불했기 때문에 경력을 인정하지 않았던 것이다. 협상을 거쳐 조정안을 마련함으로써 분쟁은 종결되었다. 합의된 조정안은 미원사가 새로 통합된 인쇄부 직원들의 지코아궁 근무경력을 인정하는 대신에 인쇄부 직원들은 이전 직장에서 받은 퇴직금을 사측에게 되돌려준다는 것이었다.

미원 인도네시아 사상 최악의 파업은 2002년 3월 21일 파업이었다. 인사부장 나닉이 분규 날짜를 외우고 있을 정도로 심각한 파업이었다. 오래된 노조인 전국인도네시아근로조합^{SPSI: Serikat Pekerja Seluruh Indonesia}(이하 SPSI)이 임금인상을 요구하는 파업을 전개했다. 생산직 직원 전체가 참여하는 이틀간의 파업으로 공장 가동이 중단되었다. 핵심 장치들이 멈춘 경우는 이때가 처음이었기에 충격이 컸다. 한번 멈추면 다시 정상 가동되는 데 10일 이상 소요되므로 회사의 손실이 클 수밖에 없었다.

그 해는 최저임금의 인상 폭이 컸던 해였기에 회사로서도 부담스러웠다. 회사 측은 작업에 즉시 복귀할 것을 요구하는 경고문^{SP: Surat Peringatan}을 1차로 발송했으나 노동자들은 복귀하지 않았다. 이튿날 두번째 경고문을 받은 뒤에야 노동자들은 작업에 복귀했다. 협상이 재개되었고 노동자들의 임금인상 요구를 사측이 조정하여 수용함으로써 분규는 종결되었다. SPSI의 아디 사누시[Adi Sanusi] 노조위원장은 당시 네 명의 노동자가 해고 통보를 받았던 것으로 기억한다. 노조는 이들을 복귀시키기 위하여 자카르타의 중앙노동분쟁조정위원회[P4P: Panitia Penyelesaian Perselisihan Perburuhan Pusat]까지 올라가야 했다. 해고 통보를 받았던 이들은 분쟁 조정 결정에 따라 한 달만 가택에 대기한 뒤에 전원 직장으로 복귀할 수 있었다.

그 뒤부터 지금까지 파업이 발생하지 않았다. 파업으로 갈 수도 있었던 분쟁 사안이 제기되었지만 파업 없이 해결되었다. 나닉은 2007년의 경우를 예로 들었다. 새로 부임한 한인 주재원이 사무직 간부들의 임금이 낮다고 판단하여 1퍼센트씩 인상해주려 했다. 생산직과 달리 사무직은 연장근로수당이 주어지지 않았다. 생산직은 연장근로를 하여 받는 수당으로 낮은 임금을 보충할 수 있지만 사무직은 그럴 수 없었다. 그래서 한인 주재원이 이를 보전해주고자 사무직의 임금만 인상하는 온정주의적 조치를 취하려 했다. 그러나 생산직 중심인 노동조합이 사무직만의 임금인상 계획에 반발하면서 생산직도 1퍼센트씩 올려줄 것을 요구했다. 사측이 이를 수용하자 파업이 발생하지 않았다.

그러므로 2002년 파업 이후 미원사의 노사관계는 조화로운 관계로 발전했다고 평가할 수 있다. 산업 평화가 달성된 이유는 여러 면에서 추정할 수 있다. 우선 미원은 "장치산업"으로, 장치가 멈추게 되면 조미료 생산에 필요한 균을 배양하던 시스템이 파괴되고 재가동까지 열흘 이상이 소요되어 회사가 큰 손해를 본다는 사실을 경영자는 물론이고 노동조합 간부들도 충분히 인지하고 있었기 때문이다. 미원은 정비보수를 위한 15일 정지 기간을 빼고 연중무휴로 장치를 가동하며, 24시간 풀가동하기 위해 3교대로 현지인 직원을 투입하고 있다. 아디 사누시 SPSI 노조위원장은 장치 가동 중단의 위험성을 잘 알고 있으며 그것이 회사의 양보를 강제할 수 있는 "우리의 유일한 무기"라고 말했다.

최저임금의 준수 역시 분쟁의 소지를 줄이는 데 기여했다. 노조 간부들은 미원사에서 최저임금이 잘 준수되고 있다고 확인해주었다. 자카르타의 김두련 사장도 "저임금만 노리는 산업은 이제 인도네시아에서 사업을 그만둬야 한다"면서 최저임금은 당연히 지켜야 하는 것으로 보았다. 미원사는 팀별 성과에 따라 임금인상률에 차이를 두고 있어서, 성과가 좋은 팀원들은 최저임금 이상의 임금을 지급받고 있다. 2013년의 그레식 지역 최저임금이 174만 루피아^{rupiah}인데, 10년 이상 근무한 사원의 경우 200만 루피아 이상을 받고 있다고 한다. 문제는 최저임금 이하를 받도록 평가받은 그룹인데, 이들에게는 최저임금 액수에 맞춰 월급을 지불함으로써 최저임금 이하의 월급이 없도록 했다. 노조위원장 아디 사누시는 미원의 임금이 동종 경쟁업체인 사사나 아지노모토에 비해 높지는 않지만 같은 지역의 현지 화인華人 소유 대기업 마스피온^{Maspion}보다는 더 높다고 했다. 미원이 임금을 비율(퍼센트)로 인상하기 때문에 금액(루피아)으로 인상하는 마스피온과 해마다 격차가 더 커지게 된다며 미원의 임금인상 방식에 대한 만족감을 피력했다.

정규직 중심의 고용 체계 역시 노사관계 안정에 기여하는 요인으로 볼 수 있다. 2003년 근로기준법이 제정된 뒤에는 아웃소싱 인력의 사용이 노동 측의 주요 불만 사안으로 떠올랐다. 근로기준법에 의하면 핵심 공정에 아웃소싱 인력을 사용할 수 없도록 되어 있는데 적지 않은 기업에서 이를 어겨서 분쟁의 소지가 되고 있다. 노동운동 세력은 국제노동절May Day 기념식 같은 데서 아웃소싱의 만연과 불법적 사용 문제를 인도네시아 노사관계의 핵심적 폐단으로 해마다 제기했다. 그런데 미원은 아웃소싱 인력의 비중이 적으며 적법하게 사용하고 있어서 노동조합의 불만이 제기되지 않았다. 그레식의 미원 공장은 1013명의 근무자 중에서 아웃소싱이 150명(약 15퍼센트)뿐이고, 폐기물 관리, 청소, 운전, 단순 포장처럼 모두 핵심 공정이 아닌 분야에 적법하게 사용되고 있었다. 아웃소싱 인력은 정규직과 다른 복장을 착용하여 직원들도 쉽게 간파할 수 있도록 투명하게 배치했다.

아웃소싱의 사용은 주민관계를 돈독히 하는 부수적인 효과도 지닌다. 미원이 사용하는 아웃소싱 인력 공급업체는 인근 마을 주민들이 설립했고 주민들을 인력으로 제공한다. 그러므로 아웃소싱은 인근 마을 공동체에 기여하는 활동의 일환이라는 정당화 논리도 제공한다. 제조업체는 주민들과 환경 분쟁에 휘말릴 소지가 있는데, 아웃소싱 인력들은 주민을 위한 환경 감시자인 동시에 친환경적 공장 가동의 증인으로 기능할 수도 있을 것이다.

그런데 무엇보다 중요한 강점은 미원사가 노동조합을 인정하는 공장 체제를 일찍이 갖추고, 복수노조를 차별 없이 대하고, 노조 활동을 지원하고, 노사교섭을 현지인이 주도하는 "노사관계의 현지화"를 추구한 것이며, 이에 관하여 앞으로 상세히 밝히고자 한다.

표 3 2013년 미원사 현지인 인력 현황(1): 간부직, 생산직, 아웃소싱

사업장	간부직	생산직	아웃소싱	계
조미료(MSG)	113	549	126	788
인쇄	39	157	24	220
미원사 합계	152	706	150	1008

출처 | Miwon Indonesia 제공 자료(2013a).

표 4 2013년 미원사 현지인 인력 현황(2): 남성, 여성, 아웃소싱

성별	사원	아웃소싱	계
남	671	107	778
여	187	43	230
계	858	150	1008

출처 | Miwon Indonesia 제공 자료(2013a).

주의 | 사원 중에 계약직이 포함되어 있다. 미원사 그레식 공장에는 아웃소싱 인력 외에 71명의 계약직이 고용되어 있다. 이들의 대다수는 수련 기간masa percobaan의 신입사원들(일종의 인턴)로서 법이 정한 3개월 범위 내에서 고용되고 있으며, 일부는 55세 정년이 지난 직원이 본인의 희망에 따라 재고용된 경우라고 한다.

3. 미원의 노사관계 현지화

1) 노동조합 인정하기

미원 인도네시아사의 노무관리는 헤게모니 체제hegemonic regimes에 부합한다. 강제가 아니라 동의에 기반을 둔 공장 체제를 헤게모니 체제라 하며, 그 제도적 핵심은 노동조합과 단체교섭을 동의 창출의 매개와 수단으로 인정하는 것을 말한다. 다른 식으로 말하자면, 노동조합을 실질적인 직원 대표로 인정하고 협상의 상대이자 경영의 파트너로 간주하는 것이다. 저명한 노동과정 연구자 마이클 뷰라워이^{Michael Burawoy}는 자본주의가 발전하면서 공장 체제는 "전제 체제에서 헤게모니 체제로" 이행했다고 명쾌하게 정리한 바 있다.

> 이제 경영진은 더 이상 시장의 경제적 채찍에만 전적으로 의존할 수 없으며 또한 자의적인 전제를 행사할 수도 없다. 노동자들을 경영진과 협력하도록 설득해야 한다. [...] 강제^{coercion}가 동의보다 우세한 초기 자본주의의 전제 체제들^{despotic regimes}은 (강제가 완전히 배제되는 것은 아니지만) 동의^{consent}가 우세한 헤게모니 체제들로 대체되어야 한다. 강제는 제한되고 규제된 상황에서만 이루어져야 하며 규율과 처벌의 부과 자체도 동의에 의해 결정되어야 한다(Burawoy 1985: 126).

노동력의 재생산을 위하여 자본주의 국가는 사회보장 입법을 시행하고 그 일환으로 최저임금제를 수립하였고, 다른 한편으로 노동조합을 인정하고 단체교섭을 의무화하여 노동을 보호하고 기업의 전제를 제한했다. 이것이 경쟁과 시장의 전제에만 의존했던 초기 자본주의와 구별되는 선진 자본주의의 특징인 것이다.

인도네시아에서도 노동력 재생산이 보장되도록, 즉 노동자들이 다음날에도 온전하게 공장에 복귀하여 일할 수 있도록, 국가가 나서서 전제적 공장 체제에 제한을 가했다. 수하르토 집권 말기에 최저임금제가 이미 활성화되었고, 민주화 이후에는 노동조합 결성의 자유와 파업권이 인정되었으며, 최근에는 전 국민 사회보장에 관한 입법이 이루어졌다. 이러한 입법 조치들은 또한 노동계급의 불만과 저항으로부터 정치 체제를 지켜내고 경쟁적인 선거에서 승리하려는 정치적 목적도 작용한 결과였다. 따라서 헤게모니적 공장 체제는 자본주의 발전의 측면에서나 정치 발전의 측면에서나 인도네시아에서 회피할 수 없는 대세가 된 것이다. 미원 인도네시아는 이러한 발전 경향을 이해하고 조응했고, 노동조합에 대한 정책 측면에서는 미리 준비되어 있었다.

미원에서 노동조합은 공장이 본격적으로 가동된 시점인 1970년대 중반부터 일찍이 존재했다.[3] 당시 노조는 국가조합주의 state-corporatism(이익집단이 독점적 이익 대표권을 부여받는 대신에 국가의 통제를 수용하는 이익 대표 체계) 창출을 위하여 정부가 통합한 단일 전국노련인 인도네시아전국노동자연맹FBSI: Federasi Buruh Seluruh Indonesia의 사업장 단위로서 설립되었다.

권위주의 치하였지만, 당시 미원사의 노조는 다음 두 가지 근거로 사원들을 실질적으로 대표하는 조직이었으리라 추정할 수 있다. 첫째, 노조의 설립 시기가 전국노련의 국가 종속이 심화되기 이전이었다. 수하르토 정권은 다원적 노조연맹들을 1972년에 하나로 통합했는데, 미원사 노조가 설립된 1970년대 중반은 과거 자유롭게 활동하던 노동조합 운동가들이 여전히 건재하고 단일 노련에서 주도적으로 활약하던 시기였다. 이 점은 또한 미원에서 노조가 일찍 결성된 이유를 짐작하게 해준다. 1985년, 정

---

3   미원사의 노동조합 간부들, 한국인 주재원, 현지인 인사부장까지 노조가 설립된 정확한 시점을 기억하지 못했다. 다만, 현지인 부공장장이 1977년에 입사했을 때 이미 노조가 존재하고 있었다면서 1975년쯤 설립되었을 것이라 추정했다.

부가 "노동자buruh" 대신에 "근로자pekerja"라는 단어를 사용하여 전국노련의 명칭을 인도네시아전국근로자조합SPSI: Serikat Pekerja Seluruh Indonesia으로 바꾸고, 노조 활동과 무관한 연맹위원장을 앉히고 군부 출신 인사들을 간부로 대거 투입하자, 연맹은 본격적으로 운동성을 상실하고 권력에 영합하게 되었다(전제성 2002a: 20~21).

둘째는 당시 노조위원장을 역임했던 현 부공장장 수깜소의 진술을 통해 노조의 대표성을 확인할 수 있다. 수깜소가 출마했던 1980년 위원장 선거의 경우, 직원 30명당 1명의 대표가 선거에 임하는 간접선거였지만, 복수의 후보가 겨루는 경쟁선거였다는 것이다. 그리고 1980년대 초반에 사원들이 파업을 전개했을 때 노동자 측 대표가 노동조합이었으며 수깜소가 위원장으로서 사측과 협상했다고 진술했다.

이렇게 공장의 역사가 노조의 역사와 함께하는 미원사의 경영진은 노조를 인정하고 상대하는 것을 당연한 일로 간주한다. 김두련 사장도 일부 한인 기업이 신봉하는 "무無노조경영" 전략을 현실적이지 못한 전략으로 비판하고 우려했다. 노조를 인정하고 동의에 근거하는 헤게모니 공장 체제는 발전주의 시대의 "한국식" 공장 체제를 극복한 것이기도 하다. 주지하다시피 발전주의 시대 한국의 공장에서는 가부장제적, 전제주의적 권위가 행사되었다. 여성이 노동력의 주류이고 중소규모인 사업장에서 특히 심했지만, 남성 중심의 대공장에서도 유사한 일들이 벌어졌다. "노동자들의 동의도 필요 없었고, 특별한 인센티브나 보상도 필요치 않았다. 전통적인 가부장처럼, 고용주는 노동자들에게 절대적인 권력을 행사했고 노동자들에게서 완전한 복종과 충성을 기대했다." 노동자들은 계약에 기초한 권리를 가진 존재가 아니라 아동이나 하인처럼 인식되었다(구해근 2002: 102).

특히 당시 한국의 산업체들은 군대 조직과 유사했다. "개인들의 헌법적 권리에 대한 일상적인 무시, 비합리적인 요구와 힘든 규율의 강제, 상관의 명령에 대한 무조건적인 복종, 끊임없는 언어적, 육체적 체벌 등" 한국 군대 조직의 특징들이 산업체에 뚜렷하게 투영되었다. 일본 군대의 유산이 남아 있고 한국전쟁을 경험했을 뿐만 아니라, 30여 년간 군인 출신이 정치를 지배했고, 많은 기업체 최고경영자들이 군 출신이었으며 모든 조장과 감독들이 군 복무를 경험했기에 산업 조직이 군대 조직 같은 특성을 갖춘 것은 그다지 놀라운 현상이 아니다(구해근 2002: 104~109).

전제적, 가부장적, 병영식 노동통제에 항거하는 노동자들의 대대적인 파업연쇄가 1987년에 발생하자, 이를 피하여 노동집약적 제조업체들이 해외로 공장을 이전하기 시작했는데, 인도네시아에 투자한 기업들이 그 선봉이었다. 인도네시아 투자 한인 기업들을 따라 "한국적 경영 방식" 역시 바다를 건너가 현지에서 행사되기 시작했던 것이다(신윤환 2001: 5장). 그러므로 미원사에서 노조가 일찍이 인정받고 연이어 파업을 주도할 수 있었다는 사실은 미원사의 노사분쟁 관리가 자본주의 초기의 원시적인 전제주의 단계를 일찍이 벗어났다는 사실과 함께, 군사주의적 산업 권위를 휘두르던 발전주의 시대의 한국적 경영 방식을 선진적인 것인 양 착각하는 자민족중심주의[ethnocentrism] 또한 극복한 것으로 높이 평가받아야 할 것이다.

노동조합 설립을 방해하고 무력하게 만드는 경영 전략으로 인도네시아에서 파업을 막을 수 없다는 사실은 역사가 증명한다. 독재 치하의 1990년대에 노조가 부재하거나 무력했던 사업체들에서 제조업 노동자들이 거침없는 파업시대를 구가했다. 당시 노조 없는 파업은 공장 밖의 계arisan 같은 주거지의 비공식 조직들을 통해 모의할 수 있었다고 분석했다(Sri Kusyuniati 1991). 법률 지식과 국제연대로 무장한 노동인권운동단체의 지원도 효과적으로 작용했다(풍키 인다르띠 2005; 전제성 2002b). 따라서 노동조합의 조직을 공식적으로 허용하고 협상하는 것이 조직화와 자원동원 기술이 출중한 현지인들을 상대하는 데 적합한 경영 방식이라고 볼 수 있다.

노동조합은 적지 않은 한인 경영자들이 오해하듯이 생산성을 저해하는 조직이 아니다. 일반적으로 노조는 직원들의 불만을 토로하는 창구 역할을 함으로써 이직률을 줄이고, 작업 현장의 제안을 수렴하여 전달함으로써 생산 조직의 편성과 운영을 개선하여 궁극적으로 생산성 향상에 기여하는 조직으로 간주된다(Islam & Chowdhury 2000: 146~147; 151~153). 또한 동의에 기초하는 헤게모니 공장 체제를 도입했다 하여 기업이 노조에게 항시 양보해야 한다고 인식하는 것도 사실에 부합하지 않는다. 회사가 어렵다면 설득과 동의에 기초하여 직원들로부터 양보를 받아낼 수도 있으며, 이러한 일이 실제로 흔히 벌어지고 있다. 이른바 "양보교섭concession bargaining"이라고 불리는 것이다(Burawoy 1985: 151). 노동조합은 노동뿐만 아니라 자본에게도 도움이 되는 조직인 것이다.

2) 복수노조 차별 없이 대하기

미원사는 민주화 이후 노동조합법이 제정되어 복수노조제가 도입되고 사내에 제2노조가 설립되자 두 개의 노조를 명시적인 차별 없이 대함으로써 복수노조 시대를 지혜롭게 헤쳐나가고 있다. 공평한 복수노조 정책은 민주화 이후 미원사 노무관리에 추가된 덕목이다.

수하르토 체제는 이전 시대 만개했던 결사의 자유를 억누르고 하나의 노동조합만 인정하는 제도를 도입했고 체제가 종식되는 날까지 유지했다. 민주화 과정에서 전개된 노동자들의 저항은 국가조합주의 제도를 효과적으로 침식시켰고, 이행기 과도정부의 대책은 복수의 노동조합을 허용하는 것이었다. 노조 결성의 자유에 관한 국제노동기구[ILO: International Labour Organization]의 협약을 인준하고, 그에 부합하는 노동조합법을 신생 민주정권이 2000년에 새로 제정했는데, 그 핵심 가운데 하나는 단위 사업장까지 복수노조를 허용하는 것이었다(전제성 2004). 복수노조의 전면적 인정에 따라 도처의 사업장에서 복수의 노조가 설립되었다. 인도네시아 최대 기업인 구당가람[Gudang Garam] 담배회사에는 노조가 다섯 개까지 결성되었다. 복수노조는 양면적인 효과를 낳았다. 노조 간의 분열은 노동에게 불리한 것이었지만, 어용노조를 활용하지 못하게 된 것은 자본에게 불리한 것이었다.

미원사에서는 기존의 SPSI 노조에 더하여 무슬림노동조합 사르부무시[Sarbumusi: Sarikat Buruh Muslimin Indonesia]가 추가로 설립되었다. 1999년에 미원사 직원 9명이 모임을 시작했고 2001년 지방노동청에 단위노조로 공식 등록하는 데 성공했다. 노동조합 간 갈등의 조짐이 보이기 시작했다. 사르부무시 노조 간부들의 회고에 따르면, 당시 SPSI 노조의 간부들은 제2노조가 사측의 공작으로 만들어진다고 의심했다고 한다. 회사가 말 잘 듣는 노조를 만들어 사원들을 분열시키려 한다고 믿는 SPSI 간부들로부터 사르부무시 노조 설립자들이 "전화 테러"를 많이 당했다고 한다. 사르부무시 설립자들은 사측이 아니라 노조연맹 지역지부의 주도로 노조가 설립된 것이라고 설명했다. 그들은 사르부무시 지역지부 설명회에 참여했다가 노조 설립을 계획하게 되었고, 노조 결성도 지역지부 위원장이 사측을 만나 담판을 지은 결과였다고 한다.

사르부무시 노련은 전투성과 거리가 멀고 규모가 크지도 않다. 그렇지만 인도네시아 최대이자 세계 최대의 무슬림 조직인 NU 즉, 나다뚤 울라마$^{Nahdlatul\ Ulama}$가 조직한 노동조합이라는 점이 중요하다. NU는 자바에서 특히 강성하고 동부 자바는 그 본산이다. 따라서 동부 자바의 기업들은 NU의 지원을 받는 사르부무시 측의 단위노조 설립 요구를 무시하기 어렵다. 무슬림이 인구의 다수인 나라에서 식품을 생산·판매하는 미원의 경우는 더욱 수용적일 수밖에 없었을 것이다. 노조 설립 전략도 노련의 지부장이 NU 지도자들과 함께 회사를 방문하여 경영진과 직접 협상함으로써 노조 설립의 동의를 확보하는 방식을 취하곤 했다. 인도네시아 100대 기업에 속하는 마스피온 그룹의 동부 자바 공장에서도 미원사와 같은 해에 같은 방식으로 사르부무시 지부가 설립되었다. 따라서 사르부무시가 사측의 사원 분열과 노조 약화 전략의 일환으로 공작 설립되었다는 SPSI 노조 간부들의 의심은 근거가 박약하다. 사르부무시가 최근에 사측을 곤혹스럽게 만드는 행보를 걷고 있다는 점에서 볼 때 더욱 그러하다. 요즘은 거꾸로 사르부무시 쪽에서 SPSI 노조가 회사 편이라고 비난하고 있다.

제2노조 사르부무시 회원은 점진적으로 증가했다. 9명에서 곧 20여 명이 되었고 최근에는 175명(노조 측 주장으로는 181명)이 되어 무시할 수 없는 소수파를 형성했다. 더구나 회원들이 젊다. 위원장도 3대에 걸쳐 매번 젊은 회원으로 교체 선출되었다. 나이 든 위원장 아디 사누시가 2000년에 당선된 이래 4대째 연임하고 있는 SPSI 노조와 대조되는 특성이다. 복수노조 간 회원 분할 현황은 [표 5]와 같다.

여기서 중요한 점은 사측이 복수노조에 대해 차별 없이 대응했다는 점이다. 제2노조의 회원 증대는 차별 없는 대응 덕분이기도 하다. 복수의 노조가 설립되었을 때, 사측이 노조 사무실을 제공하지 않거나, 노조 활동으로 라인을 비우는 것을 인정하지 않거나, 단체교섭에 참석하지 못하게 막는 방식으로 신생 노조들에게 차별을 가하는 경우가 비일비재했다. 그러나 미원사는 그러하지 않았던 것이다. 제2노조가 설립되자 미원은 기존 노조와 같은 크기의 사무실을 제공했다. 제2노조의 위원장도 노조 전임 근무자로 인정하여 작업하지 않고 노조 활동에 전념할 수 있도록 배려

표 5 미원의 노조원 현황			(단위: 명)
분류	SPSI 노조	사르부무시 노조	비(非)노조원	계
수	472	175	211*	858**

* 비노조원 대다수는 간부직과 71명의 계약직.

** 아웃소싱 인력을 제외한 사원 총수.

출처 | 나닉 면담. 미원사의 노조원은 사측에 의해 투명하게 파악된다. 두 노조 모두 노동조합비[iuran]를 월급자동공제시스템[COS: check-off system]에 입각해 걷는다. 각 노조는 자기 노조원 명단을 인사과[HRD]에 제출하고, 인사과는 조합비를 월급에서 공제하여 각 노조에 건네준다. 노조는 회비를 수거하는 노동을 덜 수 있고, 사측은 노조원 현황을 정확하게 파악할 수 있다. 복수노조 체계에서 노조원 현황은 교섭대표 수를 노조 간에 배분하는 데 중요한 근거 자료가 된다.

했다. 위원장에게 지급되는 상여금과 휴대폰 요금을 똑같이 제공했다. 노조원의 노조 관련 활동 허가와 활동비 지원에 있어서도 두 노조 사이의 차별이 없었다. 그래서 차별대우에 대한 소수파 노조의 저항이 발생하지 않았던 것이다(복수노조 차별로 인한 한인 기업 분규 사례는 전제성 2013: 68~69 참조).

인도네시아에서는 소수파 노조도 라인 전체를 멈추게 할 수 있다. 2000년대 초반에 동부 자바의 구당가람 담배회사에서는 다섯 개 노조 중에 가장 회원이 적은 노조 SBPD$^{Serikat Buruh Payung Demokrasi}$(15명)가 수차례 조업을 중단시키는 데 성공한 바 있다. 한인 기업가들이 "강한 군중심리"라고 지목하고 현지 노동자들이 "일부가 나서면 모두가 따른다"는 시위 $^{unjuk rasa}$의 확산적 특성이 발휘된 결과였다. 그러므로 소수파 노조라고 섣불리 차별했다가는 큰 곤경에 처할 수 있다는 현지의 맥락을 미원사 경영진은 이해하고 잘 대처했다고 해석할 수 있다.

3) 노조 활동 지원하기

미원사는 노조를 인정하고 대화하고 복수노조를 차별 없이 대하는 수준에 그치지 않고 노조 활동을 지원해주고 있다. 우선 노조위원장에게 제공하는 금전적인 지원을 들 수 있다. 미원사는 노조위원장들에게 30만 루피아(약 3만 원)의 상여금과 10만 루피아(약 1만 원)의 휴대폰 요금을 지불한다.

위원장에게 상여금을 지급하는 정당화 논리는 다음과 같다. 논리는 온정주의에서 출발한다. 노조 일 때문에 연장근무(연근)에 못 들어가는 위

위 SPSI 노조 사무실과 간부들(왼쪽에서 네번째가 아디 사누시)

아래 사르부무시 노조 사무실과 세 명의 역대 위원장(왼쪽에서 두번째가 수완디)

원장의 월급은 연근 가능할 때에 비해 절반 수준이다. 그래서 공장장은 노조위원장이 그런 빈약한 월급으로 가족을 어떻게 부양할지 걱정스럽다고 말했다. 사정을 딱하게 여겨 약간의 보너스를 얹어주게 된 것이다. 그런데 보너스의 명목은 인사팀 간부 상여금이고 액수도 인사팀 간부가 받는 액수와 같다. 노조위원장을 인사 사무를 보는 간부처럼 대우하는 것이다. 사무실만 본부가 아니라 노조 건물에 위치할 뿐이다. 단순한 온정주의를 넘어 노조의 일을 인사경영의 일로 간주하는 논리로 발전한 것이다.

핸드폰 요금 보조는 노조위원장의 핸드폰 사용을 회사 업무라는 공적인 것으로 간주한 결과이다. 나닉은 노조위원장들이 인사팀이나 총무팀에 노조와 노조원 관련 사안들에 관하여 알리고 노조원들에게 노조 관련 사안을 공지하기 위해 핸드폰 통화나 문자를 많이 사용하므로, 그 사용료를 회사 측이 보전해줄 필요가 있다고 설명했다. 노조위원장에게 상여금과 핸드폰 요금을 지원하는 것은 경영자가 노조 업무를 인사경영 업무의 일환으로 간주하는 시각의 반영인 것이다.

노조 간부들을 포섭하기 위해 경영자들이 암암리에 뒷돈을 찔러주는 경우가 많다. 2000년대 초반에 필자가 조사했던 동부 자바의 두 공장에서도 이 같은 일이 벌어져 받는 이와 거부하는 이 사이에 불화가 발생하고 비판이 제기되는 등 부작용이 발생하곤 했다. 그렇지만 미원사의 경우 노조위원장에게 상여금과 전화비를 공개적으로 지급했고 정당화 논리까지 갖추고 있어 말썽의 소지가 없어 보였다. 노조위원장들도 사측으로부터 상여금과 전화비 보조금을 받고 있다고 떳떳하게 밝혔다.

나아가 미원사는 노조의 대외 활동을 지원하고 있다. 사측은 노조 간부와 회원들이 전국노조연맹과 그 지역지부의 회의, 행사, 교육 활동, 지역 시민단체와의 연대 활동, 국제노동절 기념식, 각종 노동자 연대시위 등에 참여할 때 교통비와 음료를 지원한다. 노조는 공무 출장 신청을 하고, 회사는 참여 인원, 시간, 거리 등을 감안하여 지원금을 결정하고 물품을 지급해준다. 노조위원장들은 회사의 지원을 받는 데 어떠한 어려움도 겪은 적이 없다고 말했다.

노조의 독립적인 활동에 사측의 지원이 필요한 이유는 노조 재정이 충분치 않기 때문이다. 노조의 재정 결핍은 조합비가 적기 때문이다. 조합비가 적은 이유는 임금이 적기 때문이다. 달마다 지불하는 단돈 몇천 루피아(몇백 원)의 조합비도 최저임금을 받는 가난한 노동자들은 큰 부담으로 여긴다. 더구나 복수노조가 설립되고 회원 확보 경쟁이 벌어지는 상황에서는 조합비를 인상하기가 쉽지 않다. 다른 노조보다 조합비를 더 많이 걷으면 노조원들이 조합비가 적은 노조로 이적할 수 있기 때문이다. 이런 일들이 실제로 벌어진다. 그래서 노조는 불가피하게 "최소주의적 조합비minimalist dues" 전략을 취하게 되고, 이러한 전략은 노조 재정을 항구적인 불량 상태에 처하게 만든다(Jeon 2009). 그래서 비일상적인 특별한 활동에 참여하려는 노조는 회사의 지원을 바라게 된다.

미원사 SPSI 노조의 조합비는 5000루피아이다. SPSI가 속한 노조총연맹KSPSI은 지역별 최저임금의 1퍼센트를 조합비로 규정하고 지부들에게 따르도록 권장하고 있다. 이 규정을 따르면 미원사 SPSI 지부의 2013년 조합비는 1만 7000루피아가 되어야 한다. 5000루피아는 총연맹 규정에 크게 미달하는 액수이다. SPSI 노조위원장 아디 사누시는 KSPSI 노총의

산하 업종 노련들 중에서 최저임금의 1퍼센트 조합비 규정을 지킬 수 있는 산하 업종 노련은 금속·전자·기계노조연맹REM: Logam, Elektronik dan Mesin과 화학·에너지·광산노조연맹KEP: Kimia, Energi dan Pertambangan뿐이며, 미원사 노조가 속한 담배·식품·음료노조연맹RTMM: Rokok, Tembakau, Makanan dan Minuman 은 그럴 수준이 못 된다고 한탄했다. 대신에 RTMM 노련은 5000루피아를 최저 조합비로 정해두었다. 그러므로 미원사의 SPSI 노조는 노련의 최저 기준을 간신히 충족하고 있을 뿐이다.

게다가 조합비의 50퍼센트가 연맹 규정대로 RTMM 노련의 지역지부와 전국 본부에 연맹비로 납부된다. 아디 사누시 위원장이 RTMM 노련의 지역지부 위원장을 겸하고 있기에 연맹비는 꼬박꼬박 납부되고 있다. 나머지 50퍼센트의 조합비는 사무용품비나 회의비처럼 기본적인 운영비로 다 소진된다(SPSI Miwon 2013b). 사르부무시의 경우도 마찬가지이다. 차이가 있다면 연맹비를 매달 지불하지 않고 부정기적으로 지불하면서 더러 빼먹는다는 것뿐이다. 회원 수가 적어서 사무실 유지 비용도 충분하지 않기 때문이다. 또 하나의 차이가 있다면 사르부무시가 협동조합 koperasi 회비를 매월 지불하고 있다는 것이다(Sarbumusi Miwon 2013). 운영비가 모자랄 때 대출을 받기 위한 용도라 한다. 그 정도로 재정 상황이 아슬아슬한 것이다.

그럼에도 불구하고 두 노조는 2000년대 초반에 필자가 조사한 노조들보다 재정 상황이 더 양호했다. 필자가 조사했던 동부 자바의 두 노조는 조합비의 상당량을 "사회적 자금dansos: dana sosial"으로 지출하고 있었다(전제성 2002a). 사회적 자금은 노조원 본인이나 배우자나 자식이 사망했을 때 전달하는 조의금과 중병에 걸렸을 때 전달하는 치료 보조비를 통칭한다. 그런데 미원사의 두 노조는 공히 사회적 자금을 조합비에서 처리하지 않고 회원 1인당 2500루피아씩 월급에서 따로 공제한다. 한 명이 내야 하는 사회적 자금이 SPSI의 경우 매월 1만 5000루피아가 넘지 못하도록, 사르부무시의 경우 1만 루피아가 넘지 못하도록 내규로 정하여, 회원들의 빠듯한 월급에 지나친 부담을 주지 않도록 했다. 그래서 조합비로 사회적 자금을 지출하는 노조들에 비해 재정 압박을 덜 받게 된다. 물론 제때 받지 못하는 이들이 생기고 이들은 순번이 돌아오길 기다려야 하지만 어쩔 수 없는 일이다. 사회적 자금 공제는 인사부에서 대신 처리해준다. 노조는 조합원의 안타까운 사연을 인사부에 알리기만 하면 된다. 인사부에서 노조가 할 일을 대신해주니 이 역시 노조 활동에 대한 사측의 지원이라고 평가할 수 있다.

그럼에도 불구하고 노조 재정이 빠듯하기로는 미원사의 경우도 마찬가지이다. 재정이 빠듯한 상황에서 노조 간부나 회원들의 출장과 연수 혹은 연대시위 참여를 위한 비용을 회사에서 보조해준다면 노조 입장에서는 참으로 고마운 일이 아닐 수 없다. 노동자들이 개별 자본의 지원을 받아 총자본capital in general에 반대하는 연대시위에 참여한다는 이야기가 이상하게 들릴 수 있지만, 인도네시아에서는 이상한 일이 아니다. 사측의 지원을 받는 것을 노조 측은 노동자의 힘이 강해져서 쟁취한 것으로 자랑스럽게 생각한다. 사측은 노동자들이 사내에서 소란을 피우거나 조업을 방해하지 않으니 괜찮다고 판단한다. 경영자는 노조에게 대외활동비를 지원함으로써 노조의 연계망을 손쉽게 파악할 수 있는 부수 효과도 얻을 수 있다. 지원금을 받기 위해 인사팀장에게 올리는 노조의 청구 내역을 보고 노조원들이 출장 가는 곳, 목적, 참가자 등의 비상한 정보를 사무실에 앉아서 쉽게 파악할 수 있는 것이다.

회사는 또한 안보 측면에서 이득을 본다. 연대시위에 노조원의 일부를 참여시키지 않으면 회사가 외부 시위대의 공격을 당하는 일이 요즘 인도네시아의 산업지대에서 빈번히 발생하고 있다. 이른바 "스위핑sweeping"이라고 불리는 집단행동으로, 조업 중이라서 연대시위에 가담하지 않는 다른 회사의 노동자들을 끌어내기 위해 시위 중인 노동자들이 남의 공장 문을 강제로 열거나 부수고 침입하는 행동이다(Benny 2011: 361~363). 스위핑은 "바닥을 쓸어 청소하기" 혹은 "휩쓸기"라는 뜻의 영어인데, 노동자들이 다른 공장을 침입하는 행동을 표현하는 말로도 사용된다. 인도네시아말로는 "습격하다menyerbu"가 적당하고, 요즘에는 "급습gerebek"이라는 표현이 인기를 끌고 있다. 필자는 노동자들의 공장 습격 행동을 2000년 동부 자바 시도아르조Sidoarjo의 지역별 최저임금 인상을 위한 6만여 노동자 연대시위에서 처음 접했는데(The Jakarta Post 2000. 11. 29; Detikworld 2000. 11. 28; Tempo 2000. 12. 11, 33; 전제성 2002a: 160~162), 당시로서는 상당히 충격적이고 이례적인 현상으로 보였다.[4] 그러나 요즘은 대규모 시위라면 늘 수반되리라 예견되는 흔한 현상이 되어버렸다.

노조위원장들은 회사의 노조 활동 지원에 대하여 자신들이 공장 수호로 보답할 수 있다고 주장한다. 연대시위에 참여하도록 회사가 지원하

---

4 2012년 국제노동절 시위를 공장 습격 행동의 기원으로 보는 분석(Abu Mufakhir 2013b)은 잘못되었다.

므로 공장 침입을 당할 일이 없으며, 노조가 동의하지 않는 연대시위 참여를 강요하는 공장 침입이라면 노조원들이 나서서 공장을 방어하겠다는 것이다. 수하르토 시대나 민주주의 이행기 때처럼 군경을 불러서 회사를 방어하려면 노조 활동을 지원하는 것보다 비용이 더 많이 들 것이라고 덧붙이기도 했다. 흥미롭게도 갈등 상태에 있는 두 노조의 위원장들이 "우리 회사는 우리 스스로 지킨다"며 자신들이 공장 안보의 선봉이라는 의지와 자신감을 천명하는 데는 한목소리였다.

4) 현지인이 주도하는 노사협상

미원 인도네시아의 놀라운 실험은 노사교섭의 현지화이다. 이는 현지인 경영자에게 노사교섭권을 부여하는 것이다. 현지화는 인적 대체, 즉 한국인 직원을 현지인 직원으로 대체하는 것뿐만 아니라 권한의 위임을 수반해야 한다. 인적 대체는 한인 제조업체 대부분에서 진출 초기에 연쇄적인 파업을 겪은 뒤 중간 관리자를 현지인 직원으로 대체하면서 이미 1990년대 중반부터 본격화되었다. 대부분의 기업에서 한인 관리자를 현지인 관리자로 대체하는 것은 현지화뿐만 아니라 임금 비용 절감을 목적으로 추진되었다. 그러나 권한 위임의 경우 만만치 않은 과제라 할 수 있는데, 미원사가 도전에 나선 것이다.

미원은 일상적 수준에서부터 최종심급에 이르기까지 노무관리 전반을 현지인 손에 위임하기를 꿈꾼다. 기본적으로 "미원은 인도네시아 기업"이라는 생각에 따른 것이다. 일상적 노무관리는 인사팀장 나닉이 주관하고 총무팀장 로시딘이 보조한다. 노사교섭에는 한인 주재원이 참여하지 않는다. 노사교섭의 경영자 대표는 부공장장 수깜소이다. 그는 한인 공장장과 상의는 하지만 노사협상을 기본적으로 자신이 책임지고 있다고 주장했다. 김현우 부장도 현지인들끼리 자율적으로 교섭하는 제도와 관행이 정착되길 희망하고 지지한다고 말했다. 일상적인 노무관리의 권한을 현지인에게 넘기는 경우는 많겠지만, 노사협상까지 맡기는 사례는 드물 것이다. 필자는 이런 경우를 접해본 적이 없다.

노사협상은 연중 2회 정해진 절차와 기간을 준수하여 진행된다. 보통 임금 협상을 1회, 상여금 협상을 1회 진행한다. 상여금 협상은 이슬람 명절 상여금THR: Tunjangan Hari Raya과 연말 성과급에 관하여 진행된다. 두 노조 다 협상에 참여한다. 노조 측 협상대표단은 9명으로 구성되는데, 노조원 비례로 SPSI 대표가 6명, 사르부무시 대표가 3명으로 배분된다. 노동조합은 임금 협상에 임하기 위하여 1월 5~7일 정도에 내부 회의를 갖고 노조 간 전략을 공유하는 회의도 갖는다. 그리고 사측에게 협상 요청 서한을 보낸다. 협상에 필요한 데이터도 요구한다. 2월에 노사협상이 시작되고 30일간 5~6회에 걸쳐 협상한다.

2013년 노사협상에서는 임금인상률이 주요 사안이었는데, 복수노조 간의 대표권 시비까지 제기되어 논란이 많은 협상이 되었다. 미원사에서는 팀별 성과에 따라 임금인상률을 차등 적용하므로 임금인상액의 격차가 발생한다. 연공 파괴의 성과급제라지만, 젊은 직원들이 대체로 낮은 임금을 받고 있어서 젊은 직원 중심인 사르부무시의 불만이 컸다. 위원장 수완디는 "1년에서 8년 정도까지 근속연수가 짧은 사원들은 임금이 최저임금에 맞춰져 있다"며 문제를 지적했다. 자녀가 있는 사원들은 최저임

위 현지인 총무팀장 로시딘과 인사팀장 나닉

아래 노조위원장을 역임한 바 있는 현지인 부공장장 수깜소

금으로 생활을 영위하기 어렵다고도 호소했다. 그래서 SPSI의 사누시 위원장은 200만 루피아 이상의 월급을 받는 이들은 협상된 임금 24퍼센트가 아니라 20퍼센트만 인상하고, 그리하여 발생하는 여유분을 200만 루피아 미만의 임금을 받는 이들에게 나눠주도록 양보했다. 그럼에도 불구하고 계속 불만을 피력하는 제2노조에 대하여 "이기적"이라고 비판했다.

임금인상률 차이에 대한 불만은 노사교섭대표권 문제로 확산되었다. 복수노조 시스템에서는 직원의 과반수를 회원으로 확보한 노조가 교섭대표권을 갖는다. 어느 노조도 과반수를 확보하지 못한 경우 노조원 비례로 노조 측 협상단을 꾸리되, 다수 노조가 협상위원장을 차지한다. 미원사의 경우 SPSI 노조가 과반수를 확보하고 있기에 단독으로도 협상에 임할 수 있다. 그렇지만 사측은 노조 측 협상위원단을 노조원 비율에 근거하여 배분했다. 물론 협상위원장직은 SPSI 노조가 차지했다. 그런데 사르부무시 측이 협상위원장직을 요구한 것이다. 요구가 받아들여지지 않자 사르부무시 대표들이 협상장에서 퇴장하고 노동부에 중재까지 신청했다. 그래서 임금협상은 SPSI 노조 단독으로 타결될 수밖에 없었다. 이런 과정에서 사누시 위원장은 협상장을 떠난 사르부무시 노조의 회원들 임금은 올려주지 말자고 주장할 정도로 마음이 상해버렸다. 다른 한편, 사르부무시 측은 나닉이 SPSI와 협력하여 우리를 고립시키려 한다고 비난하면서, 앞으로는 노조별로 노사협상을 따로 하자고 제안했다. 이런 사태에 대하여 인사팀장 나닉은 다음과 같이 평가했다.

사르부무시의 수완디는 경험이 부족하다. 간부를 거치지 않고 바로 위원장이 되었기 때문이다. 너무 빨리 위원장이 되었다. 전에는 SPSI의 아디 사누시가 사르부무시 위원장을 통제할 수 있는 권위를 지녔었는데, 이번엔 먹히지 않았다. 사르부무시가 강경한 배경에는 노련의 지역지부(DPC)가 있다. 지부위원장은 그 설립자의 아들이다. 그는 노동한 적이 없는 젊은 사람인데, 미원에 영향력을 행사하여 이득을 얻고자 한다. 그는 회사를 방문하지 않고, 나도 그에게 부탁하지 않는다. 그는 내가 부탁하길 바라고 있을 것이므로 내가 일부러 거리를 두는 것이다. 여하튼, 두 노조의 갈등은 나를 너무 힘들게 만든다. 그래서 회사를 그만두기로 했다. 회계사 개업 문제도 있지만…….

2013년의 노사협상 사례를 통해 우리는 최소한 두 가지 현상을 읽어낼 수 있다. 우선, 복수노조가 노조 간 불화를 낳고 있다는 점이 극명해졌다는 것이다. 이런 현상이 새로운 것은 아니고 여러 해 전에 현지연구자(Endang 2009)가 상세히 소개한 바 있다. 미원 사례에서 흥미로운 점은 노조 간 갈등이 그것을 부채질하는 회사의 차별대우가 없는 상황에서도 격화될 수 있다는 점이다.

이 글의 주제와 직결되는 현상은 노사협상 과정에 관한 현지인들의 진술에서 한국인들은 전혀 등장하지 않는다는 것이다. 노조위원장은 상대 노조위원장을 비판하고 인사팀장의 공작을 의심한다. 인사팀장 역시 노조 지도자의 카리스마 쇠락이나 경험 부족, 전국노련 지역지부의 이권 추구를 비판한다. 이것이 드라마라면, 한인들은 엑스트라 수준의 역할도 부여받지 못한 것이다.

여러 가지 해석이 모색될 수 있는 다면적인 현상이다. 혹자는 현지인을

"중재자"로 앞세움으로써 노사관계에서 민족주의적 갈등 요소를 배제할 수 있으며, 이것이 곧 현지화의 장점이라고 할 것이다.[5] 그런데 달리 보자면 인도네시아 직원들끼리 교섭을 할 정도로 현지인 직원들의 권한이 강해진 것이므로 노사교섭의 현지화는 인도네시아 직원들이 얻어낸 성과라고 평가할 수도 있다. 또한 현지인 중심의 교섭이 반복됨으로써 노사관계의 일차적 책임이 인도네시아인 직원들에게 있다는 주체적 인식이 싹텄다고 볼 수도 있을 것이다.

이례적으로 보이는 노사교섭의 현지화는 당연하고 합리적이고 다소 불가피한 현상이다. 우선, 현지어 능력에서 현지인들이 앞서기 때문에 노사협상의 현지화가 불가피하다. 미원에서는 노사협상을 현지어로 하기 때문에, 언어 능력의 저울balance of power이 한인 경영진이 아니라 노동조합 쪽으로 기울게 된다. 한인 주재원은 언어 능력의 부족으로 자칫 잘못 알아듣고 오해를 하거나 교섭 상황의 미시적 변화를 제때 적절히 간파하지 못할 위험도 안고 있다. 더구나 자바인들은 흥정tawar의 달인이다. 그들은 끈기 있게 흥정에 임할 뿐만 아니라 흥정 과정에서 다양한 근거들을 동원하는 재주가 있다(신윤환 2008: 24~34). 흥정의 일종인 노사협상에서도 언어 능력이 우월하고 흥정 문화에 익숙한 현지인 경영자와 스태프들이 사측을 대변하는 게 사측에게 나은 결과를 낳을 수 있다.[6] 노사협상의 경영진 대표인 수깜소 부공장장은 부드러운halus 말투와 태도를 지닌 데다가,

---

5   현지인을 중간 관리자로 앞세웠을 때, 노동자의 불만과 비난이 현지인 중재자middleman로 향하게 되면서, 한인 기업에서 민족주의적 갈등의 소지가 줄어든다는 베트남 사례 연구(채수홍 2003; 2014: 285~291)가 미원 사례에 비견될 만하다. 물론 미원사의 경우, 현지인 중간 관리자 활용을 훨씬 웃도는 현지화 수준에 올라서 있지만.

1980년부터 1983년까지 SPSI 노조위원장을 지낸 인물이었다. 그는 "모든 위원들"이 "마음속^{hati}"에 있는 말을 나누는 "협상^{nego}"을 반복하면 "오해^{miskomunikasi} 없는 합의"에 도달할 수 있다고 보았다.

둘째로, 노사교섭에 필요한 현지 정보, 지식, 사회관계 측면에서 현지인들이 한인 주재원들보다 월등하다. 미원사의 경우 현지 근무경력 면에서도 현지인이 우월하다. 부공장장 수깜소는 37년, 총무팀장 로시딘은 31년, 인사팀장 나닉은 25년 근무했다. 경영진이 상대해야 하는 SPSI 노조위원장의 근무경력도 26년이나 된다. 주로 5년 미만인 한인 주재원들의 현지 근무경력은 현지인 관리자들에 비할 바가 못 된다. 한국 근무경력까지 합쳐도 마찬가지이다. 한인 주재원 중 최고참인 공장장도 서울의 미원에 입사한 지 28년이 되었다니, 부공장장이나 총무팀장보다 경력이 짧은 것이다.

노무관리와 노사교섭의 실무적 중심인 인사팀장 나닉은 수라바야의 명문 국립아이르랑가대학교^{Universitas Airlangga} 법학부를 졸업한 수재이다. 1966년생으로 1989년 입사 이후 인사팀에서 계속 근무했다. 미원에 다니며 아이르랑가에서 법학 석사도 취득했는데, 지도교수가 구조적 약자에 대한 법률적 권리옹호^{advocacy}를 주창하는 수라바야법률구조재단^{Lembaga Bantuan Hukum Surabaya}의 창설자인 자이툰^{Zaitun} 교수였다. 따라서 나닉은 법률 지식은 물론이고 지역의 시민사회운동에 관한 지식도 갖고 있었다. 반면

---

6 협상과 흥정에서 현지인의 우월성은 정부 측을 대할 때도 발휘된다. 임철희 부장은 관공서에 현지인 직원을 보내면 한국인 직원이 갔을 때보다 적은 비용으로 문제가 해결되곤 한다고 말했다. 같은 논리가 노사협상에서도 적용될 수 있을 것이다.

에 한인 주재원들은 외부자이기에 지역의 사회운동에 대한 정보가 부족하고, 이공계(식품공학, 생물학, 기계과 등) 출신이어서 노동관계법령에 대한 지식도, 인사관리에 관한 흥미도 나닉에 비해 부족할 수밖에 없다. 나닉은 현재의 인사 시스템이 갖춰진 것은 예외적으로 인사관리를 전공한 한인 주재원이 파견되었을 때라며 당시를 인사관리의 전성기처럼 그리워했다. 요컨대 지식과 정보 면에서 우세한 나닉이 노사교섭에서 핵심적인 역할을 수행하는 것은 타당하고 합리적이다. 김현우 부장도 나닉이 "상당한 영향력과 권위"를 갖고 있다고 보았다. 그러한 나닉이 회계사무소 개설을 이유로 회사를 그만둔다고 했을 때, 한인 경영자들이 노무관리의 미래를 걱정하는 것은 너무나 당연해 보였다.

협상 참여자들이 현지인일 뿐만 아니라 협상 진행 방식도 현지식이다. 관계자들이 끈질기게 대화하여 합의를 보는 것, 즉 "무샤와라^{musyawarah}"를 통한 "무파캇^{mufakat}"의 달성은 인도네시아에서 강조되는 전통적 덕목이다. 인도네시아 5대 국시國是인 빤짜실라에도 포함되어 "인도네시아식 민주주의"를 함축하는 단어처럼 되어버린 무샤와라의 영어 번역어는 "딜리버레이션^{deliberation}(숙의, 심의, 토의)"이다. 이 단어는 서양의 정치학자들 사이에서 민주주의 심화를 위한 출구 모색의 일환으로 거론되는 숙의 민주주의^{deliberative democracy} 이론의 핵심어이기도 하다(헬드 2010: 9장). 인도네시아 이슬람 단체 무함마디야^{Muhammadiyah}의 지역지도자위원회 회의를 참여관찰한 인류학자 김형준은 무샤와라의 절차에 대해 다음과 같이 묘사했다.

(무샤와라는) 일정한 형식에 따라 이루어졌다. 참가자 모두에게 자신들의 입장을 개진할 발언 기회가 주어진 후 토론이 이루어지며 이를 바탕으로 합의된 의견이 도출되었다. 위원들은 한차례의 무샤와라를 통해 어떤 문제를 해결해야 한다고 생각하지 않았다. 시간적 효율성보다는 충분한 논의와 이를 통한 공감대 형성이라는 측면이 중시되기 때문으로, 몇 차례에 걸친 반복적 논의 방식이 일상적 절차로 확립되어 있었다(김형준 2014: 16).

효율성을 생각하기보다는 충분한 논의를 통해 타협안을 도출하려고 하며, 참석자 모두에게 발언 기회를 주고 수차례 회의를 반복한다는 점에서 미원사 노사협상은 현지식 협상 방식인 무샤와라에 해당한다. 김형준이 적절히 강조했듯이, 2003년 근로기준법에 노사분쟁이 무샤와라를 통해 해결되어야 한다고 명시되어 있으니, 미원의 노사협상은 현지법을 따르는 것이기도 하다.

물론 노사협상의 현지화는 미원에서 논쟁적인 사안이다. 절차에 따라 현지인들끼리 끈질기게 대화를 전개하도록 권장하는 미원의 한인 경영자들의 태도는 "인도네시아식" 전통을 존중하는 태도라 할 수 있다. 그런데 인도네시아 노조 간부들은 "한국식" 교섭의 필요성을 주장하기 시작했다. SPSI의 사누시 위원장은 현행 방식이 "오래 걸리므로 비효율적"이고 최근의 경우처럼 노조 간의 "갈등이 발생하면 해결이 잘 안 된다"고 불평했다. 특정 주재원이 재임하던 시절에는 한인 경영자가 직접 개입하고 협상장에서 안 풀리면 회사 밖에서 따로 만나곤 했기에 빠르고 효율적인 타결이 가능했다며 예전 방식이 더 좋았다고 말했다. 그때 같았다면 한국 사람들이 현재와 같은 노조 간 분쟁을 그냥 내버려두지 않았을 것이라고도 했다. 이런 식이면 "시위가 발생할 수도 있지 않느냐?"며 우려하기도 했다. 사르부무시의 수완디 위원장도 "인도네시아 사람끼리 교섭해도 한국 사람이 배후에 있지 않은가?"라며 한국인 경영자도 교섭에 참여하는 방식이 더 효율적일 것이라고 주장했다.

반면에 김현우 부장은 만약 한국 사람들이 개입하면 논의를 방해하거나 왜곡할 수 있으므로, "미원은 인도네시아 기업"이라는 논리의 연장선에서 인도네시아인 간부들이 앞장서 주체적으로 교섭하는 것이 더 타당하며, 현재의 교섭 시스템이 제도화되고 제대로 기능할 수 있도록 끈기 있게 기다려야 한다는 입장을 고수했다. "시스템을 갖추는 게 중요하고, 협상에 참여하는 현지인 간부들의 권위도 세워줘야 한다"고 말했다. 필자가 노조위원장들이 과거 한때처럼 공장 밖에서 따로 만나길 원한다고 전하자, 임덕진 공장장은 그들이 협상과 갈등 해소를 효율적으로 하려는 것보다는 "주점cafe"에 가고 싶어서 그러는 것이라고 일축하면서, 현행 협상 방식을 지지했다.[7] 인도네시아 노조 간부진이 "한국식" 속전속결과 주점 담판을 요구하고, 한인 주재원들이 "인도네시아식" 무샤와라를 권하는 상호 전도된 주장이 모순을 이루고 있는 것이다. 이러한 흥미로운 역설은 기본적으로 미원사가 상당한 수준의 현지화를 추진했기에 발생할 수 있는 것이다.

---

7   수깜소 부공장장도 현행 노사협상 과정에서 술과 개별적으로 찔러주는 뒷돈은 필요 없고, 식사를 함께 나누고 노동자 대표단 전체에게 공식적으로 지급되는 회의비 500만 루피아면 족하다는 입장이었다.

4. 맺으며

미원 인도네시아 투자사 40년은 현지화 역정의 40년이었다. 노사관계의 측면에서도 현지화의 완성 단계에 들어선 것 같다. 사원들에 대한 임금과 복지 수준이 경쟁사에 비하여 더 높다고 볼 수 없음에도 불구하고, 10여 년간 파업이나 조업 중단 같은 심각한 갈등 없이 조화로운 노사관계가 유지될 수 있었던 비결은 바로 노사관계의 현지화에 있었다고 볼 수 있다.

한인 주재원은 현지인 사원들과 인도네시아어로 소통하고 같은 작업 복을 입고 같은 식당에서 점심을 먹는다. 위계적 관리자가 아니라 기술적 조언자로 스스로를 위상 지으며 미원사를 한국 기업이 아니라 인도네시아 기업이라고 규정한다. 현지 노사정 대표가 합의한 지역별 최저임금보다 적게 월급을 지급하는 경우가 없으며, 아웃소싱 인력도 현지 근로기준법에 준하여 사용하고 이웃 주민들이 설립한 회사로부터 공급받는다. 지역사회에 대한 기업의 책임 활동을 적극적으로 전개하고, 현지 무슬림 단체가 정하고 감독하는 할랄 기준도 충족하면서 공장 밖의 더 넓은 사회의 가치에 부합하는 방향으로 기업을 운영하고 있다. 결국 현지 사람들과의 좋은 관계가 미원 성공의 열쇠이다.

이 글의 주요 관심사인 노사관계의 현지화는 노동조합과 관계하고 협상을 수행하는 방식을 통해 잘 파악할 수 있었다. 공장 가동 직후인 1970년대 중반에 이미 노동조합이 설립되었고, 노동조합을 교섭의 상대로 인정하는 공장 체제가 조기에 수립되었다. 민주화 이후 복수노조 허용에 따라 제2노조가 등장하자 두 개의 노조를 차별 없이 대했다. 노조위원장들에게 노조상근을 허용하고, 인사팀 간부급의 상여금을 지급하고 있다.

노조원들의 대외 활동을 출장으로 인정하고 경비도 지원해주고 있다. 노조 간부들은 회사의 지원에 대한 보답으로 외부 시위대의 침입으로부터 회사를 지키겠다는 의지를 천명한다. 미원 사례가 더욱 특별한 이유는 현지인이 주관하는 노사협상의 관행을 정착시키려 시도하고 있다는 점이다. 노사협상 테이블은 한인 경영진 없이 현지인 관리자와 노조 대표들로만 구성된다. 이렇게 미원사의 노사관계 현지화 실험은 인적 대체 수준을 넘어 최종심급의 권한 이양을 추구하고 있다.

지금까지 미원 사례에서 소개된 노사관계 현지화의 제도와 전략들은 해외투자 기업의 현지화를 연구할 때 조사 분석과 수준 평가의 점검 항목들에 추가되어야 마땅하고 현지화 정량화 지표로서도 개발되어야 할 것이다. 안정적인 노사관계를 잘 유지하고 있는 인도네시아 투자 한인 기업들은 미원과 유사한 형태의 제도와 전략들을 일부 실천하여 효과를 보고 있으며, 미원은 그러한 안정된 기업들 가운데서도 선도적인 사례에 해당한다. 여전히 노사 갈등으로 곤란을 겪는 해외투자 한인 기업들이라면 미원과 같은 제도와 전략을 도입해볼 가치가 있다.

참고 문헌

구해근. 2002. 신광영 옮김. 『한국 노동계급의 형성』. 창작과비평사.

권기수·고희채. 2010. "중남미진출 한국 기업의 현지화가 기업성과에 미치는 영향: 미시자료 분석". *Revista Iberoamericana* 21(2).

김병순. 2002. "대상(주)의 인도네시아 해외직접투자사업과 경영자의 역할". 『전문경영인연구』 5(2).

김정식. 2004. "한국의 외환위기 극복을 위한 기업구조조정 사례 연구: 대상그룹을 중심으로". 『전문경영인연구』 7(1).

김형준. 2014. "무샤와라: 인도네시아 자바의 분쟁해결방식". 『한국문화인류학』 47(2).

신만수·김대중. 1996. "동남아지역 투자기업의 경영관리 현지화 연구: 인도네시아를 중심으로". 『동남아시아연구』 4.

신만수·김주희. 2008. "해외 진출 한국 기업의 현지화와 조직성과와의 관계: 이머징국가 비교연구". 『국제지역연구』 12(1).

신윤환. 2001. "현지 한인 기업의 노사관계: '한국적 경영방식'과 노동자 담론". 『인도네시아의 정치경제: 수하르또 시대의 국가, 자본, 노동』. 서울대학교출판부. 5장.

_____. 2008. 『동남아문화 산책: 신윤환의 동남아 깊게 읽기』. 창작과비평사.

심원술. 2008. "효과적인 경영현지화를 위한 조직 및 주재원의 핵심역량 개발에 관한 연구". 『인력개발연구』 10(3).

엄은희. 2013. "인도네시아 최저임금제의 현황과 전망". 서울대 아시아연구소 동남아시아지식정보센터 신흥지역연구단. 『동남아 3개국 최저임금제 현황과 전망: 인도네시아, 말레이시아, 태국을 중심으로』. 서울대 아시아연구소.

오명석. 2012. "이슬람적 소비의 현대적 변용과 말레이시아의 할랄 인증제: 음식, 이슬람법, 과학, 시장의 관계". 『한국문화인류학』 45(3).

전제성. 1999. "경제위기, 정치개혁, 그리고 인도네시아 한인 기업 노동문제: 자보따벡의 의류·신발 업종을 중심으로". 『동남아시아연구』 8.

_____. 2002a. "민주화 이행기 인도네시아의 노동정치: 국가조합주의의 붕괴와 노동자 리더십의 등장". 서울대학교 대학원 정치학과 박사 학위 논문.

_____. 2002b. "수하르또 치하 인도네시아에서 노동계급의 '조직화 없는 저항': 수라바야 제화공장 여성노동자의 투쟁과 좌절". 『동아연구』 43.

_____. 2004. "인도네시아의 경제위기와 노동법 개정: 통제와 보호로부터의 '이중적 자유화'".

『동아연구』 47.

_____. 2005. "인도네시아 한인 기업 노사분규와 현지 지식의 빈곤". 『한국국제이해교육학회지』 창간호.

_____ · 유완또. 2013. 『인도네시아 속의 한국, 한국 속의 인도네시아: 투자와 이주를 통한 문화 교류』. 이매진.

채수홍. 2003. "호치민시 다국적 공장의 정치과정에 관한 연구". 『한국문화인류학』 36(2).

_____. 2014. "달팽이의 나선: 베트남 공장 노동자의 저항과 일상, 그리고 문화". 전제성 외. 『맨발 의 학자들: 동남아 전문가 6인의 도전과 열정의 현지조사』. 눌민. 4장.

최순규 · 이철 · 정태영. 2003. "대상(주) 인도네시아 진출 30년의 결산: 과거의 성공요인과 미래의 과제". 『경영교육연구』 6(2).

풍키 인다르띠. 2005. 전제성 옮김. "인도네시아 인권을 위한 장기 항전과 무니르(Munir)의 삶". 『기억과 전망』 12.

헬드, 데이비드. 2010. "숙의 민주주의와 공공 영역의 옹호". 『민주주의의 모델들』. 후마니타스. 9 장.

Abu Mufakhir. 2013a. "Samsung in Indonesia." *Labour Rights in High Tech Electronics: Case Studies of Workers' Struggles in Samsung Electronics and its Asian Suppliers*. Hong Kong: Asia Monitor Resource Centre.

_____. 2013b. "Grebek Pabrik (Factory Raid) in Bekasi: Union's Strategy and Its Implications." *Majalah Perburuhan Sedane*. http://www.majalahsedane.net.

Benny Hari Juliawan. 2011. "Street-level Politics: Labour Protests in Post-authoritarian Indonesia." *Journal of Contemporary Asia* 41(3).

Buraway, Michael. 1985. *The Politics of Production: Factory Regimes Under Capitalism and Socialism*. London: Verso.

Endang Rokhani. 2009. "Inter-Union Conflict in Three Indonesian Factories." *Labour and Management in Development* 9.

Islam, Iyanatul, and Anis Chowdhury. 2000. *The Political Economy of East Asia: Post-Crisis Debates*. Oxford: Oxford University Press.

Jeon, Je Seong. 2009. "Strategies for Union Consolidation in Indonesia: The Case of SPSI Maspion in Sidoarjo." *Labour and Management in Development* 9.

_____ and Yuwanto. 2014. *Era Emas Hubungan Indonesia-Korea*. Jakarta: Penerbit Buku

Kompas.

Sri Kusyuniati. 1991. "Indonesia: Organizing through Cooperatives." Loo Cheng Kooi et al.
　　eds. *Many Paths, One Goal: Organizing Women Workers in Asia.* Hong Kong: Committee for
　　Asian Women.

KBS. 2005. "맛있는 전쟁! 인도네시아 조미료 시장을 석권하라! 미원의 해외 진출기." 신화창조
　　시리즈 영상 자료.

YTN. 2013. "글로벌 신시장 마빈스를 개척하다, 제4부 인도네시아." 신년기획 영상 자료.

Miwon. n.d. *Growing Together, together with us.* 홍보책자.

──. n.d. "Miwon: Growing Together, Together with Us." 홍보 영상 자료.

Miwon CSR. n.d. "Growing Together, together with us." 기업의 사회적 책임활동에 관한 미원
　　사 발표문.

Miwon Indonesia. 2013a. "Data Rencana Survey dari Korea." 인사 관련 미원사의 정리 자료.

──. 2013b. "Gangguan Lingkungan." 주민과의 분쟁 및 처리 결과에 관한 미원사 정리 자료.

Sarbumusi Miwon. 2013. "Laporan Pertanggungjawaban Keuangan, Tahun 2011 s/d 2013." 인
　　도네시아무슬림노동조합의 회계보고서: 2011~2013년.

SPSI Miwon. 2013a. "Laporan Keuangan Tahun 2011/2012/2013." SPSI노동조합의 회계보고
　　서: 2011, 2012, 2013년.

──. 2013b. "Kenaikan Gaji, THR dan Bonus, Tahun 2011 s/d 2013." SPSI노동조합의 임금
　　및 수당인상 자료: 2011~2013년.

3

인도네시아 생산 현장에서의 말하기

삼익 인도네시아의 사례

강윤희

이 글은 「동남아시아연구」 24권 3호에 실린 논문을 바탕으로 작성되었다. 현지조사를 허락해주시고 도와주신 법인장 권희정 대표를 비롯한 삼익 인도네시아의 임직원 일동께 진심으로 감사드린다. 특히 현지조사의 준비 단계부터 마무리까지 아낌없는 도움을 주신 김준형 상무께 감사의 말씀을 전한다.

서로 국적이 다르고 언어가 다른 노동자들은 생산 현장에서 서로 어떻게 말하고 의사소통하는가? 기업의 관리자와 생산 현장의 노동자가 서로 다른 언어를 사용하는 경우, 이들이 얼마나 효과적으로 의사소통을 할 수 있느냐의 문제는 기업의 생산성의 문제와 직결된다. 한국의 경우 많은 외국인 노동자들이 생산 현장에서 한국어 또는 영어로 의사소통하는 모습을 목격할 수 있다. 이때 서로의 언어 능력 부족으로 인한 외국인 노동자들과 한국인 관리자들과의 의사소통 실패는 기업의 생산력 약화로 이어질 것이 자명하다. 그렇다면 외국에 진출한 한국 기업에서는 어떤 식으로 의사소통이 이루어지고 있는가? 생산 현장에서 한국인 관리자와 현지 노동자 사이에는 한국말과 현지어 중 어떤 말이 사용되고 있는가? 아니면 영어와 같은 소위 국제어가 사용되는가?

이 글은 인도네시아에 진출한 한국 기업이 현지에서 고려해야 할 언어와 의사소통의 문제를 논의한다. 그 사례로 인도네시아 현지 진출의 역사가 비교적 오래된 삼익 인도네시아^{PT. Samick Indonesia}를 대상으로 한다. 삼익은 1958년 창립된 이래 1990년에는 중국의 하얼빈에, 1992년에는 인도네시아의 수도인 자카르타에서 약 60킬로미터 떨어진 곳에 위치한 찔릉시^{Cileungsi}에 생산공장을 설립했다.[1] 중국과 인도네시아에 공장을 세운 주

---

1   서울경제 2011년 2월 11일자.
      http://economy.hankooki.com/lpage/industry/201102/e2011022111403647730.htm

요 이유는 그 지역에 목재가 풍부하여 악기용 목재 가공을 하기가 용이했기 때문이었다. 인도네시아 공장의 경우, 설립 초기에는 주로 목재 등의 원자재와 부품을 생산했으나, 2000년대에 들어서는 거의 모든 생산 라인이 인도네시아로 옮겨 와서 이제는 모든 생산 공정이 이곳에서 이루어진다. 12만 평이 넘는 넓은 공장 부지에 목재 가공공장, 제재공장, 합판공장, 건조설비 및 기타 부대설비 등 첨단 시설을 갖춘 대규모 공장은 피아노와 기타를 생산하는 삼익의 주된 생산기지가 되었다.[2] 삼익 인도네시아는 2013년 당시 연간 그랜드 피아노 5000대, 업라이트 upright 피아노 2만 5000대, 어쿠스틱 기타 25만 대, 전자 기타 17만 대를 생산하여 전 세계 200여 국가에 수출하고 있었다.[3]

2013년 연구자의 현지조사 당시 삼익 인도네시아에는 총 2800여 명의 직원이 근무 중이었는데, 그중 한국인 직원 수는 단 17명에 불과했다. 더욱 놀라웠던 것은 이곳의 한국인 직원들 전원이 인도네시아어를 구사할 수 있었으며, 생산 현장에서의 의사소통은 대부분 현지어인 인도네시아어로 이루어지고 있다는 사실이었다. 그렇다면 한국인 관리자들은 어떻게 현지어를 배우고 익혔으며, 어떻게 사용하고 있는가? 현지 직원들은 한국인 직원들의 현지어 사용에 대해 어떻게 생각하는가? 보다 궁극적으로 한국인들의 이러한 현지어 사용은 기업의 생산성 향상에 얼마나 도움이 되고 있는가?

이러한 질문을 중심으로 이 글에서는 한국인 직원들의 현지어 사용의

---

2   삼익악기 공식 홈페이지. http://samick.co.kr/total_html/chap01_total04.html

3   「삼익악기 소개」. 삼익악기 자체 홍보물.

특징적인 요소를 밝히고, 나아가 한국인 직원들과 현지 직원들 간의 문화 간 의사소통inter-cultural communication의 양상을 설명하려고 한다. 보다 구체적으로 이 글은 다음 두 가지 질문을 중심으로 논의할 것이다. 첫째, 한국인 직원들은 어떻게 인도네시아어를 배우고 사용하며, 이들은 자신의 현지어 사용 능력을 보완하기 위하여 어떤 전략을 사용하는가? 둘째, 한국인 직원들과 현지 직원들 또는 현지 지역공동체 간의 의사소통은 어떤 유형으로 이루어지며 어떠한 가치와 논리로 정당화되는가? 이러한 두 가지 문제를 탐구함으로써 인도네시아에 진출한 한국 기업에서 나타나는 한국인들의 현지어 사용과 의사소통의 유형을 분석하고, 한국 기업의 현지화는 한국인들이 인도네시아인들의 사회문화적 특징을 고려하고 이해하는 문화적 적응의 과정으로 나타나지만 동시에 업무의 효율성과 실용성을 높이는 긍정적인 작용을 할 수 있음을 밝힐 것이다. 하지만 동시에 현지 직원들은 업무의 효율성과 실용성을 위한 의사소통뿐만 아니라, 한국 직원들과의 보다 친밀한 상호작용, 즉 실용성보다는 상징성을 강조하는 언어 사용과 의사소통을 추구하는 경향도 있음을 밝힐 것이다. 이러한 논의를 통하여, 인도네시아에 진출한 한국 기업이 당면한 현지화의 과정을 언어와 의사소통의 측면에서 살펴보고, 이들 사이의 문화 간 의사소통을 더욱 효과적으로 수행할 수 있는 방법을 모색하려고 한다.

1. 삼익의 소개와 연구 방법

앞서 간략하게 소개한 바와 같이 삼익 인도네시아에는 2013년 기준으로 총 2800여 명의 직원이 근무하고 있으며, 이 중 17명이 한국인이다. 삼익의 생산은 크게 피아노와 기타 생산으로 나뉘고, 각각의 생산 공정은 이사, 전무, 상무급의 한국인 임원과 차장, 과장, 부장급의 한국인 관리자, 끄빨라Kepala라고 불리는 현지인 매니저가 관리하고 있다. 그 외의 생산 현장에서의 노동력은 모두 인도네시아 현지인으로 구성된다. 현지 노동자들은 대부분 공장이 위치한 찔릉시 인근의 주민들로서, 서부 자바의 순다Sunda 사람들이다. 순다 사람들은 인도네시아에서 자바인들에 이어 두 번째로 큰 종족 집단으로서 순다어Bahasa Sunda를 사용하며, 중부나 동부 자바인들과 마찬가지로 부드럽고 예의 바르다고 평가받는 사람들이기도 하다. 하지만 현지 직원들 대부분이 순다 사람들임에도 불구하고, 공장 내에서는 순다어를 사용하지 않고 인도네시아 표준어인 바하사 인도네시아를 사용한다고 한다. 종교적 배경으로는 대부분이 무슬림이다. 또한 악기 생산 공정에서의 강도 높은 노동 때문에 사무실에서 근무하는 관리직 여성 노동자들을 제외하고는 남성 노동자들이 다수를 이룬다. 목재를 다루고, 도색을 하는 생산 라인에서 일하는 대부분의 남성 노동자들은 20대의 젊은 연령대이며, 악기의 부속 조립이라든지 품질관리QC: Quality Check에서 일하는 노동자들 중에는 여성 노동자들이 많이 눈에 띄기도 한다. 반면에 사무실에서 일하는 현지 관리인들은 많은 수가 삼익에서 10년 이상 근무한 직원들이며 이 중에는 1992년 설립 당시부터 근무하여 20년 이상 근무한 직원들도 있었다.

삼익의 약 422만 9815제곱미터(약 12만 8100평)에 이르는 넓은 공장 단지 내에는 공장 건물 여덟 개와 관리 사무실 하나, 전시실 하나가 있다. 이 공장 단지에는 한국인 직원과 그 가족들이 거주하는 사택과 한국인 직원들이 식사를 하는 식당이 있다. 앞서 언급했듯이 대다수의 현지 직원들은 근처의 숙소에서 오토바이로 출퇴근하고 있었으나, 한국인 직원들은 현지조사 당시 자카르타에서 출퇴근하는 한 명을 제외하고 모두 공장 단지 내의 사택에 거주하고 있었다. 2013년 당시 모든 한국인 직원은 연령대가 30대에서 50대인 남성이었으며, 대부분 가족은 한국에 남겨두고 혼자 인도네시아로 이주해 온 경우였다.[4] 이처럼 가족과 떨어져서 혼자 생활하는 한국인 직원들을 위해서 공장 단지 내에는 한국식 식사 준비는 물론 방 청소와 빨래를 돕는 현지 가정부들이 있었고, 한국인 직원들은 일요일을 제외하고는 거의 매일을 이 공장 단지 내에서만 생활하고 있었다. 한국인 직원들을 위한 식당에서는 오전 5시부터 아침 식사를 할 수 있었으며, 현장 가동은 오전 7시부터 4시까지지만 대부분의 한국인 직원들은 공장의 가동 시간보다 더 많은 시간을 업무에 할애하고 있었다. 한 한국인 직원은 거의 매일 "6시부터 출근하여 저녁 8시에 퇴근"하며 주말도 없이 거의 모든 시간을 회사에 투자하고 있노라고 이야기했다. 1년에 약 두 차례의 휴가 기간을 이용하여 한국을 방문하여 가족을 만나는 것 이외에 거의 모든 시간을 생산 현장에서 보내고 있는 셈이었다.

한국인 직원들의 공장 내에서의 생활을 살펴보면, 그들의 생활공간은 업무공간(공장, 사무실)과 업무 외 공간(사택, 식당)으로 나뉜다. 이러한 생활공간에 따라서 이들은 한국어 또는 인도네시아어를 사용한다. 예를 들어 공장의 생산 라인에서 현지인 직원과 이야기를 한다든지, 공장 내

---

4   한국인 직원들의 단독 이주에 작용한 중요한 요인으로는 자녀 교육 문제가 가장 빈번하게 언급되었다(최서연 이 책).

식당에서 현지인 가정부와 이야기할 때에는 인도네시아어를 사용하고, 한국인 직원들끼리는 언제나 한국말을 사용한다. 단 해외영업부의 경우 한국인 직원과 현지 직원 간의 의사소통은 인도네시아어가 아닌 영어로 이루어졌는데, 이는 부서의 성격상 영어 사용이 필수적이기 때문이다. 하지만 해외영업부에서 근무하는 한국인 직원도 업무 외의 공간에서 현지인을 만났을 때에는 인도네시아어를 구사했다.

　이 글에서 분석하고 있는 주된 경험적 자료는 연구자가 2013년 1월과 7월에 삼익 인도네시아를 두 차례 방문하여 수행한 약 3주간의 현지조사를 통해 수집한 자료에 바탕을 두고 있다. 전체 현지조사 기간 동안 2주는 한국인 직원들이 거주하는 공장 내의 사택에 함께 머무르면서 그들의 업무와 생활을 가까이서 관찰할 수 있었다. 삼익에서 근무하는 한국인 직원들과 인도네시아 직원들의 내부자적 관점을 파악하기 위하여 참여관찰과 심층면담을 주로 하는 인류학적 현장연구 방법을 채택했다. 주된 연구 방법으로는 한국인 직원과 현지인 직원들과의 심층면담(한국인 10명, 현지인 11명)을 실시했고, 공장의 생산 현장이나 사무실에서 진행되는 한국인 직원과 현지인 직원들의 회의를 다섯 차례 녹음하고 관찰했다. 또한 생산 현장에서 이루어지는 의사소통의 양식을 파악하기 위하여 각 생산 라인(기타와 피아노)을 방문, 관찰하고, 공장 내의 의사소통 방식을 보여주는 사진 등의 영상 자료를 수집했다. 그 외 보충 자료로 삼익악기에서 운영하고 있는 삼익 인도네시아 기술학교Yayasan Sekolah Teknik Samick Indonesia에 근무하는 현지인 강사(5명)와 한국인 자원봉사자(2명), 그리고 직업학교의 학생들(12명)에 대한 그룹 면담을 실시했다.[5] 한편 한국인 직원들과는 한국말로, 인도네시아 직원들과는 인도네시아말로 면담을 진행했다. 이 중 인도네시아 직원들과의 면담은 모두 녹음했고, 이후 인도네시아 출신 조교의 도움을 받아 전사 채록했다.

2. 업무 현장에서의 언어 사용—현지어의 사용과 특징

1) "전투형" 언어 습득—현장에 "빨리 그리고 깊숙이" 들어가기

삼익의 한국인 직원들은 모두 짧게는 2년, 길게는 19년 이상 인도네시아에서 근무 중이었다. 이는 삼익의 한국인 직원들이 외국에 2~3년 정도 파견근무하고 한국으로 돌아가는 주재원 개념으로 근무하는 것이 아니라, 장기간 연장근무를 할 수 있었기 때문이었다. 인도네시아에서 장기간 근무하게 됨에 따라 이들 한국인 직원들은 모두 인도네시아어를 어느 정도 구사할 수 있었으며, 주로 영어를 사용하는 해외영업부를 제외하고 모든 업무상의 의사소통을 인도네시아어로 진행할 수 있었다. 한국의 대학에서 인도네시아어를 전공한 부장급 직원 단 한 명을 제외하고는 한국에서 미리 인도네시아어를 배우고 온 한국인 직원들은 거의 없었다. 이 중임원 한 명만이 일종의 취미로 인도네시아어를 배워오던 중에 인도네시아로 발령이 났다고 했고, 한국인 직원 두 명은 인도네시아의 다른 업체에 근무하다가 직종을 옮긴 경우였다. 또한 최근에 입사한 한 한국인 직원은 인도네시아의 대학에서 어학 프로그램을 수료하여 인도네시아어를 익히고 입사했다. 하지만 이러한 몇몇 직원을 제외한 나머지 한국인 직원

---

5   연구 참여자들의 익명성 보장을 위하여 모든 인명은 가명으로 처리했다.

들은 모두 인도네시아로 발령이 나자마자 바로 현지로 옮겨 와 현지 언어를 따로 배울 새도 없었다고 한다. 따라서 이들은 필요에 따라서 현지인 가정교사를 두고 따로 인도네시아어를 배우기도 했다. 2008년에 인도네시아로 파견된 한 직원은 6개월 정도를 현지인 언어 교사를 고용하여 개인적으로 인도네시아어 교습을 받았다고 했다. 또한 삼익 측에서도 한국인 직원들에게 인도네시아어 교육을 따로 하기도 했다고 하는데, 현지조사 당시에는 여러 가지 실행상 어려움으로 직장 내 언어 교육은 중단된 상태였다.

중국의 공장에서 10년 이상 지내다가 2년 전에 인도네시아의 공장으로 옮겨 온 50대 A부장의 경우는 아직 인도네시아어가 익숙하지 않은 경우였다. A부장은 "아무도 인도네시아어를 따로 배워야 한다고 말하지 않았다. 닥치면 하게 된다며, 따로 배울 필요는 없다고 얘기했다"며 회상했다. 이렇듯 대부분의 한국인 직원들은 인도네시아어는 "현장에서 전투적으로" 배우는 것이라고 이야기한다. A부장을 제외하고 대부분의 한국 직원들은 인도네시아에서 근무한 지 5년이 넘은 직원들이었고, 이들은 A부장을 놀리며 "아직 고생을 덜 해서" 인도네시아어가 서툴다고 이야기하곤 했다. 왜냐하면 이들에게 인도네시아어는 현장에서 현지인 직원들과 부딪치며 배우는 언어이기 때문이다.

따라서 한국인들의 인도네시아어 습득은 이들을 "현장에 빨리 깊숙이" 들어가게 하는 수단이라고 평가된다. 예를 들어, 인도네시아에서 8년 넘게 근무한 한 임원은 일본 기업과 비교하며, 삼익에서 모든 한국인 직원들이 인도네시아어를 사용할 수 있게 된 이유를 설명한다.

근처 일본 공장을 보면, 일본 사람들은 일본어를 사용하고 현지인들이 일본어를 배우도록 해요. 현지인들을 일본에 데려와서 연수를 시키며 일본어를 가르치죠. 왜냐하면 일본인들은 계속 로테이션rotation 되고, 한 3년 정도 짧게 있다가 일본으로 돌아가거든요. 그러니까 따로 인도네시아어를 배울 필요성을 별로 느끼지 못하는 거죠. 대신 현지 관리인들이 일본어를 배워서 의사소통을 하죠. 그런데 여기(삼익)는 적응 기간이 없어요. 일은 빨리 진행되지, 현지인들에게 (한국말을) 가르칠 여력이 없어요. 통역을 통해서 들으면 그만큼 액션action이 늦어지죠. 직접 알아야 하니까. 한국인들이 인도네시아어를 배우는 것이 더 나아요. 적응도 빠르고. 이걸 보면 일본 공장 시스템과의 차이가 아닐까 싶어요. 일본 (기업)은 계속 로테이션 되고, 한국(삼익)은 계속 연장해서 있을 수 있고. 특히 한국에 있던 (삼익) 공장이 이제 모두 인도네시아로 옮겨 왔기 때문에 우린 여기 계속 있어야 해요. 적응해야 해요. 돌아가기 힘드니까. 한국의 피아노 공장은 모두 이전했거든요.

이처럼 모든 한국인 직원들이 현지어를 사용할 수 있게 된 것은 삼익의 조직상 특징에 기인한 듯 보인다. 삼익의 경우 한국인 직원은 로테이션이 되지 않고 오랜 기간 인도네시아에서 근무하게 되므로 이들은 더욱더 현지 언어를 습득할 필요성을 절감하게 된다. 한 한국인 임원은 삼익의 한국인 직원들을 가리켜 "인도네시아는 열악한 환경을 가지고 있는데, 거기서 어떻게든 살아남기 위해서 기를 쓰고 전투를 벌이는 사람들"이라고 이야기한다. 이들에게 인도네시아 근무는 일종의 "전투"이며, 따라서 현지어의 사용은 이러한 전투에 필수라는 것이다. 또한 생산 현장을 직접 알아야겠다는 열망도 한국인 직원들로 하여금 인도네시아어를 습득하여 사용하게끔 하는 원동력이 된다. 위의 발췌문에서 "통역을 통하면 액션이 늦어진다"라는 발언에서도 알 수 있듯이 한국인 직원들의 인도네시아어 구사는 생산 현장의 현지 노동자들과 직접 소통하여 생산을 더욱 신속하게 하려는 열망이 작용했기 때문이라고 볼 수 있다. 이와 함께 장기간의 근무 연한은 한국인 직원들의 인도네시아어 구사 능력을 높이는 경향이 있다. 예를 들어, 한국인 직원 중에는 1992년 공장 설립 당시부터 일해온 직원도 있었는데, 이들의 인도네시아어 능력이 높은 것으로 보아 근무 연한이 올라갈수록 더욱 높은 수준의 인도네시아어 능력을 가지고 있는 것으로 여겨진다. 다음은 1994년에 입사하여 2013년 당시 19년을 넘게 인도네시아에서 근무한 한 한국 임원의 말이다.

처음에 왔을 때는 말이 어려웠어요. 그래서 사전을 갖고 다니며, 언제나 사전을 찾아보았어요. [책상 서랍에서 낡은 사전을 꺼내 보여주며] 이게 그 사전인데, 봐요, 얼마나 너덜너덜한지(웃음). 언어는 투자고, 노력이죠. 현지 사람들이나 한국 사람들이나 영어는 짧고, 현지인들에게 한국어를 가르치는 것은 시간이 많이 필요하고……. 그러니 한국인이 인도네시아어를 배울 수밖에 없었지요. 거의 전쟁이지요. 말을 못 하면 생산을 못 하니까. 시간적 제약 때문에 주말에 따로 (인도네시아어) 공부를 하기도 하고, 몇몇 사람은 개인교사를 두고 배웠어요. 업무에 대한 말은 단순해서 한국인들도 시간이 지나면 곧잘 합니다. 하지만 여전히 현지 뉴스를 듣는다든지, 관공서에 공문을 작성한다든지 하는 것은 어려워요. 그런 부분은 현지인 직원들의 도움을 받습니다.

그렇다면 현지 노동자들의 한국어 구사 능력은 어떨까? 실제로 한국어 통역을 담당하는 현지인 직원 한 명이 삼익에서 근무 중이었다. 한국의 4년제 대학에서 유학을 하고 돌아온 인도네시아 직원을 최근에 고용하여 통역 업무를 보게 한 것이었다. 주로 관공서와의 의사소통이나 공식적인 문서 등에서 인도네시아어를 사용해야 할 경우 통역 담당 현지인의 도움을 받는 편이었다. 하지만 대부분의 일상적인 업무 상황에서는 현지 통역관의 도움 없이 의사소통할 수 있었다. 보다 최근에는 인도네시아대학 Universitas Indonesia에서 한국학을 전공한 현지인이나, 인도네시아에서 자라고 교육받은 한국인 교포 중에서 직원을 채용하는 것을 고려하고 있다고 했다. 특히 인도네시아에 거주하는 한국인들이 많아진 까닭에 인도네시아어를 잘하는 한국인을 고용하는 것이 더욱 용이해지는 추세이다.

한편, 한국인 직원들이 사용하는 현지 언어를 한국인 직원들은 스스로 낮추어 "공장말"이라고 부르기도 한다. 즉 이들이 주로 사용하는 인도네시아어는 철저하게 업무를 위한 말에 한정된다. 예를 들어, 인도네시아에서 8년 넘게 근무 중인 B전무는 다음과 같이 말했다.

> 우리가 쓰는 인도네시아말은 공장에서 업무 지시를 하는 "공장말"이에요. 이건 여기 삼익에서만 통하는 언어죠. (공장의 현지 직원들 말고) 전혀 다른 사람과 만나면 여전히 어려워요. 왜냐하면 업무상 쓰는 말에는 항상 쓰는 단어가 있잖아요. 예를 들어, 숫자가 많이 들어가고, 또 기술적인 용어들도 있고. 그렇지만 밖에 나가면 말이 여전히 힘들죠. 예를 들어, 마음의 이야기? 이런 건 못하고요(웃음).

이처럼 한국인 직원들이 사용하는 현지어는 삼익의 생산 현장 내에서만 사용하는 언어이다. 즉 한국인들이 쓰는 현지어는 인도네시아 업무 현장에서 현지인 직원과 의사소통을 할 때 사용되는 말이며, 그 주제는 주로 생산 관리와 업무에 대한 것이다. 이러한 공장말의 특징으로는 특히 숫자와 기술적 용어가 빈번하게 사용된다는 점이다. 실제로 다섯 차례의 회의를 참관한 결과, 이들의 의사소통에는 많은 줄임말과 기술적인 용어가 사용되고 있었으며, 이러한 용어상의 특징에 따라 생산 현장에 익숙하지 않은 사람들은 이해하기 어려운 점이 많았다.

또한 한국인 직원들은 생산 현장에서 사용하는 현지어를 공장 "밖"에서 사용하는 현지어와는 엄밀하게 구분하는 경향이 있었다. 위에서 B전무가 말했듯이 이들이 공장 내에서 현지어를 사용하는 것이 업무를 위한 것이라면, 이와 구분되는 "밖의 말"은 "마음의 말"이며 문화의 말인 것이다. 예를 들어, 현지조사 당시 경리부의 한 현지 직원이 아기를 유산하는 사건이 있었다. 이때 경리부의 C부장은 연구자와의 인터뷰 중에 다음과 같이 말했다.

참 이런 경우는 어려워요. 예를 들어서, 결혼식에는 가서는 그냥 웃으면서 악수하고, 또 여기 사람들이 외국인이랑 사진 찍는 거 좋아하니까 같이 사진 몇 장 찍고 축의금 내고 그러고 오면 되거든요. 그런데 장례식에는 뭔가 위로를 해야 하는데 뭐라고 말해야 할지 영 힘들어요. 그래서 어제는 그 유산한 직원의 (아기) 장례식에 가는 길에 전자사전으로 (인도네시아말을) 얼른 찾아보았지요. "삼가 고인의 명복을 빕니다." 이런 표현이 있긴 있던데, 그런 말을 실제로 하는 것 같지는 않았어요.

이처럼 한국인 직원들은 자신들의 인도네시아어 능력을 철저하게 공장 또는 업무 현장이라는 공간에 한정되는 것으로 인식하고 있었고, 현지어 사용은 지시와 확인이라는 두 가지의 과정으로 이루어진다고 이야기했다. 한편 이러한 업무 위주의 공장말과는 달리, "밖의 말"은 "관계의 말"이며 "마음의 말" 또는 "문화의 말"로 연결되곤 했다.

2) 공장에서 어떻게 말하는가?―현지어 사용의 특징

(1) 내용을 강조하는 언어의 사용―핵심어의 나열과 강조

한국인 직원들의 현지어 사용 중 가장 두드러진 특징은 내용을 강조하는 말을 사용한다는 것이다. 많은 한국인 직원들이 어떻게든 뜻만 통하면 된다고 이야기하듯이, 이들이 현지어를 사용할 때 가장 중요시하는 것은 정확한 문법이나 수려한 문장을 구사하는 것이 아니라 내용을 명확하게 전달하는 것이다. 특히 많은 한국인 직원들이 동의하듯이 업무에서 사용되는 현지어의 어휘는 비교적 제한되어 있으므로 단순하다고 평가된다. 따라서 대다수의 한국인 직원들은 "회사 안에서 쓰는 말은 1년 정도 지나니 익숙해졌다"고 이야기할 정도이다. 악기 제조에 필요한 특별한 기술적 용어나 숫자만 알면 업무상에 필요한 거의 모든 말을 할 수 있는 것과 다름없다. 또한 인도네시아어는 문법 구조가 비교적 쉽기 때문에 필요한 어휘만 정확히 습득한다면 의사소통에 큰 어려움은 없다. 예를 들어 인도네시아어에는 인칭, 성이나 수에 따른 동사의 변화가 없기 때문에 특정 단어들을 알고 그것을 나열할 경우 정확한 문법적 지식이 없다고 하더라도 비교적 수월하게 의사소통을 할 수 있다.

이처럼 핵심어를 나열하여 말을 하는 것은 일종의 전보식 언어^{telegraphic} ^{speech}라고 할 수 있다. 즉 전보처럼 생략된 형태의 핵심적인 단어들을 그대로 나열하거나 반복함으로써, 전달하려는 말의 내용 자체를 확실하게 하는 것이다. 다음은 대표적인 전보식 언어의 사례이다.

사례 1   핵심어의 나열

Jendela buka, hujan masuk.

창문 연다, 비 들어온다.

위의 [사례 1]은 한국인 관리자가 현지 직원들에게 공장의 창문을 닫으라고 지시하면서 사용한 말이다. 이를 보다 정확하게 표현하려면 "Kalau jendela terbuka, hujan akan masuk(만약 창문이 열려 있으면, 비가 들어올 것이다)."라고 해야 하지만, 위의 생략된 형태로도 내용은 전달할 수 있다. 이러한 말 내용의 강조는 [사례 2]와 같이 말의 반복으로 나타내기도 한다.

사례 2   반복

Masalah produksi, tidak bisa ekspor, mau ekspor tidak bisa, tidak bisa ekspornya.

생산 문제가 있다. 수출을 할 수 없다. 수출을 하고 싶지만 할 수 없다. 수출을 할 수 없다.

이처럼 핵심 단어들을 나열하고 반복함으로써, 한국인 직원들은 자신의 말을 보다 간단하고 단순하게 전달하고 강조할 수 있다. 물론 복잡한 내용이나 추상적인 내용을 전달하는 데에는 한계가 있지만, 대부분의 한국인 직원들과 현지 직원들은 이처럼 생략된 형태의 전보식 언어 사용과 반복으로 보다 핵심적인 내용을 효과적으로 전달할 수 있다는 점에 동의했다. 예를 들어, 삼익에 근무한 지 20년이 넘은 한 인도네시아 직원은 다음과 같이 말했다.

> 처음에 삼익에 들어왔을 때 (한국 직원들은) 일종의 "수화bahasa isyarat"를 썼어요. "이거, 이거, 이거" 이런 식으로. 그런데 지금 한국 직원들은 거의 다 의사소통이 가능해요. 그걸 공장말이라고 하든 문법에 맞지 않든, 중요한 건 의사소통이 가능하다는 것이죠. 나 같은 직원들은 이제 모두 이해해요. 이미 익숙해져 있기 때문이죠.

또한 전달 내용을 강조할 때 현지 직원들의 도움으로 더욱 명확해지는 경우가 많았다. 예를 들어, 현지 직원들 중 근무연수가 오래된 매니저급 현지인들은 한국인 직원들이 주재하는 회의에서 한국인 직원을 대신하여 말하는 경향이 있었다. 다음은 한 한국인 직원이 각 부서에서 전산 업무를 맡고 있는 현지 직원들에게 새로운 전산 시스템을 설명하는 회의에서 발췌한 부분이다.

한국인 관리자가 새로운 시스템(주문량과 재고를 고려하여 승인해야 하는 전산 시스템)을 소개하고, 재고

를 확인하여 승인할 것을 당부하는 장면.

한국인 직원:

Bikin menurut produksi dan logistik. Produksi dulu.

생산과 물류에 따라서 만들어라. 생산을 먼저 (확인해라).

현지인 직원[다른 현지인 직원들에게]:

Jadi intinya begini la.

그러니까, 핵심은 이거야.

Kalau ada spesipikasinya belum jelas jangan approve saja. gitu aja.

만약에 세부 사항들이 명확하지 않으면, 승인하지 말라, 이거야.

Itu harus di ingat itu.

이걸 꼭 명심하라고.

Terus semua pengambilan barang harus lihat stok. Jadi jangan buru-buru

lah.

그리고 가져오는 모든 물건은 재고를 꼭 봐야 해. 그러니 급하게 하지 말라는

거야.

[사례 3]에서와 같이, 한국인 직원과 현지 직원들 사이에 진행되는 회의

를 관찰해본 결과, 거의 모든 경우 한국인 직원이 먼저 전달 사항이나 의

견을 제시하면, 관리자급의 현지 직원들이 그 내용을 요약 정리하거나 부

연 설명하는 역할을 하고 있음을 알 수 있었다. 또한 현지인 관리자들은

다른 현지 직원들이 질문을 하는 경우, 그것을 한국인 직원에게 설명해주거나 대신 대답해주는 역할을 하고 있었다. 이처럼 현지인 직원과 한국인 관리자들 사이의 의사소통을 매개하는 역할을 하는 현지인 관리자들은 보통 10년 이상 삼익에 근무한 경력이 있는 경우가 대부분이었다.

한국인 직원과 현지 직원들 사이의 중개자 역할을 하는 현지인 관리자들은 노사분규가 있을 때에도 한국인들을 대신하여 현지 노조와 협상을 벌이기도 했다(다른 사례에 대해서는 이 책의 전제성의 글 참조). 예를 들어, 연구자가 방문했던 2013년 1월 당시 삼익악기뿐만 아니라 인근 업체들의 노조가 대규모의 시위를 계획하고 있었는데, 이러한 노조의 움직임에 대해 이야기하던 중, 한 한국인 임원은 다음과 같이 이야기했다.

작년(2012년)부터 현지 노동자들이 권익 보장을 요구하는 경우가 많아졌어요. 월급 인상이 주된 요구 사항이고⋯⋯. 그런데 노사관계에 있어서는 현지인들이 관리하도록 합니다. 그리고 나머지는 법률적으로 조정하는 거죠. 노사관계의 조정은 현지인들에게 맡기고 한국 사람들은 개입하지 않아요. 모두 현지인을 시켜서 합니다. 현지인과 직접 이야기하려면 불편하기 마련이에요. 아무래도 한국 사람들은 (인도네시아)말이 달리죠. 현지인들은 영어가 짧고. 하지만 현지인들에게 협상을 하게 하면 훨씬 편합니다.

이처럼 오랜 업무 경험을 가지고 있는 매니저급의 현지인들은 이제 "눈빛만 봐도" 한국인 직원이 무슨 얘기를 하고 싶은지 알 수 있다고 말하곤 한다. 따라서 현지 직원들을 적극적으로 활용함으로써 한국인들의 의사소통이 손쉬워지며, 특히 직무의 구체적인 내용을 더욱 원활하게 전달할 수 있는 것이다.

한편 한국인 직원들이 현지어를 사용할 때에는 한국어의 문장 구조가 강한 영향을 미치기도 한다. 예를 들어, 한국어의 문장 구조에 인도네시아어를 그대로 대치하여 쓰는 경향이 있다. 이러한 경향은 한국인 직원들이 인도네시아어를 체계적으로 배우지 않고 대부분 현장 경험을 통해 습득했기 때문으로 보인다. 실제로 많은 한국인 관리자들이 한국어의 문장에 인도네시아어를 그대로 대입하는 코드 혼용^{code-mixing}을 자주 사용하고 있었다. 예를 들어 "그런데", "그래서" 등의 접속사를 인도네시아어의 문장에 삽입하기도 하며, 인도네시아어의 어순(주어+서술어+목적어)을 한국어의 어순으로 바꾸어 말하는 경우도 있었다. 따라서 현지 직원들은 한국인들이 사용하는 인도네시아어를 가리켜 "순서가 바뀐 말^{bahasa terbalik}"이라고 부르거나, "잘린 말^{bahasa potong}"이라고 부르기도 한다. 하지만 이 경우에도 내용의 전달이 의사소통의 핵심이기 때문에 많은 현지 직원들은 이해 가능하다고 이야기한다.

(2) 문서, 그림, 손짓, 도구의 사용—"말보다 직접 보여주기"

많은 한국 직원들이 이야기하듯이 그들은 현장에서 전투적으로 인도네시아어를 배웠기 때문에 이들의 인도네시아어는 아무래도 한정적일 수밖에 없다. 인도네시아에서 오랜 기간 근무한 한국인 직원들이라도 가장 어렵다고 느끼는 것은 현지 방송에서 나오는 뉴스나 관공서의 공문들이다. 하지만 공장 안에서 쓰이는 인도네시아어는 구체적인 생산 공정에서 사용되는 다소 제한된 어휘이므로 공장에서 인도네시아어를 사용할 때 어려움은 그리 크지 않다.

특히 생산 공정에서 현지 노동자들에게 구체적인 기술을 설명할 때는 "말로 하는 것보다 직접 보여주는 것이 더욱 효과적"이라고 이야기한다. 특히 특정 기술을 사용해야 할 경우에는 실제로 부품을 보여주면서 조립 방법이라든지 작동하는 법을 설명해야 명확해질 때가 많다. 따라서 현지 노동자들과 회의를 할 때는 여러 가지 부품이나 도구 등 사용 가능한 모든 자원들을 동원하는데, 가장 빈번하게 사용되는 것은 시각적인 도구이다. 예를 들어 그림이나 문서, 또는 이야기의 대상이 되는 부품을 사용하고, 또는 손짓을 사용하여 인도네시아어를 명확히 전달하려는 전략이다. 회의 중에 문서 자체를 보여주면서 회의를 진행하는 경우도 있는데, 이 과정에서 한국인 직원들은 문서의 항목을 하나씩 짚어가면서 마치 선생님이 학생들을 가르치듯 설명을 한다. 예를 들어, 한 한국인 직원은 현지인 직원과 영어와 숫자로 구성된 문서를 함께 보면서 "이게 뭐지?^{apa ini?}"라는 질문을 던지며 이해를 돕기 위한 설명을 진행해나갔다. 실제로 많은 직원들은 삼익은 악기를 생산하는 곳이므로 직접 악기의 재료나 부품, 또는 기술의 시범을 보임으로써 충분히 의사소통을 할 수 있다고 믿었다. 예를 들어 기타 공정을 담당하는 한 한국인 직원은 기타의 몸체 공정에 문제가 있으면 그것을 일일이 말로 설명하는 것이 아니라, 실제로 기타의 몸체 부분을 회의에 들고 와서 손짓을 사용하여 공정의 문제점을 설명했는데, 이러한 시각적인 물건의 사용만으로도 현지 직원들에게 기술적인 부분을 교육할 수 있다고 생각했다. 다음은 회의 중의 실제 사례로, 한국인 직원

들이 여러 가지 시각적인 도구와 연관된 정보들을 전략적으로 이용하여
의사소통의 가능성을 높이고 있음을 보여준다.

한국인 관리자가 각 생산 라인별로 목표 생산량을 계산하는 장면.

Gedung C target 850, samapai jam 4, adanya 950, minggu ini kalau bisa
mencapai target 950. Rencana bulan ini hari Sabtu over-time, 1 minggu
target 5700 terus ekspor bagaimana.

C동의 타깃(생산 목표)은 850(기타 850대), 4시까지 (작업하면) 950, 이번 주에 만
약에 타깃 950(기타 950대)을 만들 수 있으면, 이번 달 계획은 토요일에 오버타
임(연장근무)을 한다고 해도, 일주일에 타깃이 5700, 그러면 수출 어떡하나?

[한국인 관리자는 대화 중에 계산기를 사용하며, 일주일 목표 생산량을 계산한 후, 그 계산기의 숫자를
보여주며 이야기를 이어나간다.]

[문서를 보여 주며]

Ini masalah ini harus dirubah lagi ini barang masuknya.

이거 문제다. 이거 다시 바뀌어야 해. 이게 입력된 물건이야.

과거 전산 시스템상에서는 하나를 잘못 입력하면 다른 정보들이 연쇄적으로 어긋남을 설명.

Kalau satu salah informasinya, hari belakang semua 뚜뚜뚜뚜 [손으로 딱딱 끊는

만약에 잘못된 정보 하나가 있으면, 예전에는 모두가 뚜뚜뚜뚜.

위의 [사례 4, 5, 6]은 한국인들의 업무상의 현지어 사용이 상당히 맥락 의존적임을 보여준다. 한국인 직원들은 자신들이 전달하는 내용을 명확히 하기 위하여 인도네시아어뿐만 아니라 대화의 현장에서 얻을 수 있는 모든 맥락적인 정보를 충분히 활용한다. 한국인 직원들이 현지 직원들에게 작업 지시를 하는 경우 대부분 매니저급 현지인을 상대로 이루어지고, 현지인 매니저들은 대부분 근무연한이 10년 이상 된지라 삼익 내 말하기 방식에 이미 익숙해져 있으므로 의사소통이 그리 어렵지 않다. 이처럼 한국인들의 현지 언어 사용은 언어 자체가 아닌 상황과 관련된 여러 가지 요소를 적극적으로 사용하는 양상을 보이며, 이러한 상황에 익숙해진 현지인 매니저들은 한국인들의 단순화된 메시지를 충분히 이해하고 다른 현지인 직원들에게 전달할 수도 있다.

따라서 한국인 직원들은 그들이 사용하는 인도네시아어 어휘가 한정되어 있음에도 불구하고 대화의 상황에서 이용할 수 있는 모든 도구들(예를 들어 그림, 문서, 부품, 손짓 등)을 사용하여 전달 내용을 명확히 한다. 특히 내용을 단순화해서 반복적으로 말함으로써 핵심 내용을 확실하게 전달하며, 근무연한이 오래된 현지인 매니저들을 적극 활용하기도 한다. 이러한 현지어 사용 전략은 기업의 생산성과 업무의 효율성을 높이는 데 크게 기여하고 있다.

3. 의사소통의 유형과 가치

1) 업무를 위한 지시와 확인—정보의 명시화 전략과 실용주의적 가치

위에서 설명한 한국인 직원들의 현지어 사용 전략은 대부분 작업을 지시하고 확인하는 경우에 이루어진다. 예를 들어, 한국 기업의 베트남 자회사의 사례를 분석한 언어와 지식 이전移轉에 대한 연구에 따르면, 다국적 기업의 경우 언어장벽은 지식의 이전, 특히 암묵적 지식의 이전에 부정적인 영향을 미친다고 분석하고 있다(김경 2010).

이에 비해 삼익의 경우에는 모든 한국인 직원들이 현지어를 사용함으로써 이러한 언어장벽을 극복하고 있다고 보인다. 즉, 현지어를 업무 현장의 언어로 사용하고 있는 삼익의 경우, 다른 연구 결과에서 지적된 언어장벽에 의한 지식의 왜곡이나 필터링이 현저하게 낮아질 수 있는 긍정적인 효과를 지닌다고 할 수 있다. 특히 위에서 서술했듯이 내용 전달에 더욱 충실한 현지어를 사용함으로써 현장 업무에 필요한 내용을 효과적으로 전달할 수 있는 것이다.

나아가 이러한 현지어를 사용해 현장 업무를 지시할 때는 그것이 가시적일수록 더욱 효과적이다. 즉 구체적인 자료나 그림, 또는 상세한 설명을 통해 업무를 지시할 때 성공적일 가능성이 높다. 예를 들어 기타의 생산 공정에 대한 회의에는 그 제품의 표준화된 사양이 명시되어 있는 도면이나 문서를 가지고 가서 하나씩 설명하는 경우가 그것이다. 다음은 생산된 기타에 스티커를 붙여야 한다는 것을 실제 스티커를 보여주면서 설명하는 경우이다.

한국인 직원 [스티커를 보여주면서]:

Itu stickernya sperti ini. Terus ini A pick up sticker ini. Ini gambarnya sama-sama sperti yang kemarin.

스티커는 이렇게 생긴 것이다. 기타 A는 이 스티커이다. 이 그림이 지난번 것과 같다.

반면 암묵적인 내용을 전달할 때, 즉 구체적으로 이야기되지는 않았지만 한국인들에게는 암묵적으로 공유되는 사항을 이야기할 때에는 종종 의사소통에 실패하기도 한다. 따라서 한국인 직원들은 현지 직원들에게 지시를 내릴 때, 최대한 구체적으로 "하나씩 쪼개서" 지시를 해야 한다고 이야기한다. 인도네시아의 생산 현장에서 거의 20년을 근무한 D부장은 다음과 같은 일화를 들려주었다.

중간 관리자들은 (현지 직원들에게) 지시를 정확하게 내려야 해요. 실제로 이런 일이 있었어요. 이전에 어떤 목수에게 의자를 하나 만들라고 지시하면서 그림을 그려줬는데, 그림상으로는 각도 때문에 의자의 다리가 세 개밖에 보이지 않았거든요. (그림의) 각도 때문에 뒤쪽의 다리 하나가 안 보인 거예요. 그래도 의자에는 다리 네 개가 있어야죠. 그런데 (현지인들은) 다시 물어보지도 않고 다리 세 개가 달린 의자를 만드는 거죠. 앉을 수도 없는(웃음). 정도의 차이는 있지만 대부분 (현지 직원들은) 이런 경향을 가지고 있어요. 그러니까 작업 지시를 할 때는 최대한 간단하게 하나씩 차근차근 알려줘야 해요.

위의 일화처럼 현지인들과의 의사소통에 실패한 유사한 사례는 한국인 직원들 사이에서 널리 회자되고 있다. "물통의 물을 채우라"는 단순한 지시를 내릴 때에도, 최대한 자세하게, 예를 들어 "물을 채우되, 물통의 3분의 2까지 맞추라"고 구체적으로 알려줘야 한다는 것이다. 이러한 것은 암묵적인 정보를 최소화하여, 전달하는 지시 사항을 최대한 명시적으로 만들려는 의사소통의 전략이라고 할 수 있다.

이러한 명시화 전략과 함께 강조되는 것은 현지인들의 암묵적 정보를 파악하려고 노력해야 한다는 점이다. 즉 한국 직원들은 현지 직원들의 암묵적 정보를 분명하게 파악하고 드러내야 하는데, 특히 이는 지시를 한 후 확인하는 과정에서 꼭 필요하다. 한국인 직원들은 현지 직원들과의 의사소통에 있어서 가장 중요한 것은 "자세한 지시와 함께 그러한 지시가 제대로 수행되었는지 확인하는 것"이라고 이야기한다. 이렇듯 확인 절차를 강조하는 것은 이 공장이 위치한 자바 지역 사람들의 문화적인 특수성에 대한 인식에 바탕을 둔다. 예를 들어, 위의 D부장은 "현지 직원들에게 '다 되었느냐?'라고 물으면 다들 'Sudah(다 됐다)'라고 이야기하지만, 사실이 아니어도 일단 긍정하는 습관 때문에 그렇게 대답한다"고 덧붙였다. 즉 자바 지역 사람들은 다른 사람과의 관계에 있어서 갈등을 회피하고 표면적인 화합을 중요시한다는 정형화된 이미지를 가지고 있는데[6] 이러한 가치 때문에 "절대로 '아니'라는 대답을 하지 않는다"는 것이다.

또한 현지 직원들의 불확실성은 이들의 종교적인 배경에서 비롯되었다

---

6 이러한 갈등 회피와 화합을 강조하는 전통적 가치는 루꾼Rukun이라는 개념으로 설명되곤 한다(김형준 2008).

고 생각하는 경향도 있다. 많은 사람들이 알고 있는 바와 같이 무슬림들은 인샬라Insya Allah(알라가 원하시는 대로)라는 문구를 자주 사용하면서 신에게 모든 결과를 맡기는 듯한 인상을 준다. 작업 현장에서도 마찬가지이다. 한 한국인 직원은 "인도네시아 현지 직원은 'nanti(나중에)', 'kira-kira(아마)', 'mungkin(아마)'이라는 표현을 자주 쓴다"고 설명했는데, 이러한 불확실성의 경향은 이들의 종교적 성향에서 비롯된 것으로 이해하고 있었다. 신의 뜻에 모든 것을 맡기기 때문에 강한 의지나 확신이 없다는 것이다. 따라서 이러한 현지 사람들의 전형적인 이미지를 토대로, 한국인들이 현지어를 사용할 때는 지시와 더불어 정확한 확인이 강조되는 것이다.

한편 업무를 위한 지시와 확인이라는 정보의 명시화 전략은 한국인 직원들의 인도네시아 언어에 대한 언어 이데올로기를 반영하며 동시에 구성한다(Schieffelin et al. 1998). 여기서 언어 이데올로기란 특정 언어 또는 언어 사용에 대한 태도와 가치 평가를 포함하는 개념이다. 삼익의 한국 직원들이 인도네시아의 생산 현장에서 사용하는 현지어에 대해 가지고 있는 가장 두드러지는 가치 중의 하나는 언어를 하나의 도구로 파악하는 실용주의적 언어 이데올로기이다. 인도네시아어란 생존을 위하여 필요한 도구이며, 앞서 언급된 바와 같이 인도네시아어를 사용함으로써 현지인들의 업무 현장에 "빨리 그리고 깊숙이" 영향을 미칠 수 있다고 생각한다. 이처럼 인도네시아어를 구사해 생산 현장을 직접 관리하는 것은, 이들에게 가장 중요한 목표, 즉 생산성을 높이는 데에 가장 효율적인 방법이라고 판단하는 것이다.

한편, 이처럼 실용의 논리 또는 효율성의 논리라고 명명할 수 있는 언어의 도구적 가치는 이들의 언어 교육 프로그램에 대한 태도에도 잘 나타난다. 삼익에서는 몇 해 전까지만 해도 현지인 관리자들을 위해 영어와 한국어를 교육하는 언어 프로그램을 운영했다. 하지만 2013년 당시 언어 프로그램은 더는 실행되지 않고 있었다. 이때 언어 프로그램의 폐지에 가장 중요하게 작용한 논리가 바로 실용성이었다. 다음은 새로 부임한 법인장과의 인터뷰 중 발췌한 부분이다. 법인장은 언어 교육 프로그램을 투자와 성과라는 효율성의 논리로 설명한다.

> 언어 교육은 지난해까지 있었는데, 그만두었어요. 인풋Input에 비해서 아웃풋output이 적은 게 주된 이유였죠. 왜냐하면 한국 사람들 영어 공부 중학교부터 10년 이상 해도 영어 못하잖아요. 인도네시아 사람들도 마찬가지죠. 영어 공부 뭐 그거 몇 개월 한다고 될 일도 아니고.

이처럼 한국인 직원들은 현지어의 사용이나 언어 교육 프로그램에 대하여 실용성의 가치를 우위에 두고 있었다. 그렇다면 현지 직원들은 한국인들의 현지어 사용이나 언어 교육에 대하여 어떤 태도를 보이고 있을까? 현지 직원들과의 심층면담에서 알 수 있었던 것은 이들은 언어 사용에 있어서 실용성의 가치보다는 관계를 강조하고 있다는 점이었다. 현지 직원들은 한국인이 사용하는 현지 언어가 단순한 업무 지시만을 위한 도구의 말에 그치지 않고 관계의 말이 되어야 한다고 생각했다. 한국인 직원들이 "공장 밖"의 세계와 연결했던 관계의 말에 대한 가치를 더욱 강조하는 입장인 것이다. 예를 들어 삼익악기에 13년째 근무 중인 한 인도네시아 여직원은 이전에 부서마다 분리된 사무실에서 일했던 게 더 좋았다고 이야기하면서[7] 그중에 중요한 부분으로 한국인 직원들과 더 가깝게 대화할수 있었던 것을 꼽았다. 한류의 영향으로 한국의 드라마와 가요를 좋아하던 이 직원은 매일 아침 한국인 상사와 이야기하는 것을 즐겼으며, 한국인 직원에게서 한국말을 한마디씩 배우고, 반대로 인도네시아말을 가르쳐주는 시간을 가질 수 있었던 것이 좋았다고 이야기했다. 이러한 대화의 시간은 비단 업무상의 지시와 확인만을 위한 아니라, 상대방의 문화에 대해서 배우고 서로 더욱 가깝게 느끼는 시간이었기 때문이다. 다음은그 여직원과의 면담 내용 중 발췌한 부분이다.

> E부장님은 인도네시아말을 조금 더 배우고 나서 농담도 했어요. 한번은 "나지금 뿌아사(라마단 기간 중 무슬림들의 금식) 중이야."라고 이야기해서 무슨 이야기인가 했더니, "아침을 안 먹었어. 나중에 점심 먹을 때 부까 뿌아사(금식을끝내고 식사를 하는 의식) 할 거야."라고 해서 한참을 웃었어요. 이런 얘기를 하면서 더욱 가까워지는 걸 느꼈고, E부장님과 일하는 것이 더욱 즐거워졌어요.

이러한 관계와 문화의 논리를 강조하는 경향은 회사에서 제공했던 언어교육 프로그램에 대한 현지 직원들의 평가에도 잘 나타난다. 앞서도 말했듯이 한국인 임직원들에게 있어서 언어 교육 프로그램은 철저하게 실용

---

7   2013년 현지조사 당시 삼익의 사무실은 하나의 사무실에 모든 부서가 함께 모여 있는 구조였으나, 이전에는 부서별로 분리된 사무실을 가지고 있었다고 한다.

의 논리로 설명된다. 즉 "투자에 비해 성과가 없기 때문에" 더 실시할 필요가 없는 교육인 것이다. 하지만 현지 직원들에게 영어와 한국어 교육은 이러한 도구적 가치보다는 상징적 가치가 더욱 중요하게 적용된다. 연구자와 면담을 했던 많은 현지인 직원들은 언어 교육으로 정말 그 언어를 잘하게 되느냐의 문제가 중요한 것이 아니라, 회사가 직원을 교육해줌으로써 직원들의 자기 계발 욕구를 충족해준다는 측면에서 중요성을 지적했다. 다시 말해, 언어 교육을 그 효과나 실용성의 문제가 아니라 후생과 복지에 대한 중요한 상징으로 바라보는 것이다.

하지만 회사라는 조직의 특성상 업무 현장에서의 의사소통에 있어서는 생산성을 극대화할 수 있는 실용성과 효율성의 가치를 중시하는 의사소통 방식을 당연하고 우세한 것으로 여기는 경향이 있다 (Urban and Koh 2013). 이에 따라 한국인 직원들은 의사소통의 효율성과 실용성을 가장 중요시하여 업무 지시와 확인을 위한 언어 사용을 단순화하며, 업무 현장에서의 의사소통의 불확실성을 최대한 견제하고, 모든 암묵적인 지식을 명시화하는 전략으로 의사소통의 전략을 세운다. 이러한 업무 현장에서 한국인들의 의사소통 전략과 그것이 강조하는 실용성의 가치는 하나의 규범으로 당연시되어 받아들여진다.

2) 지역공동체와의 문화 간 의사소통─CSR 사업과 문화적 가치

위에서 살펴본 바와 같이 업무 현장에서 관찰되는 한국인 직원과 현지 직원들 간의 의사소통은 지시와 확인이 위주가 되며, 그것은 한국 기업의 실용주의적 가치를 보여주는 것이다. 하지만 삼익과 지역공동체 간의 관계에서 나타나는 의사소통의 유형은 기업 내의 의사소통 유형과 사뭇 다르다. 예를 들어, 업무 현장에서의 지시와 확인은 한국인 직원에서 현지 직원으로 나아가는 방향이라면, 기업과 지역공동체의 의사소통의 방향은 지역공동체의 요구와 기업의 응답이라는 역방향으로 나타난다. 이러한 한국 기업과 현지 지역공동체의 상호작용은 일종의 문화 간 의사소통으로, 주로 기업의 사회적 책임 활동으로 수행되고 있다.

삼익악기의 경우 사회적 책임 또는 CSR 활동은 주로 문화적인 영역, 특히 교육과 종교를 매개로 하여 나타난다. 특히 삼익의 대표적인 CSR 활동으로 한국국제협력단인 코이카^{KOICA: Korea International Cooperation Agency}와 함께 삼익 인도네시아 기술학교를 설립한 것을 들 수 있다. 2012년 3월 개교한 삼익 인도네시아 기술학교(이하 기술학교)는 삼익악기가 위치한 찔릉시 지역의 취약 계층 청소년들의 취업을 돕고자 설립되었다. 경제적으로 어려운 학생들을 대상으로 수업료뿐만 아니라 기숙사와 숙식 비용까지 모두 무상으로 제공하며, 6개월의 교육이 끝나면 학생들이 원하는 곳에 취업할 수 있도록 도와주는 역할까지 하고 있다.

이러한 기술 교육은 취약 계층 청소년들의 취업이라는, 일면 앞서 살펴보았던 실용주의적 가치가 그대로 반영되고 강조된 것이라고 생각할 수 있다. 하지만 한인 기업에 있어서 이러한 기술 교육은 그 실질적 유용성보다는 청소년 교육과 사회공헌이라는 교육적 가치를 더욱 강조하는 경향이 있다. 이러한 교육적, 문화적 가치는 꿈이나 희망과 같은 단어 선택에서 잘 나타난다. 예를 들어 기술학교의 잔디밭에는 "인도네시아 청소년들의 희망을 여기에 심다."라는 표지가 세워져 있으며, 학교의 한 벽면은

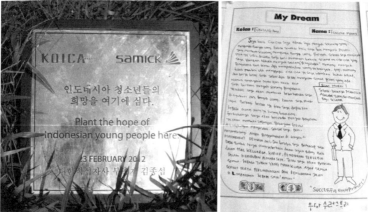

왼쪽 위 기술학교 교정에 있는 기념패

오른쪽 위 기술학교 학생이 쓴 "나의 꿈"

아래 기술학교 학생들의 한국어 수업 광경

학생들이 작성한 자신의 꿈에 대한 글과 그림으로 채워져 있다. 학생들의 "나의 꿈"에 대한 글을 분석해보았을 때 흥미로운 것은 이들 청소년들이 가지고 있는 꿈이란 대부분 상당히 실질적인 것으로 특히 "돈을 많이 버는 사람"이 되고 싶다는 내용을 가진 경우가 많다는 것이다. 예를 들어 한 남학생은 "어릴 때부터 내 미래의 목표cita-cita는 돈이 많은 사람이 되는 것이다. 하지만 어릴 때는 어떻게 해야 돈을 많이 가질 수 있는지 알지 못했다"고 적고 있다. 또한 학생들과 면담을 하면서 알게 된 것은 이들이 한국인들이 흔히 말하는 "꿈", 예를 들어 인생에서 지향하는 목표라든지 미래에 대한 청사진을 가지고 있지는 않다는 것이다. 대부분 성공하고 싶다고 이야기하지만, 그 구체적인 "성공"이 무엇인지는 이야기하지 못하는 경우가 대부분이었다. 또한 기술학교의 교과 과정을 살펴보면 실질적인 기술 교육 이외에 회사 내에서는 실효성의 이유로 폐지되었던 한국어와 영어 교육이 일주일에 두 번 이상 배정되어 있는 것을 발견할 수 있었다.

삼익의 또 다른 CSR 활동은 종교적인 활동의 영역에서 두드러진다. 즉 삼익이 문화 간 의사소통에서 가장 중요시하는 것은 현지 직원들과 인근 지역 주민들의 종교적 다양성을 인식하고 받아들이는 것이다(오명석 이 책). 예를 들어, 삼익에서는 직원 중 대다수인 무슬림 직원이 금요예배에 참석할 수 있도록 금요일마다 점심시간을 조정해주고, 중요한 종교행사가 있을 때마다 각종 지원금과 선물을 마련해준다. 연구자가 현지조사를 하던 2013년 7월은 무슬림들이 의무적으로 단식을 수행하는 라마단 기간이었다. 이 기간 동안 삼익에서는 현지 직원들의 종교를 존중하는 의미에서 여러 가지 행사와 활동을 준비했다. 무엇보다도 눈에 띄는 것은 공장 초입의 주차장 앞에 커다랗게 걸어놓은 현수막으로, 이 현수막에는 라마단을 축하한다는 내용이 적혀 있었다. 또한 금식 달의 중간에 해당하는 뚠장안 하리 라야THR: Tunjangan Hari Raya라는 날에는 현지 직원들에게 상여금을 주고, 원래의 근무 시간보다 조금 일찍 끝내주기도 하는 등 여러 방면으로 현지 직원들의 종교적인 활동을 지지하고 있었다.

라마단 기간 중의 특별한 활동이나 행사 이외에도 삼익은 평소 인근 무슬림 사원에 매달 일정한 지원금을 보내고 있었다. 또한 주변 무슬림 사원에서는 여러 종교행사가 있을 때마다 삼익에 지원 요청을 하고, 삼익은 이에 부응하여 현금이나 쌀 또는 염소와 같은 공물을 기부하기도 했다. 경리부의 한 한국 직원에 따르면, 특히 종교행사가 많은 라마단 기간 동안에는 주위의 사원에서 행사의 지원금 협조를 요청하는 공문이 많이 오고, 삼익은 대부분 그러한 요구에 맞게 지원을 해준다고 한다. 이러한 경우는 현지인들이 종교의 이름으로 실질적인 재정과 지원을 요구하는 것이며, 이는 다시 말해 실용의 논리가 문화의 논리로 포장되는 경우라고 할 수 있겠다.

이에 따라, 현지 직원이나 인근 지역 주민들은 어떻게 문화의 언어, 더욱 구체적으로는 종교의 언어로 실질적인 도움을 요구할 수 있는지를 터득하게 된다. 예를 들어, 특정 행사의 지원금을 요청하기 위하여 그 행사를 종교적인 성격의 것으로 바꾸어 지원을 요청하는 경우도 있다. 만약 어떤 직원이 직장을 그만두게 되었을 때 송별회를 열어줄 목적으로 기업에 지원을 요청하기는 힘들지만, 그러한 송별회를 라마단 기간 중 하루의 금식을 끝내고 저녁 식사를 하는 행사인 부까 버르사마Buka Bersama(부까 뿌

공장 초입의 라마단 축하 현수막

아사 버르사마^{buka puasa bersama}의 준말로 함께 금식을 깬다는 뜻. 금식을 끝내고 저녁 식사를 하는 부까 뿌아사^{buka puasa}를 회사나 단체 등 집단 성원들과 같이하는 행사)라고 명명한다면 재정적 지원을 요청할 수 있게 된다. 이렇게 현지 직원들이나 인근 지역 주민들은 문화의 언어를 통해 실질적 요구를 하는 방법을 터득하는 것이다. 동인도네시아의 숨바 사회를 연구한 인류학자 웹 킨(Keane 1997, 2007)은 숨바 사회의 모든 경제적인 교환이나 의례적인 교환은 특정 기호나 상징으로 매개되는 기호학적인 과정임을 밝힌 바 있는데, 이와 마찬가지로 자바에 위치한 삼익과 현지인들 간의 실질적인 거래는 문화나 종교라는 기호를 통해 이루어짐을 알 수 있다. 이는 바꾸어 말하면, 삼익의 지역공동체에 대한 물질적인 도움이 사회적 공헌으로 받아들여지기 위해서는 특정 상징이나 문화의 언어로 매개될 때에만 성공적이라는 점을 시사하기도 한다.

4. 효과적인 의사소통과 현지화를 위한 제언

이상으로 인도네시아에 진출한 한국 기업 중 삼익악기의 생산 현장에서 관찰되는 현지 언어 사용과 의사소통 양상을 살펴보았다. 여기서 한국인들이 사용하는 현지 언어는 공장이라는 공간에 한정되는, 지시와 확인이라는 구체적인 의사소통으로 구성되는 업무의 언어라는 성격을 강하게 가지고 있음을 알 수 있다. 또한 삼익의 모든 한국인 직원들이 현지어를 사용할 수 있다는 점에서 삼익은 이미 상당한 정도의 현지화를 이루었다고 할 수 있다. 생산 현장에서의 현지어의 사용은 한국어나 영어 등의 언어를 사용하여 의사소통하는 것보다 훨씬 더 효과적이고 효율적으로 현지 직원들과 의사소통을 할 수 있게 하며, 기업의 궁극적인 목표인 생산성의 극대화를 위한 효과적인 의사소통 방식이라고 파악된다(다른 사례로는 이정택 2012 참조). 이러한 것은 "신속하게" 또는 "직접적으로" 현장으로 파고들고자 하는 한국인 직원들의 끊임없는 노력의 결과이다. 또한 앞서 살펴봤듯이 대다수의 한국인 직원들은 여러 가지 방법으로 정보의 명시화 전략을 사용하면서 자신들의 현지어 사용 능력의 한계를 극복해왔으며, 이를 통해 작업의 효율성과 생산력의 향상을 이룰 수 있었다. 특히 현지어 사용의 실용성에 대한 가치는 업무의 지시와 확인이라는 의사소통에서 가장 강조되는 가치임을 알 수 있다. 동시에 삼익의 다양한 CSR 사업과 활동에서 나타나듯이 삼익은 현지 종교와 문화에 감수성을 지니고 있으며, 이러한 종교와 문화의 다양성을 존중해주는 측면에서도 상당한 현지화를 이루었다고 할 수 있다.

하지만 한국인 직원들은 지시와 확인이라는 업무상의 의사소통에 있어서는 성공적이었지만, 현지 직원들의 평가에 따르면 아직 관계를 위한 언어, 또는 문화의 언어에 있어서는 취약한 것으로 나타났다. 예를 들어 많은 현지 직원들은 "인도네시아인들은 부드럽고 약하지만^{lembut}, 한국인들은 직설적이고 강하다"고 이야기하면서, 그러한 직설적이고 강경한 태도는 현지 직원들에게 위협적인 요소로 작용할 수 있음을 이야기했다. 마찬가지로 많은 한국인 직원들이 자신의 현지어 능력을 공장이라는 공간에 한정된 언어 능력이라고 생각하며, 현지 직원들이나 주민들과의 의사소통에 있어서는 아직도 많이 부족하다는 것을 토로하곤 했다.

한편 한국인 직원들이 강조하는 실용과 효율성의 가치와는 달리 현지 직원들은 문화의 논리를 강조하면서 한국인 직원들의 의사소통 방식이 조금 더 관계 지향적이기를 바라는 경향이 있었다. 예를 들어 이들에게 한국인 식원들과의 대화는 단순한 업무상의 의사소통일 뿐만 아니라, 서로의 문화와 언어에 대하여 조금 더 알 수 있는 문화 간 의사소통의 기회이기도 한 것이다. 이러한 관계 지향적 의사소통이 부족한 이유로는 한국인 직원들이 대부분 생산 현장에서 현지어를 습득했고, 다른 여러 가지 문화적 상황에는 노출될 기회가 없었기 때문이라고 보인다. 예를 들어 최근에 고용된 몇몇 젊은 한국인 직원들의 경우 인도네시아 현지에서 언어 교육이나 연수를 받은 경험을 바탕으로 인도네시아어를 더욱 자유롭게 구사하며, 다른 현지 직원들과 업무 현장에서뿐만 아니라 비업무 현장에서도 친밀하게 의사소통을 하는 것을 관찰할 수 있었다. 따라서 앞으로 현지에서 태어나고 자란 한국인 직원이나, 한국어와 한국문화에 익숙한 현지 직원을 더욱 많이 고용하려는 삼익의 계획에 비추어본다면, 이러한 문제는 점차로 해결될 것이라고 보인다.

한편 삼익의 CSR 사업을 통한 현지 지역공동체와의 문화 간 의사소통에서는 또 다른 소통의 유형과 가치가 나타나는데, 한국인들에게는 문화의 논리가, 현지인들에게는 실용의 논리가 작동하는 경우이다. 예를 들어 삼익의 CSR 사업은 주로 교육과 종교를 매개로 이루어진다는 점, 나아가 교육의 경우에는 학생들의 취업이라는 실용적인 목표 이외에 그들의 꿈과 희망의 증진이라는 교육적 효과에 주목한다는 점에서 문화의 논리가 강조되고 있음을 알 수 있다. 반대로 삼익의 CSR 사업에 대하여 현지인들은 실용적인 목표를 추구하고 있는데, 예를 들어 기술학교 학생들에게는

3. 인도네시아 생산 현장에서의 말하기 | 강윤희

실질적인 취업의 기회를 주고, 지역의 서원에게는 재정적 지원을 제공해 줄 것을 기대하는 등 철저하게 실용성을 강조하고 있다.

　이러한 삼익의 사례에서 나타나듯이 한국인 직원들과 현지인들 사이의 의사소통 상황에서는 특정한 의사소통 유형이나 가치가 하나의 규범으로 강제되거나 당연하게 여겨지는 일종의 상호작용적 레짐interactional regime(Blommaert et al. 2005)으로 작동하게 된다. 즉 다양한 의사소통 상황에서 서로 다른 가치나 논리가 강조되므로 이러한 의사소통과 언어 사용 양식은 다분히 맥락적이고 상황 의존적이 되는 것이다. 예를 들어 업무상의 의사소통에서는 실용의 가치가 강조되지만, 한인 기업과 현지인들 간의 문화 간 의사소통에는 문화의 논리가 강조된다. 반대로 현지인들의 입장에서 보면 각각의 의사소통 상황에서 반대의 가치, 즉 업무의 상황에서는 문화의 가치가, 문화 간 의사소통에는 실용의 가치가 강조되기도 한다. 이러한 상이한 가치는 서로 배타적이기보다는 공존하는 것이며, 이들을 모두 충족할 수 있을 때 보다 효과적인 의사소통을 이룰 수 있을 것이다.

　따라서 보다 효과적인 소통과 현지화를 위해서 한국인 직원들에게 요구되는 것은 단순한 현지어의 언어 능력이 아니라 의사소통 능력communicative competence이며, 여기서 의사소통 능력이란 단순한 현지어에 대한 문법적 지식을 갖는 게 아니라 맥락에 따라 적절하게 언어를 사용할 수 있는 문화적 지식과 능력을 갖는 것을 말한다(Hymes 1971). 이러한 의사소통 능력의 향상을 위해서 한국인 직원들은 다양한 의사소통 상황에서 나타나는 현지인들의 상이한 가치에 대한 요구와 필요성을 이해해야 하며, 이를 위해서 듣는 능력을 향상하도록 노력해야 할 것이다. 실제로 많은 현지 직원들이 연구자와 면담을 하면서 자신들이 어떤 아이디어를 가지고 있어도 그것을 자유롭게 말하기가 어렵다는 이야기를 한 바 있는데, 이를 통해 알 수 있듯이 현지 직원늘이 지위를 막론하고 자유롭게 의견을 제시할 수 있는 제도적인 창구를 마련하는 것이 바람직할 것이다. 즉 지시와 확인과 같은 수직적 의사소통에 있어서는 한국인 직원들이 이미 효과적인 의사소통 전략과 능력을 갖추고 있다고 하더라도, 수평적 관계의 의사소통을 위해 더욱 노력해야 한다는 것이다. 이러한 방법으로 한국인들이 의사소통 능력을 더욱 향상시킨다면 보다 효과적인 의사소통의 현지화를 이룰 수 있을 것이다.

참고 문헌

김경. 2010. "언어 장벽과 사회적 지식이 해외자회사에 대한 지식 이전에 미치는 영향에 관한 실증 연구: 한국 기업의 베트남 자회사를 중심으로".『국제경영리뷰』14(2). 51~77쪽.

김형준. 2008. "인도네시아 자바인의 수평적 사회관계: 루꾼 개념을 중심으로".『동남아시아연구』 18(2). 1~32쪽.

이정택. 2012. "베트남 진출 한인 기업의 한국어 및 한국어교육에 대한 인식 조사-기업 주도 한국 어 교육의 진흥을 위해".『외국어로서의 한국어 교육』37. 303~324쪽.

Blommaert, J. Collins, J. & Slembrouck, S. 2005. Polycentricity and interactional regimes in 'global neighborhoods'. *Ethnography* 6(2). pp. 205~235.

Keane, W. 1997. *Signs of Recognition: Powers and Harzards of Representation in an Indonesian Society*. Berkeley: University of California Press.

―――. 2008. Market, materiality and moral metalanguage, *Anthropological Theory* 8(1). pp. 27~42.

Hymes, D. 1971. On communicative competence, reprinted in John B. Pride and Janet Holmes(eds). *Directions in Sociolinguistics*, New York: Holt, Rinehart and Winston, pp. 35~71.

Schieffelin, B. Woolard, K., Kroskrity, P.(eds.). 1998. *Language Ideologies: Practice and Theory*. New York: Oxford University Press.

Urban, G. & Koh, K. 2013. Ethnographic research on modern business corporations. *Annual Review of Anthropology* 42. pp. 139~158.

서울경제. 2011. 02. 11. "20~30대 기술자 공장 곳곳에…… 생산성 '넘버원': 삼익악기 인 도네시아 공장 가보니……." http://economy.hankooki.com/lpage/industry/201102/ e2011022111403647730.htm

삼익악기 공식 홈페이지. http://samick.co.kr/total_html/chap01_total04.html

삼익악기 자체 홍보물.『삼익악기 소개』

4

산림개발 기업과 지역사회 공존의 과제

인도네시아 코린도의 사례

엄은희

코린도에서의 현지조사는 2013년 2월과 7월에 걸쳐 집중적으로 이루어졌다. 본 조사를 허락하고 현장 방문과 인터뷰를 위해 협조해주신 코린도 그룹 인사총무과의 이순형 상무, 우태규 차장, 김진우 과장, 아시끼 사업장의 진영산 본부장님과 칼리만탄 조림본부의 김영철 상무님께 감사의 뜻을 전한다.

한반도의 9배에 달하는 적도의 도서대국 인도네시아는 전 국토의 약 68퍼센트인 약 13억 3000헥타르가 산림으로 이루어져 있으며, 규모 면에서 브라질과 콩고 공화국에 이어 세계 3위의 열대 산림자원 보유국이다. 풍부한 산림자원을 바탕으로 동남아시아 최대의 임산물 생산국의 지위를 차지하고 있고, 임업 부문의 고용 인원만 300만 명에 달할 정도로 국가 경제에서 차지하는 비중도 매우 높다(녹색사업단 2013). 이처럼 풍부한 인도네시아의 산림자원은 1960년대 말부터 한국의 민간 기업들과 한국 정부를 인도네시아로 끌어들인 원천이었다. 인도네시아는 현재 한국 정부가 유일하게 산림청 소속 공무원인 임무관林務官을 파견하고 있는 나라인데, 이는 한국과 인도네시아 간의 외교 및 경제교류에 있어 산림 분야의 협력이 얼마나 중요한지를 보여주는 대목이다(산림청 2013).

코린도 그룹KORINDO Group(이하 코린도)은 1969년 인도네시아에 진출한 한국 기업으로 산림 부문 자원개발을 주력으로 삼고 있는 기업이다.[1] 비슷한 시기 인도네시아에 진출한 다른 나라 기업들과 마찬가지로 한국 기업들도 경제 발전에 필요한 1차 천연자원인 목재·원유·석탄·사탕수수·고무 등의 원료 획득을 주목적으로 삼았다. 그런데 이즈음 한국 기업의 인도네시아 산림 부문 진출은 기존의 원재료 수입 방식에서 벗어나 외국

---

1 코린도라는 회사명은 한국Korea과 인도네시아Indonesia의 앞 글자에서 따온 것이다.

에 자회사를 설립하여 직접 경영을 수행하는 해외직접투자^{FDI: Foreign Direct} Investment 방식으로 이루어졌다는 점에서 한국 기업 해외진출사의 첫 페이지를 차지하는 역사적 의의를 지닌다(전제성·유완또 2013). 1968년 한국남방개발^{KODEC}(이하 코데코)이 한국의 해외투자 제1호 기업으로 인도네시아 산림개발업에 진출했으며, 이듬해 현 코린도의 전신^{前身}인 인니동화가 동일 업종에 뛰어들면서 한국 기업에 의한 인도네시아 산림 직접개발의 시대가 열리게 되었다. 두 기업 외에도 전성기 시절 인도네시아 산림개발에 진출했던 한국 기업은 총 7개 업체나 되었지만 현재까지 산림 분야 사업을 지속하고 있는 사업체는 코린도가 유일하다.

이 글은 인도네시아의 대표적인 한국 기업인 코린도 기업을 사례로 이 기업의 주된 사업 영역인 산림자원의 개발 현장과 인근 지역사회와의 관계를 살펴보는 것을 목적으로 한다. 이를 위해 코린도가 인위적으로 조성한 기업형 타운인 "코린도타운^{KORINDO town}"이 어떻게 형성되었고 변화되어 왔는지를 집중적인 현지조사를 통해 살펴보았다. 코린도타운은 산림자원 개발 사업장의 운영과 노동력의 유지를 위해 코린도가 만든, 한국인 관리자 및 현지인 직원과 그 가족들이 생활하는 주거시설과 종교, 교육, 상업시설을 포함하는 복합 커뮤니티를 의미한다. 코린도는 신규 사업을 계획하거나 사업 현장을 개발하는 과정에서 이러한 기업형 타운을 함께 조성해왔다. 하지만 코린도의 자원개발 현장에는 인위적으로 만든 사택촌만 있는 것이 아니다. 그 외에도 토착 원주민 마을, 원주민 재정착 마을, 정부 정책에 따른 이주민 마을, 상권 형성에 따른 자연발생적 마을 등이 인위적 혹은 자연발생적으로 형성되어 코린도타운과 공진화하는 과정을 거쳤고, 따라서 코린도의 사업 현장 인근의 지역사회에는 훨씬 더 복잡한 사회적 관계망이 형성되어 있다.

열대우림지역에서 원목을 생산하며 자연경관을 산업경관으로 변화시키는 산림개발 사업은 필연적으로 사회적·환경적 논란으로부터 자유롭기 어렵다. 인도네시아는 여전히 산림대국의 지위를 누리고는 있지만 지난 40여 년간 정부의 만연한 부정부패와 기업들의 단기 이익 추구로 인해 파괴적인 행태의 산림개발이 이루어졌으며, 최근에는 세계에서 가장 빠르게 열대림이 감소되는 국가라는 오명을 얻었다(News1 2014. 06. 30). 과거에는 경제성장을 위한 일정 정도의 환경 훼손은 불가피하다는 논리가 설득력을 얻기도 했지만, 기후 변화의 위협, 시민사회의 성장, 환경에 대한 관심이 지속적으로 고조되는 가운데 산림자원 개발 기업들은 점점 더 과거에 비해 훨씬 높은 수준의 사회적 책무를 요구받고 있다. 코린도 역시 이와 같은 안팎의 도전 과제에 직면하여 환경적으로 지속 가능한 산림경영과 사회적으로 수용 가능한 기업의 사회적 책임을 요구받고 있다. 이 글은 코린도의 파푸아 사업 현장과 지역사회의 관계를 중심으로 이러한 사회적 요구를 둘러싼 상호작용을 살펴볼 것이다.

필자는 본 연구를 위해 2013년에 총 3회에 걸쳐 인도네시아를 방문했으며, 약 30여 일에 걸쳐 코린도의 다양한 사업 현장에서 현지조사를 진행했다. 조사 기간 동안 자카르타의 코린도 본사 및 칼리만탄, 파푸아, 보고르 등지의 코린도 사업장에서 사업시설을 탐방하고 관계자들과 인터뷰를 수행했다. 인터뷰 대상자들은 코린도의 한국인 임직원, 현지 직원, 사업 현장 인근의 지역 주민과 같은 코린도 관련 인물들과 한국 정부, 인도네시아 정부, 현지 한인 및 기업인, NGO 활동가 등이 망라되었으며 최대한 다양한 목소리를 듣기 위해 노력했다. 이상의 과정은 40여 년간 인도네시아에서 쌓아온 코린도라는 한 기업의 역사와 그 과정에서 축적해온 경험을 압축적으로 이해할 수 있는 시간이 되었다. 하지만 이 글은 지면상의 제약으로 인해 코린도 파푸아 사업장을 중심으로 "자원개발 기업과 지역사회의 관계"라는 주제를 한정적으로 다룬다.

1. 코린도의 인도네시아 진출과 현지화 과정

코린도는 원목사업을 출발점으로 삼아 1980년대 이후로는 제화, 제지, 금융, 중장비 등 사업 영역을 다각화하면서 성장해 인도네시아의 대표적인 한국 기업으로 자리매김했다. 1990년대 이후에는 한국 교민과 현지 진출 기업인들의 권익 증진을 위해 인도네시아 한인회의 안정화를 꾀하고 한인상공회의소^{KOCHAM Indonesia}의 설립에 기여하는 등 인도네시아 한국 기업들의 "맏형" 노릇을 꾸준히 해오는 것으로 인정받고 있다.

현재 코린도는 9개 사업 부문의 40여 개 계열사를 거느린 기업 그룹으로, 주요 사업 부문은 자원사업부(조림, 팜오일, 고무, 합판 등), 제지사업부(신문 용지), 중공업사업부(상용 특장차, 플랜트) 그리고 물류, 금융, 무역, 부동산과 같은 사업 서비스 부문까지 망라되어 있다. 하지만 기업의 주력은 여전히 산림에 기초한 자원사업 부문에서 나온다.

코린도는 한국의 모기업이 설립한 현지법인이 아니라 인도네시아에 본사가 있는 기업이다. 인도네시아 투자청에는 외국인 투자회사로 등록되어 있으며, 대주주와 핵심 관리자들이 한국인인 한국 기업이다. 2013

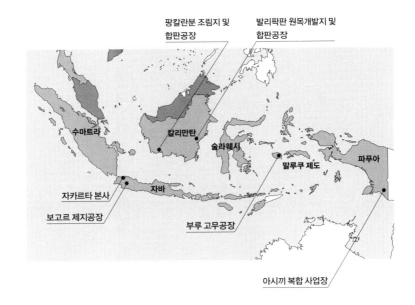

팡칼란분 조림지 및
합판공장

발리파판 원목개발지 및
합판공장

수마트라

칼리만탄

술라웨시

말루쿠 제도

파푸아

자카르타 본사

자바

보고르 제지공장

부루 고무공장

아시끼 복합 사업장

인도네시아 코린도 주요 사업장의 위치

년 8월 기준으로 그룹 전체 직원 수는 약 2만 7000명가량이며, 한국인을 포함한 외국인 관리자는 280명 내외이다. 한국인 임직원 중 상당수가 10~40년까지 근속 혹은 인도네시아에서 활동한 이력을 가지고 있다.

1) 진출

코린도 그룹은 코데코와 함께 초기 인도네시아 한국 기업사의 첫 페이지를 차지하는 기업이다. 두 기업은 인도네시아의 풍부한 산림자원을 바탕으로 벌목사업에 진출한 후 인도네시아의 제도적 변화에 선도적으로 대응하여 합판제조업을 병설했고 이를 바탕으로 인도네시아에서의 기업 환경에 안정적으로 뿌리를 내렸다. 두 기업 모두 기업의 본체가 한국에 있지 않고 인도네시아에 있으며 그곳에서 성장했다는 점에서 한국 기업이라기보다는 한국계 인도네시아 기업으로 볼 수 있다. 코린도에게 있어 인도네시아는 기업의 "진출지"라기보다는 "출발지"(송도영·전경수 1998: 262)이며, 따라서 기업 문화의 측면에서 한국에 본사를 두고 지사를 설립해 직원을 파견하는 형태의 다른 한국 기업들과 차이가 있다.[2]

코데코와 코린도를 비롯하여 1960년대 말에서 1970년대 초반까지 한국 기업이 인도네시아에 진출한 데에는 한국과 인도네시아 양국의 대외

---

[2] 대부분의 해외진출 한국 기업들은 본사의 직원을 일정 기간(통상 3년) 주재원으로 현지에 파견하며, 현지 근무 후 한국으로 귀환하게 하는 순환근무의 패턴을 채택한다. 하지만 코린도는 입사와 동시에 삶의 터전을 인도네시아로 옮기고, 스스로 퇴사를 하지 않는 이상 평생직장에 준하는 장기근속의 문화를 지니고 있다. 임원 중에는 인도네시아 국적 취득자가 10여 명 정도 존재한다. 국적 변경은, 특정 산업 부문에서 외국인과 내국인을 차별하는 인도네시아 법률상의 제약을 돌파하려는, 회사의 운영상의 필요에 따른 결정이었다. 하지만 국적 변경을 한 임직원들은 인도네시아를 제2의 고향이자 퇴직 후에도 영구적으로 살아갈 새로운 삶의 터전으로 인식하기 때문에 자발적 전환을 택한 경우가 대부분이다(W차장과의 인터뷰).

경제 정책에서의 변화가 있었기 때문에 가능했다. 한국 기업들이 인도네시아 산림 부문에 진출하게 된 배경은 1960년대 이후 산업화를 추진해온 국가의 정치경제학적 맥락과 연결해 이해할 필요가 있다.

먼저 한국 정부는 1960년대 말까지 만성적인 국제수지 적자와 국내 자본과 기술의 해외 유출을 우려하여 국내 자본의 해외투자를 제한하고 있었다. 대부분의 후발 산업국가들이 수입대체산업화를 추구했던 것과는 다르게 당시 산업화 초기 단계에 있었던 한국은 초기부터 수출입국輸出立國을 목표로 삼으며 가공무역에 전념했다. 1950년대 1차 산업인 농산품과 건어물과 같은 상품 수출 시기를 거쳐, 1960년대 본격적으로 노동력이 풍부한 도시 지역을 중심으로 섬유, 신발, 가발 등 경공업이 발전했으며, 인천과 부산의 항만 지역을 중심으로는 합판제조업이 크게 성장했다.[3] 1970년대 초에서 80년대 초까지 한국의 합판산업은 "나무 없는 나라에서 나무를 원료로 연간 근 1억 달러를 벌어들이는 기적"(동아일보 1970. 08. 10)을 낳은 업종으로, 중화학공업이 본격화되기 전 산업화를 이끄는 기간산업基幹産業으로서의 지위를 구가하고 있었다. 한국 합판산업의 원료는 대부분이 동남아시아 열대 나왕목의 수입에 의존하고 있었다. 그런데 1960년대에 최대의 수입선이었던 필리핀이 1970년부터 원목 수출 금지를 단행하면서, 산업정책을 총괄하는 정부와 기업들은 새로운 해외 원목 수급지를 필요로 하게 되었다. 필리핀과 말레이시아와 비교하면 거리가 멀었지만 보다 풍부한 산림자원을 보유한 인도네시아가 새로운 대안으

---

3   한국무역협회 홈페이지, http://www.kita.net/kitaprcenter/export/03/1192342_3021.jsp

로 부상하게 되었다. 그런데 이 과정에서 단순히 수입선을 돌리는 것을 넘어 인도네시아에서 한국 정부나 기업이 직접 산림을 개발하는 직접투자가 고려되었다. 동남아시아의 원목 수출국들을 중심으로 산림 부문에서도 "자원 민족주의"가 태동하던 시기에, 해외 기업이 생산한 원목을 단순 수입하는 것보다는 직접 개발하는 것이 원료의 안정적 공급에 더 효율적이라는 산업계의 요구가 있었기 때문이다. 이러한 상황에서 한국 정부는 1968년 외국환 관리규정에 "대외투자"라는 장을 신설했으며, 자원개발, 원자재 확보, 수출 촉진 등의 부문에서 제한적이지만 해외투자가 시작될 수 있었다(박영렬 외 2011: 79).

다른 한편 인도네시아는 1966년 수하르토 집권 이후 사회정치적 혼란을 극복하고 경제개발을 위한 재원 마련을 위해 산업화 정책에 박차를 가하게 되었다. 산업화의 발판으로 인도네시아 최대의 자원인 광물, 원유, 산림 부문에서 각각의 개발 계획이 입안되기 시작했다. 산림 부문에서는 산림기본법(1967년), 해외투자법(1967년), 국내투자법(1969년), 산림개발권에 관한 법령(1970년)을 차례로 마련하면서 국내외 투자자들을 인도네시아의 산림개발에 뛰어들게 만드는 다양한 유인책을 차례로 도입했다. 산림개발은 막대한 이윤이 보장되지만 막대한 초기 투자를 요하기 때문에, 인도네시아 정부는 산림개발에 필요한 재원은 주로 외국인 투자 유치를 통해 해결하려고 계획했다. 1967년 인도네시아 국영기업에 의해 최초의 산림개발 회사가 동부 칼리만탄에서 산림개발을 시작했으며, 인도네시아 정부의 강력한 정책과 여러 유인책에 힘입어 다수의 해외 기업이 단독 혹은 인도네시아 기업과의 합작으로 칼리만탄 섬과 수마트라 섬을 중심

4. 산림개발 기업과 지역사회 공존의 과제 | 엄은희

으로 산림개발에 뛰어들었다.

한국 기업들도 이러한 흐름에 힘입어 인도네시아의 산림개발 사업에 착수하게 되었다. 가장 먼저 제1호 해외투자 기업인 코데코가 1968년 2월 한국 정부로부터 450만 달러의 해외투자 허가를 발부받아 남부 칼리만탄 코타바루 바투리진에 27만 헥타르의 임지를 단독투자 형태로 확보해 개발에 착수하면서 인도네시아 산림개발 진출의 선두주자가 되었다. 그 뒤를 이어 1969년 인니동화(현 코린도)가 동부 칼리만탄 발리팍판에 12만 헥타르, 1970년 경남교역이 동부 칼리만탄 타라칸에 20만 헥타르, 1973년 에는 한니흥업이 중부 칼리만탄 라만다우 강 유역에 10만 헥타르, 1976년 말에는 아주임업이 서부 칼리만탄 메라웨이 강 유역에 11.5만 헥타르의 천연림 개발에 착수하면서 한인 기업에 의한 인도네시아 산림개발 붐이 형성되었다(녹색사업단 2013). 한국 기업들에 의해 개발된 산판에서 생산된 원목은 대부분 한국으로 수출되었고, 한국은 안정된 원자재 공급을 발판으로 1970년대 세계 합판산업의 선두 국가의 지위에 오를 수 있었다.

2) 사업 영역의 확장과 분화―원목에서 팜오일까지

(1) 시작은 원목에서

코린도는 1969년 인니동화라는 기업명으로 동부 칼리만탄 발리팍판에 12만 헥타르 규모의 산림개발 허가를 획득하여 1971년부터 개발에 착수했고, 1974년에는 중부 칼리만탄 팡칼란분의 허가권 획득 후 1976년부터 원목 생산 체제에 접어들었다. 인니동화는 한국의 대표적인 목재상이었던 동화기업의 현지법인으로 발리팍판 사업장을 개발 및 운영했지만,

1970년대 말 코린도의 원목개발 현장. ⓒ코린도

1976년 시작된 팡칼란분 사업장에서부터는 한국과 인도네시아의 머리 글자를 딴 코린도라는 회사명이 사용되기 시작했다.[4] 원목사업으로 축적한 자본과 경험을 바탕으로 코린도는 다양한 사업 영역으로 확장했다. 현재 코린도는 9개 사업 부문의 40여 개 계열사를 거느린 기업 그룹이지만, 기업의 주력은 여전히 산림개발과 경영에 있다. 1992년에는 파푸아 주 메라우케Merauke 군과 보벤디굴Boven Digoel 군에 새로운 임지를 확보하고 1993년부터 원목 생산을 시작했다. 기억해야 할 점은 코린도의 산림 유관 사업은 언제나 천연림 경영forestry management, 즉 원목개발에서 시작된다는 점이다.

(2) 합판공장 전성시대

1973년 중동에서 석유파동이 발생한 이후 동남아시아의 산림대국들도 산림자원의 중요성에 새롭게 눈뜨기 시작했다. 인도네시아에서도 기존의 원목의 개발과 수출을 넘어서 목재 가공업의 육성을 통해 자국 내 부가가치 생산력을 높이는 방향으로 관심을 돌리게 된 것이다. 이에 1974년부터 인도네시아 정부는 외국인 기업과 합작하여 원목을 개발하는 합작회사 설립을 금지하고 신규 외국인 투자를 불허했다. 나아가 산림 파괴

4　승은호 회장의 설명에 따르면, 1975년 박정희 정권 치하에서 한국의 모기업인 동화기업은 사정기관으로부터 전 중앙정보부장 김형욱과 연관된 혐의에 따라 집중적인 조사를 받았고, 결국 탈세 혐의로 대표는 구속되고 회사는 부도나게 되었다. 당시 인도네시아의 인니동화도 현지 파견된 한국외환은행의 관리로 넘어가게 되면서, 인니동화의 이름으로는 더는 사업이 불가능한 상황이 되었다. 다행히 별도의 회사 명의로 팡칼란분의 벌채권은 유지되고 있었고, 당시 친분이 있던 한 일본 기업의 신용대출로 코린도라는 회사를 재설립하여 1976년 팡칼란분 산림개발에 착수하게 되었다(KBS 2012). 이상락(2000)은 승은호와의 인터뷰에서 이 당시 코린도를 "망명 기업"으로 묘사했다.

에 대한 국내외의 우려가 높아짐에 따라 임산자원 보호정책을 강화했고, 1970년대 말부터 원목 금수禁輸 조치의 개시를 여러 차례에 걸쳐 표명했다. 1980년대 이후 원목개발업체들은 큰 위기를 맞이했다. 인도네시아 정부가 1980년부터 원목 수출을 제한하고 가공품을 수출하도록 규제했고, 1984년에는 원목 수출을 전면 금지했기 때문이다. 이에 따라 합판공장을 짓지 못했던 원목개발업체는 도산하거나 다른 업종으로 전환할 수밖에 없었다.

> 70년대 말부터 인도네시아 정부가 합판공장을 지어라, 조만간 원목 쿼터는 막힌다고 말했지만, 원목이 워낙에 돈이 많이 되는 사업인지라, 그건 정부 정책이고 로비하고 버틸 때까지 버티면 된다, 그런 회사들도 있었죠. 우리는 "빨리 전환을 해야겠다." 그렇게 생각한 회사고. 다른 회사들은 흉내만 내다가 문 닫은 회사도 있어요. 합판공장을 지어야 원목 수출 허가를 계속 준다니 시늉으로 조그맣게 지어놓고 엉터리 기계 가져다놓고. 합판 생산은 하지만 시원찮게 나오는 거지. 그런데 우리는 원목 수출 안 하고 합판으로 승부를 보겠다고 제대로 된 기계를 가져다놓은 경우죠. 그러니까 성공한 거예요(K부회장과의 인터뷰).

1985년 원목 금수 조치 이후 기존의 한국계 원목개발 회사들 중 합판공장을 소유한 코린도와 코데코 정도의 기업들만이 원목개발 사업을 지속할 수 있었다. 하지만 한국 기업이 설립한 합판공장은 인도네시아 기업으로 분류되었고, 인도네시아의 이러한 조치는 세계 합판업계에서 인도네시아의 위상을 다르게 만들었다. 원목 금수 조치 이후 인도네시아의 합판 생산량과 수출량은 꾸준히 늘어갔으며, 마침내 1990년도 중반에는 일본, 한국, 말레이시아, 필리핀 등 인근 국가들을 제치고 합판 수출 1위의 자리에 올랐다.

인도네시아의 합판산업은 1993년 최고조에 달했다. 당시 합판산업의 고용 인원은 45만 5000명에 달했으며, 연간 생산량은 1000만 세제곱미터로 생산량의 90퍼센트는 수출용으로 가공되었다.[5] 이로써 코린도는 벌목과 수송 및 합판 제조를 일괄 연속 공정으로 만들어 수직적 통합 생산 체제를 갖추게 되었고, 이렇게 생산된 합판은 대부분 해외 건설시장으로 수출됨으로써 인도네시아 경제성장에도 큰 기여를 하게 되었다. 2009년 기준으로 코린도는 칼리만탄의 발리팍판과 팡칼란분, 파푸아의 아시끼 지역 3개 공장에 총 20개의 합판 생산 라인을 갖추고 있으며, 연간 57만 세제곱미터의 합판을 생산하고, 생산량의 98퍼센트를 유럽, 일본, 중동 등에 수출하고 있다(코린도 그룹 2011). 현재 인도네시아 합판 총 생산량 중 코린도 그룹이 차지하는 비중은 약 30퍼센트에 해당한다.

(3) 천연림 개발에서 조림경영으로

열대림 개발에 대한 국내외적 우려가 심화되고, 천연 열대림의 훼손과 황폐화가 이슈가 됨에 따라, 인도네시아 정부도 과거 목재 생산과 같은 이용

---

5   FORDAQ의 홈페이지(http://www.fordaq.com/fordaq/news/sawnwood_logprices_19539.html). 하지만 그 후 생산량은 감소했는데, 특히 1997년 외환위기 이후에는 세계 경기가 변동함에 따라 생산량은 줄어들었다. 2008년 연간 생산량은 310만 세제곱미터였으며, 이 중 수출 물량은 250만 세제곱미터였다.

가치로 산림을 평가하던 방식에서 산림의 총체적 가치로 관심이 옮겨가기 시작했다. 이에 따라 1990년대 중반 이래로 천연림을 지속적으로 관리하고 인공조림을 확대하는 정책을 추진하게 되었다. 하지만 인도네시아 정부의 야심찬 조림정책은 실효성 면에서 거의 실패한 정책으로 평가받고 있다. 조림정책이 도입된 지 만 10년을 맞이하여 실시한 조림 용도별 경영 상태에 대한 조사연구에 따르면, 2000년 당시 정상적으로 경영되고 있던 조림회사는 용재수 조림의 경우 18퍼센트, 펄프 조림의 경우 31퍼센트, 이주정책 조림의 경우 42퍼센트뿐이었다(김훈 2004). 조림 허가를 획득한 회사들 중 조림 작업을 아예 실시하지 않았거나 작업 중단 상태인 회사가 절반이 넘었던 것이다. 대부분의 기업이 택벌 후 조림의 원칙을 간과하거나 조림면허를 받은 후에도 비용이 더 적게 드는 원목개발에 치중했지만, 코린도는 의무 조림을 넘어 조림을 통해 천연림을 보호하고 입목 생산성을 유지하는 두 마리 토끼를 다 잡은 드문 사례로 꼽힌 바 있다(Ministry of Forestry 2005).

나무 넘어지는 거 보면 가슴 안 아픈 사람 없어요. 여기 파푸아에서 계속 원목개발 업무 하라고 했으면 안 들어왔을 거예요. 나무 심는다고 하니까 다시 일하는 거지. 내가 베어낸 나무의 열 배는 다시 심자, 그런 생각으로 재입사했어요.

원목개발도 자원개발이니까 추출산업이지요. 90년대 넘어서니까 산림 파괴가 너무 심한 거예요. 35년 윤벌기 지키면 지속 가능하도록 산림개발법도 바꿨지만 그게 되나. 그래서 90년대 중반부터는 추출산업 더하기, 조림을 하든

4. 산림개발 기업과 지역사회 공존의 과제 | 엄은희

농사를 짓든(팜오일) 그런 식으로 정책을 바꾼 거죠(K부장와의 인터뷰).[6]

코린도는 1998년 중부 칼리만탄 팡칼란분에 9만 4384헥타르의 조림면허를 획득하여 1999년부터 클론임업과 집약조림 방식에 따라 조림지 조성을 시작했다(김훈 2004). 2007년부터는 조림목을 생산하기 시작하여 연계산업이나 그룹 내 기업인 팡칼란분 합판공장에 원료를 공급해왔으며, 최근에는 한 일본 업체와 합작으로 펄프용재 생산과 우드칩과 우드펠렛을 전문 생산하는 새로운 칩밀chip mill을 건설함으로써, 목가공 부문의 수직 계열화를 확장했다. 최근 연료 및 산업원료로써 바이오매스에 대한 수요가 증대되는 상황에서 조림원목을 활용한 칩밀공장의 설립은 천연림 보존, 목재 폐기물 감소, 원료 사용의 극대화에 기여하는 활동으로 주목받고 있다.

(4) 벌목기업에서 농업복합기업으로―팜 플랜테이션 진출

코린도는 1993년 파푸아 아시끼 지역의 산림개발 허가권을 획득한 기존 업체 두 곳으로부터 사업권을 인수받아 파푸아 원목개발 사업을 개시했고 이듬해 합판공장을 신규 건설하여 합판산업의 총 규모를 확대했다. 그에 더하여 파푸아 진출을 기점으로 코린도는 새로운 사업 영역을 개척하기 시작하는데, 팜오일 플랜테이션이 바로 그것이다.

---

6 본 인용문의 인터뷰 대상인 K부장은 1990년도 팡칼란분 원목 현장으로 입사해 10년간 원목개발 업무를 담당하다 퇴사했다가 2008년 재입사한 부장급 관리자로 현재 파푸아 사업장에서 산업조림과 팜오일 플랜테이션 면허 획득과 관련된 업무를 담당하고 있다.

팜은 농사다 보니 원목개발이나 조림하고 정말 달랐어요. 고향에서 농사를 지어보기는 했지만, 이건 규모가 다르잖아. 지역도 계속 시끄럽고, 인력은 없고, 계획대로 되는 게 별로 없었지요. 너무 힘들어서 면허concession를 팔아야지 생각을 한 적도 있었죠. 그래도 99년에서 2001년까지 꾸준히 심었어요. 합판에서 번 돈 많이 집어넣었지. 그런데 팜 가격이 너무 떨어져 한동안은 식재도 중단했었지요. 그때는 어렵고 다른 계열사에 눈치도 보이고……. 그래도 팜이 언젠가는 된다는 본사의 지지가 있었어요. 2000년대 중반이 되니 팜 가격이 오르며 정말 좀 달라지더군요. 2005년부터 POP A(지구), POP B(지구)에 다시 (팜오일 나무를) 심기 시작했어요(L상무와의 인터뷰).

원목사업으로 파푸아에서 기반을 닦은 코린도는 기존에 시도하지 않았던 새로운 업종인 팜오일 플랜테이션에 도전하게 된다. 위의 인용문에서 볼 수 있듯 코린도의 팜오일 진출은 순조롭지 못했다. 신규 업종 진출에서 비롯된 낮은 숙련도와 1997년 불어닥친 외환위기로 인해 상당 기간 고전을 면치 못했다. 하지만 2000년대 중반 식물성 식용유와 화석연료의 대체제로서의 가능성에 힘입어 세계 시장에서 팜오일CPO: Crude Palm Oil의 수요가 늘어나게 되었고, 현재 파푸아의 팜오일 플랜테이션 사업장은 팡칼란분의 산업조림 사업장과 더불어 코린도의 미래가치이자 성장동력으로 기업의 집중 지원을 받고 있다. 하지만 위의 인터뷰가 말해주듯, 코린도가 아시끼에서 사업을 시작하고 팜오일 플랜테이션에 뛰어든 과정은 순탄치만은 않았다. 주요 사업 현장의 대부분을 외방도서의 오지에 두고 있는 코린도는 인도네시아에 진출한 한국 기업들로부터 "거의 인도네시아 기업"이라는 말을 들을 정도로 다양한 지역에서 사업장을 펼치며 현지 인력관리의 깊이 있는 노하우를 축적해온 기업이다. 그러나 코린도에게도 파푸아 진출은 여러 측면에서 새로운 도전임에 분명했을 것이다.

2. 산림자원 개발 기업과 기업형 타운의 등장

1) 기업형 타운의 형성 과정

코린도타운과 유사한 기업형 타운company town의 원형은 근대화 초기 단계에 별다른 도시시설을 전혀 갖추지 못했지만 특정 산업 활동의 입지가 결정되어 대규모 신규 투자greenfield investment가 이루어지는 지역에서 찾아볼 수 있다. 1920년대 미국에서는 광업, 특히 석탄채굴 회사들이 생산성 향상과 노동력 유인을 위해 자사 노동자들에게 주거 기능은 물론 이에 필요한 제반 서비스 기능, 즉 유통, 상업, 치안, 상하수도, 쓰레기의 수거 및 처리 등 정주에 필요한 제반 기능을 제공하는 사택촌을 건설했던 사례가 대표적이다(Boyd 2005). 광산촌 외에도 사탕수수나 목화 플랜테이션의 가공시설mill을 중심으로 한 제분소 타운, 혹은 주요 철도역을 중심으로 방사형으로 발달해간 철도 타운과 같이 특정 산업 기능이 집중되는 지점들을 중심으로 단일산업 기능이 집적되어 점차 도시로 발전하는 사례가 다수 존재한다(Lucas and Tepperman 2008). 철강, 석유화학, 자동차와 같이 중후장대형 산업의 대단위 공장입지에 따라 특정 지역의 노동력 수요가 급증한 경우에도 제조업 대공장을 중심으로 새로운 기업형 도시들이 만들어지곤 했다. 한국에서도 1960~70년대까지 태백과 보령을 중심으로 탄광촌이 형성된 바 있고, 1970년대 말 이래로 수출자유지역이나 중화학공업벨트가 위치한 남동해안을 따라 중공업 부문의 대공장들이 입지함에 따라 작은 어촌 마을이 기업형 도시로 성장한 사례를 찾아볼 수 있다(박배균 외 2014).

탄광이나 산림개발과 같은 자원개발 사업장에서 기업형 도시가 만들어지는 과정은 유사한 경로를 따른다. 먼저 탄광 면허나 산림개발 허가권이 발부된 지역에는 막대한 자본투자와 함께 운송을 위한 도로, 다리, 항만과 같은 지리적으로 고정된 인프라가 설치되면서 새로운 산업경관이 형성된다. 대부분의 탄광이나 산림개발 현장은 자원은 풍부하지만 개발의 손길이 닿지 않았던 산간오지이며, 채굴에서 수송과 가공에 이르는 일련의 공정에 육중한 장비가 동원되거나 다양한 설비가 구축되어야 하므로 막대한 자본의 투여가 요구된다. 그런데 이러한 인프라 조성이나 산업의 형성은 근대화를 견인하는 원동력이지만 조업의 특성상 일정 수준 이상의 노동 규모와 질을 유지해야 하는 것이 필수적이다. 따라서 이러한 산업경관은 단지 새롭게 조성된 산업 인프라의 물리적 특성뿐 아니라 신규 진입한 대규모 노동력을 위한 집합적 재생산 공간으로서 수요도 발생한다. 결과적으로 자원개발 현장은 기업의 경영 활동에 필요한 물적 인프라를 밑바탕으로 생산 활동에 투입된 노동력의 작업 손길이 더해지고, 더 나아가 노동 과정 재생산을 위한 일련의 소비 활동(주거, 교육, 상업, 종교 및 문화생활)을 위한 시설이 조성되면서 독립된 타운이나 도시로 성장하게 된다.

물론 노동자와 그 가족을 위한 주거 및 소비 공간이 처음부터 계획적으로 만들어지는 것은 아니다. 애초에 오지의 작업환경은 열악하기 짝이 없지만, 별다른 현금 소득원이 없는 소작농이나 일용직 노동자들은 현금이 도는 산업 현장으로 몰려들게 된다. 산업 경기가 활황 국면에 접어들면 타지에서 구직자들이 대거 몰려들게 되고, 이에 따라 과밀 인구를 수용하는 문제는 노동자들의 자구책을 넘어 기업 차원의 대응 과제로 전환된다. 양질의 노동력의 확보와 유지를 위한 필연적인 수순이기 때문이다. 거주 문제를 해결하기 위해 기업이 직접 사택 건립에 나서게 되면, 불규칙하게 형성된 기존의 주거 형태는 좀 더 질서 있는 계획형 주거단지로 진화하게 된다(홍금수 2014).

2) 인도네시아 산림자원 개발과 지역사회의 변화

열대지방에 위치한 개발도상국에서 산림개발은 단순히 산림자원을 추출하여 개발 이익을 취하는 것에 그치지 않으며, 종종 지역개발을 위한 전초전으로 활용된다. 산림개발은 일차적으로 벌목으로 경제성 있는 원목을 생산하는 과정이지만, 목재 가공산업, 농업개발, 광물채취, 상업적 조림 등의 후방연계 산업들을 일으키기 위한 사전 작업이며, 장기적으로는 산림개발의 과정에서 제조업과 상업 등의 발전으로 이어질 경우 새로운 지역사회 및 경제권역 형성에도 이바지할 것으로 기대되어 왔다(whitemore and Sayer 1992).

인도네시아에서는 산업화가 본격화된 1960년대 이후 정부 주도의 산림자원 개발을 통해 경제개발의 초석을 다지고자 했으며, 산림개발은 열대우림이 풍부한 칼리만탄과 수마트라에 집중되었다. 1960년대 이전에는 섬의 대부분이 열대우림으로 덮여 있던 이 두 섬은 지난 40여 년 동안 집중적인 산림개발을 한 결과 급격한 경관 변화를 겪어왔다. 인도네시아 정부는 자국의 산림 비율을 65퍼센트 이상이라 주장하고 있지만, 유엔 식량농업기구의 평가에 따르면 인도네시아의 산림 면적은 61.7퍼센트(1990), 51.8퍼센트(2000), 46.8퍼센트(2005)까지 급감해왔다는 다소 비관적인 전망도 존재한다(FAO 2005). 1970~80년대 중반까지는 벌목에 따른 산림 훼손이 산림 면적 감소의 큰 부분을 차지했지만, 1990년대 이후에는 소규모의 산림 전용, 개발사업, 산림 훼손이 심한 벌목사업, 산불로 인한 산림 전용이 주를 이루었으며, 2000년대 이후에는 산업조림과 팜 플랜테이션의 확대가 산림 감소의 주요한 원인으로 지목되고 있다(백을선 외 2010).

하지만 경관의 변화 외에 지역의 사회문화적·인구학적 측면의 변화를 이해하기 위해서는 인도네시아 정부에 의해 추진되었던 "이주정책transmigrasi"을 별도로 살펴볼 필요가 있다. 산림개발이 이루어지는 열대우림은 개발기업의 입장에서 "진인미답의 땅"으로 종종 묘사되지만, 근대적 개발의 손길이 닿지 않았을 뿐 밀림은 다양한 토착 공동체의 삶의 터전이었다. 토착 공동체의 취락은 대체로 규모가 작고 산발적으로 분포되어 있으며, 주민들은 외부의 변화와 무관하게 수렵·채취 혹은 이동식 화전과 같은 생계경제subsistence economy에 기초한 자족적 삶을 영위했을 것이다.

그런데 산림개발의 과정은 이처럼 전근대적 삶을 살던 토착 원주민을 이중으로 소외시킨다. 원주민들이 세대를 이어오며 거주하던 숲이 어느 순간 정부에 의해 "생산 가능한 국유림"으로 지정되고 특정 기업에게 산림개발 허가까지 발부되면, 이들은 오랜 기간 영위해왔던 삶의 터전에 대한 접근권을 상실하게 된다. 1999년 인도네시아의 신산림법 제정으로 원주민 공동체의 삶의 공간이 관습림Hutan Adat 으로 일부 인정받기도 했지만, 그 이전에는 기업이 획득한 산림개발 허가권이 언제나 토착민들의 전통적인 산림 이용 권리보다 우위에 있었다. 따라서 산림개발의 현장에서는 산림개발 기업들과 산림을 생계의 원천으로 삼고 있는 지역공동체 간의 갈등이 매우 첨예하게 펼쳐지곤 했다(Tsing 2005). 다른 한편 산림개발 현장에서는 인구 밀도와 인구 구성의 변화가 발생한다. 기업의 진출로 새로운 일자리 수요가 발생하지만 전근대적 생활을 영위하던 토착 주민이 근대적 규율을 지켜야 하는 산업 현장에 곧바로 투입될 수는 없다. 따라서 신규 사업장의 노동력은 대부분 섬 밖에서 충원되고, 지역적 차원에서 원주민들의 대표성은 현저하게 줄어들게 되는 것이다.

외방도서 산림개발 현장에서 발생하는 인구학적 변화의 배경에는 인도네시아 정부의 "이주정책"과 경제적 이익을 좇은 자발적 이주가 복잡하게 뒤얽혀 있다. 수하르토 정부는 1969년 본격적인 산림개발 5개년 계획을 발표했는데, 이 계획의 핵심 정책 중 하나가 이주 프로그램이었다. 이주 프로그램의 대상자는 주로 자바의 농촌 지역에서 모집했고, 이들에게는 정도의 차이는 있지만 이주 비용과 초기 몇 달간의 정착 자금이 지원되었다.[7] 하지만 인도네시아의 이주정책은 자바의 무슬림 농민을 외방

---

7 압둘라에 따르면, 1905~1978년 사이 약 20만 6400가구(103만 2000명)의 자바인이 프로그램에 참여해 외방도서로 옮겨 갔다. 하지만 인도네시아 사회의 고질적인 문제, 예컨대 내부 조율의 부재, 기초 인프라 제공의 지연 등으로 인해 초기 이주자들은 매우 고통스러운 시간을 보내야만 했고, 많은 이주자들이 자바로 돌아오거나 이주지 인근의 대도시로 이동했다고 보고된다. 정부의 이주정책으로 자바의 빈곤층이 외방도서로 일부 이전했지만 목표치에 못 미치는 수준에 머물렀다고 평가된다(Abdoellah 1987).

도서로 이주시켜 농업생산을 증대하고 자바 문화(이슬람)를 확산하는 데 초점이 맞추어져 있어 산림개발 현장에서 필요로 하는 벌목조업이나 합판제조업을 위한 노동력을 충원하는 데는 큰 효과를 거두지 못한 것으로 평가된다. 산림개발과 유관 업종의 노동력은 오히려 인력송출 전문업체나 성실성을 인정받은 직원들이 고향의 친척이나 친구들을 추천의 형태로 불러들이는 비공식적 구인 활동에 의해 충원되는 경우가 훨씬 많았다. 하지만 인도네시아 정부는 언제나 산림개발, 이주정책, 지역개발을 상호 연계된 정책 패키지로 제시하고 있다. 최근 인도네시아 정부는 조림이나 팜오일 플랜테이션 기업들에게 플랜테이션 농지의 일부 혹은 주변 지역을 소규모 생산자의 몫으로 할당하여 지역 주민들과 상생을 요구하는 플라스마 프로그램plasma program[8]을 강제하면서 지역개발과 이주정책의 연계성을 이어가려 노력하고 있다.

3) 코린도타운과 현지화를 위한 노력

원목개발지(산판), 합판공장, 팜 플랜테이션은 기본적으로 노동집약적 업종이다. 따라서 오지의 악조건에도 불구하고 자바의 대도시에 비해 임금 수준이 높기 때문에 산림개발 기업의 사업 현장에는 일자리를 찾아 이주한 노동력들이 언제나 존재하게 마련이다. 안정적인 인력 수급은 산림개발 기업에게 매우 중요한 과제인데, 코린도의 경우 인력 채용에 있어 전문

---

8 인도네시아의 플라스마 프로그램은 플랜테이션 기업으로 하여금 플랜테이션 외곽 토지의 일부를 지역민들에게 제공하고 플랜테이션 기술을 전수하게 함으로써, 농민들이 독립된 재배자로 성장할 수 있도록 지원하려는 목적을 지닌 정책 프로그램이다. 1980년대부터 정부의 이주정책의 일환으로 시도되었다.

적인 아웃소싱 업체를 활용하는 경우도 있지만, 근무 중 성실성을 인정받은 직원들의 개인적 네트워크를 통해 신규 채용을 한 경우가 더 많다고 한다. 중부 칼리만탄 팡칼란분에 위치한 조림사업장의 경우 그 지역 출신의 현지 직원이 인도네시아 직원의 인력관리와 대민업무를 맡을 정도까지 신임을 얻은 경우도 발견할 수 있었다.

코린도가 인도네시아 현지 노동자들을 위한 집단 거주지인 코린도타운을 건설하기 시작한 것은 동부 칼리만탄 주의 발리팍판 사업장에서 합판제조업에 착수한 후부터이다. 합판공장은 원자재인 원목개발지와 떨어질 수 없으며, 원료와 생산 상품의 운송 편의성을 높이기 위해 원목개발지 인근의 강변이나 해안가에 조성된다. 코린도의 합판 부문은 현재도 2~3교대제로 24시간 풀가동을 해야 할 만큼 고용 효과가 크며, 대규모 장치산업이자 대규모 노동력을 필요로 하는 제조업으로 근대적으로 체계가 잡힌 안정적인 노동인력 풀을 필요로 한다.

미개척지를 개발하고 설비투자 및 현지 인력을 고용하는 과정에서 산림기업을 중심으로 한 대규모 마을 혹은 소기업도시가 필연적으로 형성된다. 코린도는 사업 초기에는 기숙사와 식당, 현지 직원들을 위한 기도소 마련에 만족했지만, 발리팍판을 필두로 합판공장 주변에 현지 직원과 그 가족들 모두를 위한 거주 지구를 건설해왔다. 곧 많은 직원들이 멀리 떨어져 있던 가족들을 데려왔고 이렇게 조성된 집단 거주지는 곧 큰 마을로 변모했다. 코린도는 추가적으로 종교시설과 직원 자녀를 위한 학교를 지었으며, 학교에서 일할 교사를 후원하기도 했다. 구매력을 갖춘 집단 노동자촌의 형성은 자연스럽게 상권의 형성으로 이어졌고 이러한 타운은 곧 왕성한 활력을 지닌 합법적 장소가 되어갔다. 설동훈은 1990년대 중반 현지조사를 바탕으로, 이러한 기업의 활동은 지역경제 발전에 기여한 것으로 받아들여졌고 지방정부와 주민들로부터 지지를 얻었다고 밝힌 바 있다(설동훈 1998). 이러한 인위적인 종업원 마을 외에도 사업장 주변 지역에 토착 마을, 재정착 마을, 정책 이주촌, 자연발생 마을 등이 생성되면서 코린도의 자원개발 사업장은 보다 복잡한 사회적 관계망을 갖춘 지역으로 발전해왔다.

코린도는 코린도타운을 자신들이 강조해온 "현지화localization"의 결정체로 내세운다. 국제경영 분야에서 주목해온 "현지화"는 주로 소비재 상품의 생산과 유통에 특화된 다국적 기업이 문화, 경제발전 단계, 정치와 법률 시스템, 소비자 가치 등에서 국가별 차이를 인식하고, 그에 따라 개별 국가에 맞는 전략과 프로그램을 마련하는 것으로 이해되어 왔다. 즉 다국적 기업의 현지화 전략이란 개별 시장에서 다국적 기업이 좀 더 강한 경쟁력을 갖기 위해 주로 마케팅 분야를 중심으로 현지 시장에 적응하기 위한 수단으로 인식해왔던 것이다(김주태 2009). 하지만 자원개발 업종과 같이 생산재 상품을 생산하는 다국적 기업에게 있어 현지화 전략은 마케팅이 아닌 상품 생산의 과정에 중점을 두며, 시장이 아닌 조업이 이루어지는 사업장과 지역사회와의 관계에서 가능한 한 갈등의 가능성을 낮추는 것을 목표로 한다. 조업 과정에서 발생할 수 있는 사회문화적 갈등을 줄이려는 노력, 현지 노동자들이 안정적으로 재생산 활동을 할 수 있도록 지원하려는 노력, 사업장에서 발생할 수 있는 사회문화적·환경적 비용을 줄이고 인근 지역사회와 공존하기 위한 노력 등이 현지화를 위한 노력의 세부 내용이라 할 수 있다. 그런 점에서 코린도는, 합판공장 주변의 계획도시는 지역민들에게 제공하는 단순한 선물이 아니라 회사의 문화를 현지화하고 그 지역의 사람들과 혼합되기 위한 노력의 일환이라고 설명한다(승은호 2011). 인도네시아인을 근대적 규율로 운영되는 작업장 문화에 익숙한 노동력으로 전환하는 것을 넘어서, 인도네시아인들의 생활과 문화와 관습이 유지될 수 있는 지역사회를 형성해야 하기 때문이다.

3. 코린도 파푸아 사업장과 지역사회

산림자원 개발은 필연적으로 열대우림지역의 산림 감소를 전제로 한 산업 활동이며 따라서 생태계를 훼손하고 기존 주민들의 생활에 악영향을 미친다는 비판에 노출되어 있다. 이에 대해 개발의 손길이 닿지 않았던 오지에서 원목개발을 위해 기업이 개설한 도로나 항만 등의 인프라는 향후 지역 주민이나 지방정부도 공유할 수 있는 기반시설이 되며, 산림개발 과정에서 새로운 일자리가 창출되어 지역 주민들에게 새로운 소득원을 제공함으로써 궁극적으로 지역의 빈곤 경감에 이바지할 수 있다는 경제적 담론이 첨예하고 맞서고 있다. 하지만 인도네시아와 같은 개발도상국의 입장에서 전자의 우려에 비해 후자의 담론이 더 큰 설득력을 얻어왔다. 일자리 창출을 통한 빈곤 경감 효과와 지역의 경제 활성화라는 현실적인 변화가 이를 뒷받침하는 큰 이유가 되었다.

그럼에도 불구하고 인도네시아의 산림개발 현장에서는 다양한 이해당사자들 간의 갈등이 늘 복잡하게 펼쳐진다. 만연한 부정부패로 악명 높은 중앙정부와 지방정부 관료들은 정책 실패를 거듭했고, 기업들의 단

기적 이익 추구는 결국 과잉경쟁이 되어 산림자원의 황폐화로 이어졌으며, 이로 인해 궁극적으로 생산성이 저하되어 시장이 실패하곤 했다. 그럴 때마다 산림개발지의 주민들은 각종 사회적·환경적 폐해를 감당해야만 했고 그에 따른 갈등은 종종 폭력 사태로까지 번지기도 했다(Tsing 2005).

하지만 1980년대 중반 이후 지구 및 국가적 수준에서 환경에 대한 관심과 사회적 우려가 증대되고, 최근에는 지역 차원에서 민주화가 진척됨에 따라 산림개발업은 새로운 도전 과제에 직면하고 있다. 이제 산림개발 기업은 사회적으로 수용 가능하며 환경적으로 건전한 조업을 펼쳐야만 사업을 지속할 수 있는 상황이 된 것이다.[9] 이러한 변화된 상황에서 산림개발산업은 채취산업에서 지속 가능한 산업으로 기어의 정체성 전환을 꾀하고 있다. 아래에서는 코린도 파푸아 사업장에서 지역사회가 형성되고 변화하는 과정을 정리하면서, 코린도와 지역사회의 관계를 보다 면밀히 살펴보고자 한다.

1) 코린도 파푸아 사업장 개요

인니 중앙정부에서는 이걸 오지개발을 위한 전초전으로 보는 거야. 원목개발 회사가 진입해서 천연림을 개발하면, 그 과정에서 길도 생기고 마을도 생기고 항구도 생기고 그러잖아요. 인프라가 함께 깔리는 거죠. 그러면 이제 지방 정부가 좋아져. 로컬에서 발전의 기반이 만들어지는 거잖아요. 그런데 발전

---

9   대표적으로 EU 각료이사회에서 2003년 채택한 "산림법 집행, 관리, 무역FLEGT: Forest Law Enforcement, governance and Trade에 관한 행동계획"은 불법 벌목에 대한 가장 강력한 대처로 인식되고 있다(ITTO 2009).

을 하려면 인구도 있어야 해요. 회사에서도 인력이 있어야 하고. 그래서 중앙
정부는 거기에 이주정책을 연결하는 거예요. 아시끼 사업장 인근엔 없지만,
메라우케에는 회사 들어오기 전에 이미 이주정착촌이 좀 있었죠. 산판 열리
고 합판공장 세우고 하니까 거기서 일하려고 많이 왔지요. 그것도 모자라 다
른 섬에서도 오고, 일부는 팡칼란분에서도 오고. 파푸아 사업 초창기 개척
자들이 팡칼란분 인력에서 나왔거든요. 한국인들 오면서 거기서 일하던 현
지인들도 일부 왔어요. 승진도 하고 월급도 오르고. 많이는 안 왔어. 위험하
다고. 오랑히땀^{Orang Hitam}(흑인)이 있는 곳이잖아(K부장과의 인터뷰).

코린도의 파푸아 사업장은 코린도가 추진하는 산림개발 사업의 전 영역
이 망라되어 있는 복합 사업장이다. 사업장의 지리적 범위는 파푸아 주
남부 지방의 보벤디굴, 메라우케, 마피 군에 걸쳐 있지만, 코린도의 본부
가 위치한 행정구역^{Asiki District}의 이름을 따서 통상 코린도 아시끼 사업장
으로 불린다. 아시끼 사업장은 68만 헥타르의 천연림 경영 사업장, 네 개
라인에 연 생산량 18만 6000세제곱미터급의 합판공장, 총 8만 5356헥타
르에 달하는 네 개 팜오일 플랜테이션, 선박회사 등의 사업시설을 갖추고
있다. 현지 담당자에 따르면, 코린도는 향후 원목개발이 완료된 지역을 대
상으로 20만 헥타르의 조림지와 12만 헥타르의 팜오일 사업장을 추가적
으로 확보할 계획을 가지고 있다고 한다(P부장과의 인터뷰). 아시끼 사업장
은 칼리만탄에 비해 상대적으로 신규 사업지이지만 최근 높은 이윤을 보
장하는 팜오일 플랜테이션이 입지해 있어서 그룹 내에서의 중요성은 점
점 더 커지고 있다.

핵심 사업장이 위치한 파푸아 주 보벤디굴 군은 총 면적 2만 8470제곱 킬로미터(서울시 면적의 약 100배)에 인구는 약 5만 5000명에 불과한 지방 도시이다. 아시끼 사업장은 5000톤급 선박의 왕래가 가능한 디굴 강^{Sungai} ^{Digoel} 양안에 인접해 있는데, 인도네시아의 동쪽 끝 도시 메라우케 해안까지 스피드보트로는 10시간 정도, 메라우케 공항에서 육로로는 비포장도로를 타고 6시간 이상 달려야 하는 오지이다. 파푸아 섬의 동쪽에 자리한 파푸아뉴기니 공화국^{PNG}과 마주한 국경과도 그리 멀리 떨어져 있지 않는 인도네시아의 오지 중의 오지에 위치한 사업장이다. 본부가 위치한 아시끼 구에서 강 건너 마주하고 있는 게텐티리 구$^{Getentiri District}$에도 자체 팜오일 생산설비$^{CPO \, mill}$를 갖춘 팜오일 플랜테이션(POP B지구)이 자리하고 있다. 게텐티리의 일부 지역은 70년대 중반 네덜란드 출신의 가톨릭 신부가 들어와 근대 교육과 종교를 전파하고, 소득 창출을 위해 소규모 고무 농장 경영을 전수한 적이 있다. 이 과정에서 근대적 문물과 접촉한 일부 주민들과, 행정기관과 학교의 운영을 위해 파견된 근대화된 외지인이 존재하기는 하지만, 코린도 사업장 인근의 주민들 중에는 "원시수렵 시대"에서 벗어난 지 그리 오래되지 않은 이들도 상당수다.

코린도가 파푸아 사업장에 들어오게 된 계기는 다음과 같다. 1992년 인도네시아 중앙정부는 파푸아 지역의 분리독립을 방지하기 위한 정책의 일환으로 동부 지역 개발을 추진했고, 이에 따라 산림부 주관으로 칼리만탄과 수마트라에서 조업 중이던 기존의 천연림 경영업체에 파푸아 지역 사업투자를 요청했다. 이러한 정책에 부응하여 코린도는 아시끼 지역의 산림개발 허가권을 소유하고 있던 두 업체로부터 사업권을 인수받아 1993년 원목개발에 착수하며 파푸아에 상륙하게 되었다. 이듬해인 1994년 합판공장을 신규 건설했으며, 1997년에는 팜오일 플랜테이션 개발에 착수하면서 파푸아 사업장은 기존의 칼리만탄 사업장의 변화 과정과 다른 경로를 겪게 되었다.

2) 코린도 파푸아 사업장의 특징

파푸아는 인도네시아에서도 최고 오지로 알려진 섬이다. 코린도는 중국계 회사가 소유했던 파푸아 섬의 산림벌채권을 인도받아 파푸아에 상륙하게 되었는데, 당시 중국인들도 손을 털고 나가고 싶어 했을 정도로 현지 상황은 열악했고 기반시설도 턱없이 부족한 상황이었다. 현재도 파푸아는 고립의 정도와 환경적 조건에 있어 코린도의 사업장 중 가장 열악한 지역으로 손꼽히고 있다.

파푸아 사업장의 열악함은 단순히 오지이기 때문만은 아니며, 파푸아 섬이 인도네시아에서 차지하는 특수한 차이에서 비롯된다. 인도네시아의 초대 대통령인 수카르노가 생전에 국가의 통합을 바라며 자주 언급했다는 "사방에서 메라우케까지^{dari Sabang sampai Merauke}"라는 표현이 있다. 수마트라의 사방은 인도네시아의 서단^{西端}이고 파푸아의 메라우케는 인도네시아의 동단^{東端}으로, 사방에서 메라우케까지의 거리는 5120킬로미터에 달하며 동서 간에는 시차도 2시간이나 난다. 이처럼 광활한 인도네시아 영토 안에서 파푸아는 역사적 측면과 인종적 측면에서 인도네시아의 다른 지역과 구분된다.

먼저 역사적인 측면에서 파푸아는 가장 늦게 인도네시아로 편입된 지

이리안자야 통합 기념 우표(사방[왼쪽 깃발]에서 메라우케[오른쪽 깃발]까지)

역이며, 여전히 분리독립을 주장하는 세력이 존재하는 곳이다. 인도네시아는 1945년 독립선언 이후 식민지 모국이었던 네덜란드와 4년간의 독립전쟁을 거쳐 1949년에 연방공화국이 됨으로써 UN이 인정하는 공식적인 독립국가가 되었다. 하지만 인도네시아의 독립 이후에도 네덜란드는 여러 외방도서에서 영향력을 행사했으며, 특히 파푸아 섬 서부의 점령지였던 이리안바랏Irian Barat에 대한 소유권을 주장했다. 1962년 무력충돌 이후 UN의 중재로 이 지역은 인도네시아에 귀속되는 것으로 결정되었지만, 실제 이리안바랏이 인도네시아의 한 주로 편입된 것은 1969년 주민투표를 통해서였다.[10]

인종과 문화적인 측면에서도 파푸아는 인도네시아의 주류인 이슬람 문화의 자바인과, 술라웨시와 말루쿠 제도 등에 널리 분포하는 부기스Bugis들과 구별된다. 이곳 사람들은 태평양 섬 지역의 토착 주민인 멜라네시안에 가깝고, 네덜란드를 위시한 유럽 제국의 영향으로 종교적인 측면에서도 기독교가 우세한 지역으로 분류된다. 이처럼 뒤늦게 인도네시아의 한 주로 편입이 되었지만, 인종적·문화적인 측면에서 차별을 받았다. 파푸아의 일부 주민들은 1969년 실시된 주민투표는 대다수 주민의 뜻이 아닌 일부 족장들의 항복 선언이었다고 주장하며 "자유파푸아운동OPM: Organisasi Papua Merdeka"을 결성하고 분리독립 운동에 나섰다. 1975년 파푸아 섬의 동쪽에 자리한 파푸아뉴기니의 독립 이후 무장투쟁이 본격화되었

---

10 이리안Irian은 파푸아 섬의 인도네시아 명칭이며, 바랏Barat은 서쪽을 의미한다. 이 지역은 인도네시아 편입 후 이리안자야Irian Jaya(1973~2001)라는 명칭으로 불리다가 2002년 파푸아로 섬의 이름이 변경되었으며, 2003년에는 북서부 지역이 파푸아바랏이란 주로 분리되었다. 이리안자야라는 지명은 성공 혹은 승리의 땅이라는 뜻을 지녔는데, 파푸아 지역에 대한 인도네시아 주류사회의 "내부 식민지적 시선"을 엿볼 수 있다.

으며, 1980년대 말 지방자치제 출범과 수하르토 퇴진은 이들의 독립운동에 더 큰 불씨를 던져주었다. 코린도와 코데코 등의 한국 기업이 파푸아에서 사업 기반을 닦기 시작한 1990년대 초 파푸아의 정치 상황은 매우 불안정했다. 중앙정부의 통제력이 채 미치지 않은 가운데, 인도네시아의 마지막 미개발지를 찾아온 외국 기업들에게 OPM이 독립자금 명목으로 금전을 요구하는 일이 반복되었기 때문이다. 2001년에는 한국인 임직원 3명을 포함해 16명의 코린도 직원들이 OPM에게 납치되는 사건이 발생하기도 했다.

코린도의 파푸아 사업장은 1993년 개발이 시작된 곳으로, 상대적으로 신규 사업장이다. 칼리만탄의 산림개발 사업장의 경우에는 조업 연수가 40년을 훌쩍 넘다 보니 코린도와 인근 지역사회에 미친 독자적 영향을 관찰하기가 어렵다. 칼리만탄 사업장 주변의 도로명에서 "코린도로 Jalan KORIND"를 찾아볼 수 있을 정도로 기업이 새로운 지역의 출현에 결정적 역할을 했을 것이라 추측 가능한 증거들은 남아 있지만, 이후 코린도 외에 더 큰 영향력을 지닌 다른 기업들도 인근 지역에 진출하고 지역 나름의 도시화가 진전되면서 코린도 기업에 의해 만들어진 지역이란 고유성이 사라진 것이다. 이와 비교할 때 파푸아 사업장은 합판공장 조업이 개시된 시점으로부터 이미 20년 이상 경과했음에도 신규 투자가 지속적으로 이루어져 사업장의 규모와 영향력이 확장되어 가고 있다. 따라서 한 기업의 진출에 따른 새로운 지역의 형성과 변화 과정 및 지역사회 구성원들과 기업과의 관계를 관찰하기에 보다 용이한 사업 현장이라 볼 수 있다.

사업 연차는 현지 직원의 종족 구성과 토착 주민과 기업 간의 관계에도 영향을 미친다. 칼리만탄 사업장의 경우에는 이미 회사와 관계를 맺은 현지인들이 3세대에 걸쳐 있을 정도로 시간이 흐르다 보니 사업장 인근에서 전근대적 생활양식을 유지하는 "순수한" 토착 원주민을 만날 가능성은 거의 없어졌다. 모든 신규 사업장이 그러하듯 칼리만탄 사업장도 초기에는 새로 만들어진 일자리는 대부분 외지인이 차지하고 토착 원주민은 소외되는 경우가 많았지만, 이제는 원주민들이 사업 현장에서 중요한 직책을 맡을 정도로 주민들 내부의 근대화가 진행되었다. 예컨대 팡칼란분 조림지의 경우 대민사업과 단기 계약직 현지인 관리를 담당하는 이가 주류 인도네시아인(자바 출신의 무슬림)이 아니라 사업장 주변 토착 종족(기독교도인 다약 족)에서 나온 경우도 볼 수 있었다.

그에 비해 파푸아의 사업 현장은 종족의 측면에서 훨씬 복잡하다. 기업의 현지인 직원 중에는 파푸아 토착민들보다 이주해 온 외지인이 더 큰 비중을 차지하며, 고용창출에 따른 경제적 이익도 대부분 이들이 누리고 있다. 종족적 정체성이 강한 인도네시아 사회에서 이주민들은 일부의 경우를 제외하면 충분한 경제적 소득을 얻었다고 판단되면 언제든 "위험한 섬 파푸아"를 떠날 계획을 갖고 있다. 오랑아슬리orang asli(섬 사람), 즉 파푸아 섬의 정체성을 지닌 사람들은 여전히 파푸아인들이지만 이들은 경제적 측면에서 대표성을 지니지 못한다. 물론 파푸아 출신 직원 비율이 점차 증가하고 있는 것에서 볼 수 있듯이 파푸아인들도 점차 진행되는 섬 사회의 경제적 근대화에 적응해가고 있는 중이다. 기업의 입장에서는 다종족 조업 환경과 지역사회의 역동적인 변화로 인한 차이와 잠재적 갈등에 대처하기 위해, 회사 안에서뿐 아니라 지역사회의 구성원들과 훨씬 복잡한 상호작용을 해야만 할 필요가 있다.

마지막으로 파푸아는 현재 코린도의 새로운 성장 동력이 된 팜오일 플랜테이션 사업을 시작한 곳이다. 앞서도 언급했듯, 산림개발 기업의 시작점은 언제나 원목개발이다. 인도네시아 정부가 무분별한 산림 훼손을 방지하기 위해 벌목 후 조림을 강제하자 코린도 역시 원목개발 후 조림을 해야 했는데, 조림으로 특화한 팡칼란분과 달리 파푸아에서는 팜오일을 조림 수종으로 선택했다. 팜오일이 선택된 까닭은 파푸아 지역이 연중 비가 많고 토양에서도 마사토 성분이 다량 포함되어 조림보다는 팜오일이 적합하다는 정부 컨설팅이 있었기 때문이라고 한다. 현재 파푸아 지역은 코린도라는 기업을 이해함에 있어 매우 핵심적인 지역이라 할 수 있다. 원목개발, 합판공장, 조림, 팜오일, 고무 농장까지 산림개발 기업으로서의 코린도의 핵심 역량이 수직 계열화되어 있어 본 기업을 깊이 이해할 수 있는 대상지라 할 수 있다.

3) 파푸아 코린도타운 관찰기

디굴 강을 끼고 있는 코린도의 아시끼 사업본부는 크게 기업이 직접 건설한 코린도타운과 그 인근 지역으로 구분된다. 철조 담장으로 둘러싸인 본부는 파푸아 사업장의 사령부 역할을 하는 곳으로, 아시끼 복합 사업장 전반을 관장하는 사무동, 합판공장, 한국인 직원 숙소 등이 자리하고 있으며, 본부 바깥에는 주로 합판공장과 관련된 현지인 직원들이 거주하는 집단 거주시설 및 이들과 가족을 위한 종교시설과 교육시설 등이 자리하고 있다. 여기까지가 이른바 코린도타운의 기본 구성이다.

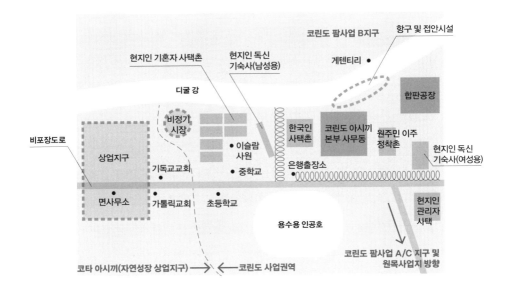

아시끼 코린도타운의 구성

코린도의 사업장과 이웃하고 있는 지역사회도 복합적인 속성을 지닌다. 먼저 코린도의 사업이 진출하기 전 자연적으로 형성되어 있던 원주민들의 마을이 있다. 원주민 종족 중 일부는 거주지가 코린도의 사업장으로 편입되면서 보상을 받고 코린도가 제공한 이주지에 재정착했지만, 사업장 외곽에는 토착 원주민 마을들이 존재하고 있다. 원주민 마을 외에는 코린도의 진입으로 지역 내 현금 경제권이 형성되면서 새롭게 상업지구를 중심으로 한 지역권이 형성되었다. 그 외 메라우케로 가는 길목에는 사업장과는 거리가 멀지만 인도네시아 중앙정부의 정책에 따른 이주자촌^{desa transmigrasi}이 곳곳에 존재하며, 이들은 예비 노동력으로 산발적으로 코린도의 사업장에 일자리를 구하러 찾아온다.

코린도 파푸아 사업장의 직원 규모는 합판공장과 팜오일 농장을 합해 한국인 직원 70여 명, 현지인 직원은 합판공장과 팜오일 플랜테이션을 포함하여 5000명 정도이다. 여기에 직원들의 가족의 수를 더하고 직원은 아니지만 경제적·사회적인 측면에서 코린도 기업의 영향권하에 있는 지역 주민들의 수를 더해보면, 보벤디굴 군 인구의 약 3분의 1인 2만 명 내외 정도를 파푸아 섬에서 코린도와 관계된 지역사회 인구로 볼 수 있다.

(1) 코린도타운

앞의 그림에서 볼 수 있듯, 코린도타운의 물리적 구성 요소는 본부 사무동, 합판공장, 직원 숙소, 종교시설, 교육시설, 상업시설 등으로 구성되어 있다. 철조 담장으로 둘러싸인 본부에는 사무실, 합판공장, 전용 항구시설, 한국인 직원 숙소 등이 자리하고 있다. 본부의 정문에 들어오면 바로 단체 활동을 할 수 넓은 운동장이 있고 안쪽으로 단층의 사무실 건물들이 ㄷ자로 들어서 있으며 가장 안쪽에는 한국인 직원 숙소가 배치되어 있다. 본부 내부는 전체적으로 조경이 잘 되어 있어 쾌적하고 정돈된 분위기였다. 사무동과 한국 직원 숙소 사이에는 테니스장, 사우나, 헬스장, 탁구장 등의 운동시설과 한국인 직원용 식당 등이 있다. 안전상의 문제로 한국인 직원의 숙소와 사업장의 주요시설은 관련자 외에는 출입이 제한된다.

현지인 직원 숙소는 결혼 유무에 따라 미혼자 기숙사와 가족 단위 거주가 가능한 사택촌으로 구분된다. 가족 단위 사택촌도 관리자급과 합판공장의 일반 노무자의 숙소가 구분된다. 미혼 여성용 기숙사는 담으로 둘러싸인 곳에 15~20개 정도의 방이 일렬로 붙어 있는 긴 형태의 건물이 2동 자리하고 있다. 현재는 60명 정도의 미혼 여직원(사무직, 합판공장 노동자 간 구분 없음.)이 머물고 있다. 합판공장을 정년퇴직한 50대 여성이 사감으로 연중근무하고 있었다. 본부지구와 마찬가지로 여성용 독신자 기숙사는 안전상의 이유로 출입이 허용된 사람만 출입이 가능했다.

타운 내 초등학교와 중학교는 코린도의 현지인 직원의 자녀들이 주로 다니지만 인근 지역의 원주민 자녀들에게도 개방되어 있다. 최근 파푸아인들 사이에서도 교육을 통해 사회의 변화를 따르려는 분위기가 점차 고조되고 있다. 이에 따라 아시끼에서 멀리 떨어진 동네의 파푸아 학생들도 재학 중인데, 아시끼 가톨릭교회에서는 이런 학생들을 위한 기숙사를 운영하고 있다. 학교 건물의 신축과 교사 초빙 및 인건비 제공 등은 코린도의 지원으로 이루어지지만, 현재 학교의 운영과 교사 수급 및 관리는 지방정부의 몫이며, 기업의 경제적인 지원은 보조적 차원에서 지속되고 있다. 종교시설의 입지에서는 아시끼 사업장의 종족적 복잡성이 그대로 드러난다. 이슬람 사원, 기독교교회, 가톨릭교회가 도보로 20분 내외의 가까운 거리에 공존하고 있으며, 조금 멀리 떨어진 언덕배기에는 작은 힌두교 사원도 있다.

(2) 팜오일 플랜테이션의 소형 코린도타운

세계은행의 최근 보고서에 따르면, 팜오일 플랜테이션은 다른 종류의 농업 플랜테이션이나 산업조림에 비해 일자리 수요가 훨씬 높다.[11] 따라서 팜오일이나 고무 플랜테이션은 대규모 경작지 확보와 함께 일정 규모 이상의 노동력을 확보하는 것이 중요한 과제로 대두된다. 기업은 경작지의 확보뿐 아니라 노동력의 확보와 유지를 위해 특별한 노력을 기울여야 하는 것이다.

이러한 팜오일 플랜테이션의 성격에 따라 코린도의 파푸아 팜오일 플랜테이션에서는 새로운 유형의 코린도타운을 관찰할 수 있다. 현재 코린도는 파푸아 지역에서 총 면적이 8만 5000헥타르에 달하는 네 개의 팜오일 플랜테이션의 개발면허를 가지고 있는데, 이 중 절반 정도의 농장은 생산 단계(팜오일의 식재 및 생산)에, 나머지 절반이 개발 단계에 있다. 네 개 플랜테이션 각각의 면적은 1만 5000에서 2만 헥타르에 달하지만, 개별 농장

---

11 대규모 농업 투자에 따른 일자리 창출 추정치는 1000헥타르당, 곡물 플랜테이션의 경우 10명, 대두 플랜테이션의 경우 18명, 산업조림의 경우 20명, 사탕수수의 경우 150명, 팜오일이나 고무 플랜테이션의 경우 300~400명으로 파악된다(Deininger et al. 2011).

은 2000에서 2500헥타르 규모를 하나의 구역^{divisi}으로 다시 구획해 독립적인 관리 체제를 갖추고 있다. 코린도의 팜오일 플랜테이션은 2013년 말 기준으로 13개 구역으로 구분되어 있다.

각 구역의 진입 지점에는 대략 100호 내외로 이루어진 노동자 집단 거주시설인 소형 코린도타운이 자리하고 있다. 미혼 직원을 위한 기숙사형의 숙소도 있지만 대부분 기혼자용 숙소로, 한 라인에 20호 내외의 독립 가구로 구성된 긴 직사각형 단층 연립주택이 병렬로 배치되어 있다.

필자는 조사 기간 동안 코린도가 운영하고 있는 팜오일 플랜테이션 A지구의 제4구역^{divisi 4, Palm Oil Project site A}의 사택촌을 방문했다. 개별 가구는 방 두 개와 거실, 그리고 취사가 가능한 주방 공간 및 개별 화장실을 갖추고 있었으며, 수도와 전기의 사용도 가능했다. 팜오일 플랜테이션의 사택촌에는 주택시설 외에 관리동, 농업창고(중장비와 비료 등의 저장), 종교시설, 공동 체육시설(배구장 등) 등이 구비되어 있었다. 종교시설에는 소규모 이슬람 사원도 있었지만, 기독교 성향의 직원이 많은 구역의 경우 교회가 갖추어진 경우도 있었다. 별도의 상업시설은 없었지만, 재리에 밝은 일부 거주자는 집의 일부를 상점으로 개조하여, 구역 내에서 필요로 하는 기본 생활용품(가공용 식재료, 과자, 음료수, 세면도구 등)을 판매하는 소점포인 와룽^{warung}을 운영하는 경우도 있었다. 사택촌의 규모가 별도의 학교를 운영할 규모는 되지 않기 때문에, 팜 농장 노동자의 자녀들은 지구별 본부나 아시끼 구에 위치한 학교에 가야 하며, 회사가 제공하는 스쿨버스를 타고 통학을 하고 있었다.

각각의 구역은 팜오일 플랜테이션의 노동 단위이자 생활 단위이다. 즉

팜오일 플랜테이션의 소형 코린도타운

하나의 생산 단위가 구역별 팜 열매의 생산을 책임지며 노동의 재생산도 구역 내의 생활공간에서 해결한다. 팜오일 플랜테이션의 노동 과정은 매우 단순하다. 매일 아침 노동자들은 20~25명씩 한 조가 되어 회사 트럭을 타고 배정된 라인으로 이동한다. 지정된 라인에 도착하면, 라인을 따라 이동하면서 순차적으로 붉게 익은 팜 열매를 채취한 후 팜오일 압착공장Crude Palm Oil mill까지 트럭으로 운반할 수 있도록 구획에 따라 직교형으로 개설된 도로변까지 채취한 팜오일을 운반한다. 하루 여덟 시간의 노동이 끝나면, 노동자들은 구역 내 숙소지구로 이동하여 내일의 노동을 위해 휴식을 취한다. 팜 열매의 생육은 사람이 인위적으로 조절할 수 없으며, 팜오일의 품질은 열매의 신선도에 달려 있기 때문에, 팜오일 플랜테이션은 라마단 직후 인도네시아 무슬림들의 최대 명절인 르바란Lebaran 기간을 제외하고는 연중무휴로 운영된다. 팜 농장에서의 노동 분업은 남성의 경우 식재와 과육 수확 및 운반 등의 작업을, 여성의 경우엔 무육撫育과 시비 등의 작업으로 분화되지만 임금은 근무 시간에 따라 지급되기 때문에 유사한 수준이다. 팜 농장에서는 노동력의 장기근속을 장려하기 위해 가족 단위 이주자들을 선호하며 부부가 함께 일하는 경우가 60퍼센트를 상회하는 것으로 파악되었다.

결과적으로 팜오일 플랜테이션에서는 구역별로 소규모 코린도타운(인구 600~1200명)이 존재하고 있는 셈이다. 노동자들의 일과 휴식은 물론 사회생활까지 구역 안에서 이루어지기 때문에, 구역은 그 자체로 직장과 거주 기능이 혼합된 소규모 기업형 타운으로 기능하고 있다.

(3) 지주 정착촌과 원주민 마을

코린도가 들어와 본격적인 사업을 펼치기 전, 아시끼 지역은 5~6개의 씨족집단marga이 삶의 터전으로 삼고 있던 열대우림지역이었다. 이들은 조상 대대로 이어져온 관습에 따라 숲의 자원을 생계원으로 삼아 부족 단위로 삶을 영위하고 있었다. 하지만 이들의 삶은 원시부족의 수준은 아니었고 코린도에 의해 처음으로 외부 세계와 접촉한 것도 아니었다. 조사에 따르면, 1960년대 이후 디굴 강을 따라 네덜란드 출신의 가톨릭 신부나 중국계 상인들의 접근이 이어졌고, 아시끼 구의 일부 지역과 맞은편 게텐티리 구에는 가톨릭으로 개종한 이들을 적잖이 발견할 수 있었다. 한 헌신적인 가톨릭 신부에 의해 게텐티리에서는 근대적 교육과 소규모 고무농사가 시도되기도 했고, 그에 따라 게텐티리에는 1980년대 이래로는 파푸아 주정부(당시에는 이리안자야 주)의 일반행정과 교육행정의 손길도 뻗어 있었다.

코린도와 파푸아 원주민들의 관계는 토지보상과 CSR 두 차원에서 이루어진다. 파푸아 지역에서는 학울라얏Hak ulayat이라는 땅에 대한 관습적 소유권이 존재한다. 이곳에서 땅은 전통적으로 대부분 씨족 혹은 혈족으로 구성된 촌장dusun의 소유로 인식되어 왔다. 원목개발 기업이든 팜오일 플랜테이션 기업이든 인도네시아 중앙정부로부터 법적인 사용권concession을 인정받았다 하더라도 실제 토지의 주인은 종족의 대표이며, 따라서 토지 사용권과는 별도로 지주들과 토지 보상 협상을 해야 한다. 회사는 아시끼 본부와 합판공장이 자리한 토지에서 생활하던 네 개 씨족 공동체와 협상을 거쳐 토지를 수용했으며, 각 씨족의 대표들과 그 가족들에게

　　　　　　　　　　　　　4. 산림개발 기업과 지역사회 공존의 과제 | 엄은희

는 현지인 직원 사택과 유사한 주택과 대체 농지, 대체 소득원을 제공한 바 있다.

사업 초기에는 원주민 선고용·정책을 강조했지만, 원주민 고용률과 고용 유지율은 낮은 편이다. 공장이나 플랜테이션은 규칙과 시간에 맞춰 조업 내용이 결정되는데, 원주민들의 경우 이러한 패턴화된 노동에 아직은 익숙하지 않다고 여겼기 때문이다. 따라서 원주민들과의 관계는 고용보다 대안적 생계 수단으로 고무 농장이나 가축 사육을 지원하는 등의 활동을 함으로써 이루어지고 있다. 토지 보상에 따른 직접 보상 대상자인 지주들을 제외한 원주민 및 마을 공동체와는 CSR의 관계로 연계되어 있다.[12]

기업 측과 원주민들 간의 지원의 관계는 순조롭지만은 않았다. 기업은 원주민들이 아직까지 "돈에 대한 개념"이 덜 정착되었기 때문에 토지 보상 이후에도 터무니없는 액수를 반복적으로 요구하며 만약 요구를 들어주지 않을 시에는 "행패"를 부린다고 여겼고, 주민은 주민대로 기업과 외지인들은 지속적으로 돈을 벌고 있으므로 자신들이 애초에 받은 보상은 적절치 않았다는 입장이 맞서고 있었다. 이러한 입장 차이는 종종 물리적 충돌로 이어지기도 했다. 이 과정에서 파푸아 본부는 CSR의 내용을 현물 제공 방식에서 각종 사회 서비스(교육, 의료 등)를 제공하는 단계를

---

12 파푸아의 코린도 본부는 CSR 예산 중 별도의 지역발전기금을 조성하고 있었는데, 본부에서 확인한 최근의 CSR 예산 및 집행 내역에서 각 항목별 계획과 집행 결과를 세세하게 확인할 수 있었다. 항목은 크게 세 부분 ① 복지(주택, 보건·의료, 문화시설, 생활환경 개선, 행사, 빈곤 지원) ② 교육(시설, 기자재, 학비, 통학 수단) ③ 경제(고무 농장, 축사, 양계, 장비·설비) 등으로 구분되어 있었다. 사측은 대민부서를 통해 지역발전기금의 총액을 제시할 뿐이며, 각 항목들은 종종 대표들의 요구에 따라 결정되는 구조라고 한다. 즉, 주민들이 요구 사항을 종족 대표를 통해 사측에 전달하면, 사측은 검토를 거쳐 예산을 집행하고, 집행 결과는 대민부서가 재정리하는 방식을 취하고 있었다.

표 1 아시끼 본부의 CSR 변화 과정

시기	시험 단계	시행착오 및 적응 단계	발전 및 정착 단계
연도	1994~1998	1999~2005	2006~현재
대상	• 회사 인근 거주민	• 회사 인근 거주민 • 지방정부(면 단위)	• 회사 인근 거주민 • 지방정부(면, 군 단위)

CSR의 내용	• 원주민 선고용정책
	• 쌀 등 생필품 지원
	• 학용품, 교육 지원
	• 영농자재, 종자 및
	  과실수 묘목 지원
		• 원주민 선고용,
		  시범장학사업 지원
		• 쌀, 의류 등 생필품 지원
		• 마을길 개선, 보수 지원
		• 교사 급여, 학용품,
		  학교 개보수 지원
		• 영농자재, 비료 지원
			• 교육, 장학금 지원
			• 보건, 위생 지원
			• 주민소득 증대
			  지원(28헥타르 고무 농장
			  조성)
			• 공공시설 지원,
			  공익사업
			• 지방정부 협력사업

출처 | 머니투데이(2013. 07. 01) "코린도 폐허 살리겠다 하니 정부가 인센티브"
(http://news.mt.co.kr/mtview.php?no=2013062917592071687)

거쳐 고무 농장이나 가축 사육을 지원하는 방식으로 점차 변경해왔으며, 회사와 주민 대표와의 직접적인 대면 외에 정부기관(면이나 군 단위)을 통한 간접적 지원을 확대해왔다.

(4) 자생적 상업지구

코린도의 사업장 너머에는 지역 주민들이 나름대로 형성한 상업 및 행정 기능이 특화된 자생적 도시가 위치하고 있으며, 그 중심에는 프라보 시장 Pasar Prabo이 있다. 시장 안에는 코린도가 자체 물류 체계에 따라 자카르타나 인근 섬으로부터 상품을 조달하는 협동조합 매장coperasi이 있다. 코린도는 파푸아에서 생산된 원목이나 합판을 자카르타로 옮기기 위해 1회 아시끼와 자카르타를 왕복하는 정기 화물선을 운영하는데, 돌아오는 배

4. 산림개발 기업과 지역사회 공존의 과제 | 엄은희

편에는 현장에서 필요로 하는 각종 장비나 직원들을 위한 각종 보급품을 선적한다. 보급품에는 한국인 직원들이 필요로 하는 물품도 있지만, 현지인 직원들이 필요로 하는 물품이 많다. 기업은 현지인 직원들의 생활 안정을 위해서 각종 생필품을 조달하여 노동조합이 운영하는 협동조합 매장에 제공해왔다. 매장은 직원들을 위한 상업시설이지만 지역 주민들에게도 개방되어 있으며, 협동조합 매장의 물품 가격은 자카르타 물가에 비해서는 10~20퍼센트 높게 책정되어 있지만, 기존의 중국계 혹은 무슬림 상인들이 비정기적으로 조달하던 물품들에 비해서는 저렴했다.

그런데 코린도의 사업 확장과 인구 증가로 인해 현금 유통이 원활해지면서, 이 공간은 이제 코린도의 지원 없이도 자체적으로 굴러가는 자생적 시장으로 변모했다. 협동조합 매장 외에도 슈퍼마켓 형태의 소매점도 세 군데 이상 생겼으며, 옷 가게, 휴대폰 가게, 커피와 음료를 판매하는 카페, 식당, 생필품 판매소, 일종의 대중교통인 미니버스 앙코탄angkotan 정류장, 게이 남성이 운영하는 이발소까지 다양한 유형의 상점들이 영업을 하고 있었다. 시장 방문 시 동행한 현지인 직원에 따르면, 2~3년 전까지만 해도 대부분의 상점이 단층 구조였지만 최근엔 2층으로 증축이 활발하게 이루어지고 있으며 상인들 중 무슬림의 비중이 눈에 띄게 늘어가고 있음을 알 수 있었다.

이러한 상업시설의 형성과 변화를 통해 열대우림 속 원주민들의 거주 공간의 일부가 개발 이후 상업 중심지로 바뀌어가는 과정의 단면을 확인할 수 있었다. 하지만 이 공간의 주인들은 멀게는 자바, 가깝게는 술라웨시 출신의 이슬람교도들이 대부분을 차지했다. 재리에 밝아 상업 활동에

위 프라보 시장과 코린도타운의 경계

아래 프라보 시장의 무슬림 꼬마들

서 두각을 나타내는 이슬람인들의 단편을 엿볼 수 있는 부분이다. 자생적 상업지구 코타 아시끼를 통해 이 지역에서 코린도타운의 형성과 분화를 짐작해볼 수 있었다. 기업의 등장은 기업 활동에 특화된 노동자 집단 거주시설의 탄생으로 이어졌지만, 이후의 상업과 행정과 같은 도시 기능의 성장은 직접적인 기업 활동의 결과이기보다는 자체적으로 이루어졌다는 점을 발견할 수 있었다. 특히 독립된 행정 기능의 형성과 기업이 아닌 민간에 의한 육로 및 수운 교통망의 형성은 이 지역의 자체적 도시 발전의 가능성을 짐작케 한다.

4) 기업의 책임은 어디까지일까?

코린도의 등장은 경제적·사회적 측면에서 보벤디굴 군에 큰 변화를 가져왔다. 단적으로 보벤디굴 군 인구의 3분의 1이 코린도의 입지 효과로 인해 증가된 인구인데, 대략 1만 5000명 정도의 인구가 코린도라는 기업과 직간접적으로 관련을 맺고 있다. 그런데 현재 코린도가 계획하고 있는 사업 확대 계획이 예정대로 추진된다면, 코린도의 고용 효과와 지역경제 활성화 요소도 증대되면서 2030년경이면 보벤디굴 군은 인구 20만에 달하는 농업과 산림자원 기반도시가 될 전망이다.[13] 이렇게 되면, 보벤디굴 군이 코린도라는 기업에 의한 기업형 도시, 코린도타운을 넘어 코린도 시kota

---

13 코린도의 아시끼 본부의 직원 및 가족, 원목개발지나 팜 농장의 직원 및 가족, 그리고 주변 상권 형성으로 자발적 이주를 해 온 상인들과 그 가족의 수를 고려하면, 코린도로 인해 보벤디굴 군에 신규 전입한 사람은 대략 2만 명 내외로 추산된다. 따라서 현재 보벤디굴 군 인구의 3분의 1 정도는 코린도의 입지 효과라 할 수 있다. 보벤디굴 군의 기초 정보는 온라인 위키피디아(http://en.wikipedia.org/wiki/Papua_province)를 참고했다.

KORINDO로 변모될 가능성도 있다. 물론 지역 성장의 과정에서 다른 민간 기업이나 지방정부의 역할도 추가되겠지만, 보벤디굴에서 코린도의 위상은 포항의 포스코나 울산의 현대와 유사하게 지역의 성격을 규정할 수도 있다.

노동 의존도가 높은 산업은 전국 각지에서 유휴 노동력을 대거 견인함으로써 지역경제에 긍정적인 연계 효과를 불러온다. 새로운 사업장이 열리면, 지역, 연령, 학력, 직업, 계층 등의 배경에 관계없이 매우 다양한 이주자들이 일자리를 찾아 지역에 진입한다. 하지만 자원 고갈, 채산성 약화, 인건비 상승과 같은 사회경제적 조건의 변화나 정부 정책의 변화로 인해 지역 성장의 근간이 되었던 산업이 폐쇄 절차에 들어가게 되면 활황기에 형성된 단일산업에 기초한 기업형 마을·도시들은 급속도로 사양길에 접어든다. 전 세계적으로 수없이 많은 폐광 지역과 공장 폐쇄 이후의 제조업 중심 도시들, 그리고 한국에서 과거 영화를 누리던 탄광촌의 음영陰影을 통해 우리는 이러한 쇠락의 모습을 이미 목격해왔다. 따라서 대규모 단일산업에 기초한 지역의 성장은 달콤한 촉매제이지만 동시에 분명한 구조적 한계를 지닌다.

코린도의 등장은 무엇보다 파푸아 원주민들의 삶에 큰 변화를 가져왔다. 기존의 이들의 생활양식은 생계경제에 기초한 순환적 "원의 세계"에 머물렀다면, 기업의 등장은 급속한 화폐경제monetary economy로의 전환을 가져왔고 이는 누적적·선형적 진보를 선으로 여기는 "직선의 세계"의 문이 열린 것이라 볼 수 있다. 예전에는 공동체 안에서 먹고 자고 사는 문제들이 다 해결되었는데, 기업들이 들어와 돈 버는 사람과 벌지 않는 사람들이 구분되면서 공동체가 해체되었고, 먹고살 길을 찾는 것이 개인적 과제가 되어버렸다. 더군다나 코린도의 사업장이 열린 후 일자리를 얻어 돈을 벌게 되는 사람은 원주민이 아닌 대부분 외지인이며, 원주민들은 별다른 직업을 구하지 못한 채 여전히 상대적 빈곤 상태에 놓여 있다. 그런데 파푸아에서 코린도의 사업 연차도 20년 가까이 되다 보니 이미 이주민 2세대들도 코린도와 관련된 경제 활동에 참여하고 있다. 이주 2세대의 출현은 외지인과 파푸아인들 사이의 경제적 갈등을 넘어서 향후 "누가 파푸아인orang papua을 대표할 것인가?"를 둘러싼 정치적 갈등으로 점화될 가능성도 있다.

이러한 전환기의 과정에서 원주민 공동체가 겪는 정서적 충격에 충분히 공감하지 못할 경우 기업은 원주민들의 돌발적 행동을 그저 "행패"로 이해할 가능성도 높다. 코린도 내부에는 이러한 원주민들이 겪고 있는 문제를 "시간만이 해결해줄 문제"로 바라보는 시각이 지배적이다.

합판공장에서 일하는 직원은 대부분 트랜스로컬(다른 섬에서 파푸아로 이주한) 인도네시아 사람들이에요. 여기도 벌써 20년차에 들어가니 이주 1세대도 있고, 메라우케로 이주해 온 가구의 자녀들이 자라 새롭게 공장에 취직하는 경우도 있지요. 농장에서 일하는 직원들 가운데 더러 파푸아인들도 있기는 해요. 그런데 파푸아인들은 아직 뭐랄까 근대화가 덜 되었어요. 시간 맞춰야 하고 규칙대로 움직여야 하는 공장에서 일하는 걸 아직은 힘들어 해(J본부장과의 인터뷰).

인터뷰와 현지관찰 중에 최근 파푸아 원주민들 스스로 변화하려는 모습을 일부 확인했다. 예컨대 코린도에 취업을 원하는 파푸아인들이 늘고 있다든지 파푸아인들의 자녀 교육열이 높아지고 있다는 점은 근대화로의 변화를 인정하고 이에 적응하려는 대표적인 모습이다. 코린도는 이러한 변화에 주목하며 게텐티리의 현지 직업학교와 협력관계를 체결하여 졸업반 학생들에게 팜오일 플랜테이션에서의 인턴십을 제공하고 있다.

> 파푸아인들의 경우 공장 노동자로는 최하점을 받았지만, 농장 일에 있어선 자바인들보다 나은 점도 많아요. 파푸아 사람들이 더 강인하고 힘든 일도 잘하는 거 같고…… 최근 이곳(B지구)에서도 교육 열기가 아주 높습니다. 종족에 관계없이 대부분 초등학교를 마치고, 요샌 중고등학교 진학률도 70퍼센트 가까이 된다고 합니다(R상무와의 인터뷰).

> **필자:** (농장용 트럭에 가득한 젊은이들을 보며) 저 친구들은 많이 어려 보이는데요. 도급제 노동자들도 나이 제한은 있어야 하는 거 아닌가요?
>
> **담당자:** 저 친구들은 정식 직원은 아니고요, 게텐티리 직업학교 학생들인데, 실습 중이에요. 일종의 직업 체험이지요. 장기적으로는 직업학교에 팜농장 관리 과목을 넣어보려고요. 농장 일이 늘 일손이 부족하잖아요. 외지 섬에서 도급으로 사람 데려오는 것도 한계가 있고요(P대리와의 인터뷰).

조사 기간 중 파푸아 원주민들 중 일부도 합판공장의 교대 시간인 저녁

무렵 공장 입구에 야채나 과일 등을 파는 난전을 열어 코린도 직원을 대상으로 "장사"에 나선 모습을 볼 기회가 있었다. 이렇게 파푸아의 원주민들도 정도의 차이는 있지만 시차를 두고 서서히 근대적 화폐경제로 편입되어 가고 있었다. 변화의 방향은 한 가지로 정해진 것일까? 오랜 기간 파푸아 섬(혹은 뉴기니 섬) 부족들의 삶을 연구해온 저명한 학자 다이아몬드는 이 섬의 부족사회를 "어제까지 인간 세계가 어떤 모습이었는지 보여주는 창문"이라 해석하며, 전통 속에서 현대 사회의 여러 결함과 문제들을 치료 혹은 보완할 대안과 해답들을 발견할 수 있다고 주장한 바 있다(Diamond 2013). 문화적 다양성의 측면에서 봤을 때도, 모든 사회가 정해진 근대화 수순을 밟아가며 동일한 수준의 문화에 도달할 수는 없으며, 그러한 변화가 늘 긍정적 결과만을 낳는 것도 아니다. 코린도가 강조하는 "현지화"가 현지의 문화를 이해하고 노력하려는 것이라 할 때, 현지화의 맥락에는 인도네시아 주류 사회의 "이슬람 문화"를 넘어서 "파푸아의 문화"도 포함되어야 할 것이다. 단일 발전 경로를 전제로 한 "표준화"가 아니라 인도네시아 내부의 다양성과 차이를 이해하고, 다양한 삶의 경로가 공존할 수 있게 하려는 배려가 필요할 것이다.

경제적인 측면에서도 대규모 단일산업에 기초한 기업도시가 해당 기업의 철수 후에도 지속 가능하기 위해서는 지역 내 경제 활동을 다각화하려는 노력이 요구된다. 코린도의 파푸아 사업장은 산림개발, 제조업(합판), 기업형 농업(팜오일)이 망라되어 있는 복합 사업장이란 점에서 단일산업의 독점적 구조를 벗어나 있었다. 더 나아가 코린도의 CSR 프로그램에 원주민들을 위한 대체 생계원과 자립의 기회를 제공하기 위한 내용이 포

퇴근길 코린도 직원들에게 식재료를 판매하는 파푸아 여인

함되어 있는 것은 매우 다행스러운 점이다.

기업의 사회적 책임이란 측면에서 기업과 지역사회의 상생을 위한 노력은 지역사회의 자원에 의존하는 기업이 마땅히 고려해야 하는 지점이지만, 장기적인 지역의 비전과 변화의 로드맵은 지역의 주민과 해당 정부가 필요성을 인식하고 이를 위해 노력할 때 그 효과를 장담할 수 있다. 이런 점에서 코린도는 보벤디굴 군의 지역정부나 주민들의 자율적 조직화를 지원할 수 있는 비정부기구, 나아가 코이카와 같은 한국의 개발기구나 개발NGO들과의 개방적 네트워크를 구축하는 것도 제안해볼 만하다.

다른 한편 코린도가 미래 성장 동력으로 삼고 있는 팜오일과 산업조림에 관한 우회하기 어려운 비판에 대해서도 열린 태도가 필요하다. 세계 시장에서 팜오일의 수요가 지속적으로 증가하는 가운데, 코린도의 파푸아 사업장에서도 팜오일 플랜테이션의 중요성은 더욱 높아지고 있다. 경제적인 측면에서 팜오일은 황금 작물$^{golden crop}$이라 불릴 정도로 수익성이 높은 유망 작물이다. 친디아의 식용유 수요 증대와 더불어 유가 상승에 대비한 대체 바이오 연료로서의 활용 가능성이 높아지면서 팜오일은 황금 알을 낳는 산업으로 주목받고 있다(조대현 2012). 2010년 기준 인도네시아의 팜오일 재배 면적(면허 발급 기준)은 730만 헥타르를 기록했는데, 인도네시아 농림부는 향후 1000만 헥타르까지 팜오일 재배 면적을 확대할 계획을 가지고 있다. 따라서 세계의 자본들이 남아 있는 인도네시아의 팜오일 재배면허를 따내기 위해 치열한 경쟁을 하고 있다.

하지만 이러한 경제적인 측면의 배후에는 팜오일 플랜테이션이 가져온 사회적·환경적 문제가 산적해 있다. 인도네시아에서 팜오일(및 펄프용

조림)의 확대는 열대림 감소의 최대 원인으로 지목되고 있으며, 지구의 허파이자 인류의 자산인 열대림의 훼손은 해당 국가의 산림 황폐화를 넘어서 기후 변화를 심화시키고 있다는 국제사회의 우려와 비난이 끊이지 않고 있다. 지역적 차원에서 팜오일 플랜테이션의 확대는 사회적으로 취약한 소농이나 원주민의 토지를 탈취land grabbing하는 것이라는 인식이 늘면서 사회적 갈등을 일으키고 있다. 국제관계에 있어서도 문제가 제기된다. 수마트라의 팜오일 재배지를 확보하기 위해 인위적으로 화재를 일으키는데, 이 과정에서 발생한 연무가 인근 국가(특히 싱가포르와 말레이시아)의 대기 질에 악영향을 미치고 있어 이를 둘러싼 아세안 국가들 간의 갈등도 심화되고 있다(Pye and Bhattacharya 2013)

팜오일과 열대림 파괴가 연결되어 있다는 점, 우리도 인정합니다. 수마트라에서는 정말 심각한 수준이지요. 그런데 팜이 지금 같은 속도로 계속 늘지는 못할 거예요. 쿼터가 다 되어가고 있으니까. 그 이상은 늘어나면 안 되죠. 우리는 이왕 개발을 시작했으니 제대로 잘해보자는 입장입니다.

코린도의 파푸아 팜 농장은 이제 막 채취를 시작한 상황입니다. 말레이시아에서의 경험에 미루어볼 때 팜 나무는 수명이 25~30년 정도 되고, 4세대까지는 그럭저럭 생산력을 유지했거든요. 코린도의 파푸아 팜 농장은 오일을 생산하기 시작한 지 얼마 되지 않았기 때문에 앞으로 100년을 내다보고 사업을 구상합니다.

우리는 이 지역에 대해 장기적인 관점을 갖지 않을 수 없어요. 100년 동안 어떻게 돈을 많이 벌까만 고민하는 게 아닙니다. 100년 후 우리가 이곳을 떠날

CPO 공장에서 바라본 팜오일 플랜테이션 전경

때 잘 정리하고 나갈 수 있도록 준비를 하자고 해요. 내가 상상하는 100년 뒤 B지구의 모습은 마을 공동체가 풍족한 의식주를 누리며 개발의 혜택을 골고루 얻는 모습이에요. 지금도 코린도가 구축한 기본 인프라가 인근 마을 주민들에게 큰 도움이 되고 있고요.

그리고 팜 농장 경영이 끝나고 난 뒤 척박한 땅을 돌려주면 안 되잖아요. 그래서 지금부터 양질의 유기질 비료를 쓰고 있고, 농약을 최소화하기 위한 기술을 계속 개발할 예정입니다(R상무와의 인터뷰).

인도네시아의 팜오일 확대 현상은 동전의 양면처럼 경제적 이익만큼이나 사회적·환경적 비용을 발생시키는 논란의 대상이 되고 있다. 코린도의 팜오일 플랜테이션도 이러한 사회적 논란에서 자유로울 수는 없다. 위의 인용문은 이러한 논란에 대한 코린도 측의 입장이다. 100년을 내다본다는 코린도의 장기적인 전망이 단기적 이익 추구를 위해 지역의 토지와 노동력을 착취하는 방향으로 악화되지 않도록 노력하겠다는 입장인데, 이러한 태도가 계속 유지될 수 있도록 특별한 주의와 관찰을 더해야 할 것이다.

4. 맺으며

이질적인 문화권인 동남아시아로 진출한 한국 기업은 정도의 차이는 있겠지만 대부분 현지 사회와 적응과 조화의 문제를 안고 있게 마련이다. 따라서 해외 인적자원관리human resources management의 경우 국내에서는 전혀 다른 접근이 필요하다. 한국인 직원과 현지 사회가 상호 이해와 신뢰를 축적하여 일체감을 가진 기업 문화를 형성하는 것이 기본 과제라 한다면, 기업의 현지 적응이란 다름 아니라 문화적 현상임을 알 수 있다. 즉, 한국 기업의 경영 관행이 현지에 일방적으로 이식되는 것이 아니라 그 사회의 사회적·문화적 특수성을 고려한 새로운 경영 문화의 정립이 요구되는 것이다(송도영·전경수 1998).

코린도는 인도네시아에서 이러한 기업의 문화적 적응을 대단히 성공적으로 해내고 있는 기업으로 알려져 있다. 40여 년 동안 축적된 경험과 역량에 기초하여 현지화를 위한 다양한 노력을 펼쳐온 덕분이다. 재벌 중심의 과두寡頭 질서가 지배적인 한국 경제에서 볼 때, 코린도는 여전히 한국에 덜 소개된 낯선 기업이다. 하지만 인도네시아에서 접한 코린도의 무게와 인도네시아 한인 사회에서 차지하는 위상은 대단한 것이었다. 코린도는 인도네시아 한국 기업 진출사의 첫 장을 장식한 기업이며, 아직도 한국 기업들과 한인 사회 양자 모두에서 든든한 맏형의 역할을 해내고 있다.

성공 비결을 묻는 질문에 코린도는 인도네시아 산림정책이 변화하는 이유와 방향을 이해하고, 사후 반응하기보다 앞서서 변화를 인정하고 사전 대처해온 것에서 찾곤 한다. 인도네시아의 산림 부문은 부정부패와 취약한 공공경영으로 악명이 높다. 그러함에도 큰 틀에서 정책의 방향은 자원의 국외 유출을 제한하고 지역사회와 국내에 부가가치를 남기려는 방향으로 변화되어 왔다. 기업과 지역사회의 관계를 소극적인 CSR에 묶어두지 않고 이윤을 지역사회와 충분히 공유해온 것이야말로 코린도가 여러 현장에서 큰 잡음 없이 조업을 유지할 수 있었던 비결이었다고 생각한다. 이러한 비결은 코린도가 한국 기업임에도 사업의 본체의 핵심 부문이 모두 인도네시아에 깊이 뿌리내리고 있다는 점에 기인한다고 볼 수 있다.

　마지막으로 필자의 관찰과 인터뷰는 모두 회사의 허가와 매개로 이루어졌기 때문에, 관찰과 인터뷰의 결과 역시 회사가 허용하는 범위 안에서의 제한된 해석일 수 있다. 하지만 이 회사는 일단 연구를 허락한 다음에는 최대치의 후의와 자유를 제공해주었다. 필자는 총 세 차례의 인도네시아의 방문 기간 동안 코린도의 수많은 핵심 인력들과 압축적인 인터뷰를 할 수 있었고, 사업 현장의 방문과 현장 안에서 이동에 (안전 문제를 제외하고) 어떠한 제약도 느껴본 적이 없다. 필자에게 보여준 개방적 태도와 실사구시의 자세가 현장의 다양한 문제와 미래의 불확실성을 돌파하는 데 기여함으로써 코린도의 성공이 지속되기를 기대해본다.

참고 문헌

김주태. 2009. "다국적 기업의 현지화에 관한 상황적 접근: 한국의 대형 할인점 사례". 『국제경영 리뷰』 13(2). 57~87쪽.

김훈. 2004. "인도네시아 천연 열대림 보전을 위한 클론임업 사례 연구". 서울대학교 석사 학위 논문.

녹색사업단. 2013. "해외산림투자 실무가이드: 인도네시아 편". 녹색사업단.

박배균 외. 2014. 『산업경관의 탄생: 다중스케일 관점에서 본 발전주의 공업단지』. 알트.

박영렬 외. 2011. 『기업의 경쟁력을 높이는 글로벌 경영 전략』. 21세기북스.

백을선·황재홍·손석규·구영본·박종호·강규석. 2010. "인도네시아의 산림·임업". 연구 자료 제 397호. 국립산림과학원(http://152.99.88.238/KFRICAB/IMG/006/002/154968.pdf)

산림청. 2013. "대한민국 인도네시아 수교 40주년 기념 산림협력의 어제와 오늘(Kemeterian Kehutanan, 2013, Dalam Kerjasama di bidang Kehutanan)".

설동훈. 1998. 『노동인력의 세계화: 인도네시아 편』. 미래인력연구센터.

송도영·전경수. 1998. "기업특성과 문화적응 노력의 관계". 『노동인력의 세계화: 인도네시아 편』. 미래인력연구센터. 249~324쪽.

재레드 다이아몬드. 2013. 강주헌 옮김. 『어제까지의 세계: 전통사회에서 우리는 무엇을 배울 수 있는가?』. 김영사.

전제성·유완또. 2013. 『인도네시아 속의 한국, 한국 속의 인도네시아: 투자와 이주를 통한 문화 교류』. 이매진.

조대현. 2012. "인도네시아 유망 산업으로 떠오른 팜오일". 친디아저널 66(February 2012). 62~64쪽.

홍금수. 2014. 『탄광의 기억과 풍경: 충남 최대의 탄광 취락 성주리의 문화·역사지리적 회상』. 푸른길.

Abdoellah, O. S. 1987. "Transmigration Policies in Indonesia: Government Aims and Popular Response", Center for Migration Studies Special Issue 5(2). pp. 180~196.

Boyd. L. W. 2005. *The company town*, EH. NET Encyclopedia(http://www.eh.net/encyclopedia).

FAO. 2005. *Global Forest Assessment*.

ITTO. 2009. *Annual Review and Assessment of World Timber Situation*. International Tropical Timber Organization, Yokohama, Japan.

Lucas, R. and Tepperman, L. 2008. *Minetown, Milltown, Railtown: Life in Canadian Communities of Single Industry*. Wynford Book.

Pye, O. and Bhattacharya, J.(eds). 2013. *The Palm Oil Controversy in Southeast Asia: A Transnational Perspective*, Singapore: Institute of Southeast Asian Studies.

Tsing, A. L. 2005. *Friction: An Ethnography of Global Connection*, Princeton and Oxford, Princeton University Press.

Whitmore, T. C. and Sayer, J.A. 1992. *Tropical Deforestation and Species Extinction*. Gland: IUCN.

동아일보. 1970. 08. 10. "나무 없는 나라에서 나무를 원료로 연간 근 1억 달러를 벌어들이는 기적"

머니투데이. 2013. 07. 01. "코린도 폐허 살리겠다 하니 정부가 인센티브"(http://news.mt.co.kr/mtview.php?no=2013062917592071687)

승은호. 2011. "코린도, 현지화의 성공한 케이스: 아시아의 대표적인 한국 기업, 코린도의 인도네시아에서의 위대한 현지화의 비밀". Koreabrand.net 기고문(2011. 06. 28)(http://www.koreabrand.net/en/know/know_view.do?CATE_CD=0002&SEQ=1859)

이상락. 2000. "승은호 코린도그룹 회장, 나무사업 외길 30년에 인도네시아 합판왕이 되다". 신동아. 2000년 12월호(http://www.donga.com/docs/magazine/new_donga/200012/nd2000120570.html)

News 1. 2014. 06. 30. "최대 산림 파괴국, 브라질 아닌 印尼… 오랑우탄의 눈물"(http://news1.kr/articles/?1747799)

KBS. 2012. "글로벌 성공시대: 밀림의 개척자 코린도". 승은호 회장 편.

코린도 그룹. 2011. KORINDO Plants a Dream(기업 공식 홍보물).

5

한국 기업 주재원 자녀 교육의 꿈과 현실

말레이시아 국제학교를 중심으로

최서연

한국 기업 주재원의 자녀 교육이라고 하면 소속 기업의 인사 결정으로 정해진 기간 동안 해외에서 근무한 후 귀국하게 되는 부모(보통 아버지)를 따라 배우자와 자녀들이 이주하는 과정에서 자연히 발생하는 교육의 문제를 떠올리기 쉽다. 그러나 기업의 파견 결정이 이주의 직접적인 계기가 됨에도 불구하고, 이 글에서 다루고 있는 말레이시아의 한국 기업 주재원의 사례들은 자녀 교육의 문제가 파견에 뒤따르는 부수적인 고려 사항이 아니라는 점을 여실히 보여준다. 자녀 교육과 관련된 고려들은 종종 파견근무 희망 여부는 물론, 파견 국가에 가족을 동반할 것인지의 여부, 그리고 정확히 언제 나갔다가 언제 귀국할 것인지 이주의 시기 등을 결정하는 데 핵심적인 변수가 된다. 주재원의 파견 시기와 파견의 조건이 가족이 처한 상황과 잘 맞아떨어질 경우 가족들이 주재원을 그저 "따라다니는" 것으로 보일 정도로 해외 이주와 국내 복귀의 과정이 자연스럽게 진행될 수도 있다. 그러나 뒤에서 살펴볼 것처럼 기업의 파견 결정이 주재원 개인이나 그 가족들의 상황을 고려해 이루어지는 것은 아니며, 따라서 주재원 가정은 파견과 귀국에 수반될 수 있는 다양하고 복잡한 상황 속에서 여러 가지 선택과 난관에 직면하기도 한다. 특히 언어 능력이나 사회성이 한창 발달하는 나이의 아이들이 상이한 두 교육 체제를 오가면서 적응해야 한다는 것은 외국 생활과 조기 해외유학이 가진 매력을 상쇄할 만큼 큰 위험 부담이 될 수도 있으며, 그 핵심을 이루는 것은 언어와 문화의 차이 그리고 입시제도이다.

한국 기업에서 해외에 파견하는 주재원들을 둘러싼 환경, 그중에서도 말레이시아에서 근무하는 주재원들의 상황은 기업들의 파견 경험이 축적되고 한국과 파견국 간 교류관계의 성격과 내용이 변화함에 따라 서서히 바뀌어왔다. 가족을 근무지에 동반할 수 있는 주재원의 범위가 외교관과 공기업 직원을 비롯한 극소수로 제한되어 있던 시기에는 한국에서 "교육의 단절"을 경험한 주재원 자녀들을 각종 특별전형을 통해 국내 교육기관에 진학시키는 데 큰 어려움이 없었다고 한다. 또한 이 시기는 아직 해외유학이 활성화되기 이전으로 외국 교육기관을 경험하고 영어에도 능통한 인력이 희소성을 가지던 때였다. 특히 자녀의 영어 교육을 목표로 하는 말레이시아 교육 이주가 활성화되기 이전에는, 국제학교를 둘러싼 한인 사회는 규모가 작은 "주재원 사회"의 성격을 띠었으며 이 사회 내부에서의 인간관계는 "아빠들 회사에 따라서" 형성되었다고 한다.

그러나 2000년대 중반 이후로 조기 해외유학이 활성화되고 "기러기 가족"이 하나의 문화적 현상으로 자리 잡으면서, 파견 기간 동안 자녀를 외국학교에 보낼 수 있다는 것이 이전만큼 큰 상대적 이점으로 작용하지 않는다는 견해가 대두했다. 특히 영국 식민지배의 경험을 가진 소위 "영어권 국가"로서 조기유학의 주요 행선지로 자리 잡은 말레이시아의 경우, 기존의 주재원 인구에 교육 이주 인구가 더해지면서 국제학교에 대한 한국인의 수요가 급증하고 이에 따라 국제학교의 학비도 빠르게 상승하고 있다. 또한 가족을 파견근무지에 동반하는 주재원의 수가 늘어나고 동반 이주에 대한 기업의 경제적 지원 부담이 커지면서 일부 기업에서는 파견

조건을 하향 조정하고 있다는 관찰도 나오고 있다. 게다가 일부 대학에서 실시하고 있는 재외국민 특별전형 혹은 특례입학 지원 자격을 갖춘 학생들의 숫자는 빠르게 늘어나고 있는 반면, 대학들은 이 전형제도가 가지는 "특혜"의 성격에 대한 비판적 시선을 고려해 자격 조건을 강화하는 추세에 있다.

이 글은 크게 두 가지를 목표로 한다. 하나는 말레이시아에 진출하는 기업들 그리고 기업의 파견 결정에 따라 말레이시아에서의 생활을 준비하는 주재원들이 유익하게 활용할 수 있는 경험적 정보를 제공하는 것이다. 특히 전임자를 통해 현지 생활이나 교육 환경에 관한 고급 정보를 전달받을 수 있는 대기업 주재원의 경우, 최소한의 시행착오를 거치면서 비교적 빠른 시간 내에 새로운 곳에서의 생활에 적응할 수 있다. 반면에, 처음으로 현지에 진출하는 기업이나 주재원을 파견한 경험이 별로 없는 중견 기업 직원의 경우, 정보의 부족으로 많은 시행착오를 겪게 될 수도 있다. 코트라 말레이시아의 복덕규 차장은 "가족들과 함께 오려면 가정에서 가장 중요한 건 교육"이라며 해외에서 근무하는 대부분의 주재원들이 "다른 불편한 건 모두 다 참을 수 있는데 애들 교육이 안 되면 참을 수 없다"고 느낀다고 전했다. 한창 자라고 배우는 나이의 자녀들에게 시행착오로 인한 교육의 공백이나 혼선은 매우 큰 타격이 될 수 있으며, 이는 주재원 가족의 일상생활은 물론이고 기업이 현지에 성공적으로 자리를 잡는데도 지장을 초래할 수 있다.

이 글의 또 다른 목표는 주재원 사회를 특징짓는 한시적 이주의 상황이 "현지화"는 물론 "국제화"에도 어떠한 제약을 가져오는지를 살펴보는 것이다. 기업 활동과 관련하여 현지화를 정의하는 방식은 "다국적 기업이 현지 국가에 진출하여 그 지역 경제 시스템에 융합되도록 노력하면서 그 지역 특색의 발전 전략을 수행하는 것"(대외경제정책연구원 2011), "현지 사회에 적합한 독자적인 경영 시스템을 구축하고 현지 사회에 융화함으로써 현지에서 성공적인 사업 활동을 추구하는 것"(김용규 2000; 권기수·고희채 2010) 등의 정의에서 잘 드러난다. 해외진출 기업의 경우 현지의 환경에서 원활한 기업 활동을 수행하기 위해서는 현지의 관련 제도와 사회문화적 관행을 숙지하고 부분적으로 수용하는 것이 필수적인 것으로 여겨진다.

말레이시아에 근무하는 한국 기업 주재원과 그 가족들을 대상으로 자녀 교육이라는 주제에 초점을 두어 진행한 이 연구는, 기업 활동의 측면에서 현지화가 중시되는 것과는 대조적으로 한국 기업이 파견한 직원들의 일상생활은 현지화와 거리가 있다는 점을 보여준다. 특히 교육의 측면에서 주재원들은 한편으로는 파견 기간이 끝나고 한국에 귀국했을 때 자녀들이 한국의 교육 환경에 적응할 수 있도록 대비하면서, 다른 한편으로는 자녀들을 영미권의 교육제도와 유사한 교육 환경에 노출시킴으로써 해외 대학 진학이나 대학 졸업 이후 취업에 유리한 입지를 획득할 수 있도록 하는 것을 목표로 한다. 따라서 현지 파견 직원들은 말레이시아 현지에서 가장 일반적인 형태의 공교육기관에는 관심을 갖지 않으며, 현지의 언어나 문화를 습득하기 위해 적극적인 노력을 기울이는 경우도 많지 않다. 최근 말레이시아 한인 사회에서 큰 비중을 차지하는 기러기 가족 또한 현지 생활에 적응하는 차원을 넘어서는 현지화에 큰 관심을 두고 있지 않으며, 오히려 영어 사용 능력과 향후 미국 등 영어권 국가로의 진학

가능성에 더 비중을 두는 경향을 보인다.

이러한 경향은 파견근무 또는 조기유학에 따른 말레이시아 이주가 가지는 한시성에 기인한 것으로 분석된다. 즉 이들의 말레이시아 이주는 현지 정착을 전제로 한 것이 아니라 파견근무 기간 또는 목표로 정한 자녀 교육 기간이 끝나면 한국으로 돌아가거나 또 다른 국가로 이주해 가는 것을 염두에 둔 것이라는 점이다. 현지에 정착한 교민이나 사업가의 경우 교육 부문에 있어서 현지화 정도가 상대적으로 높게 나타난다는 사실은 한시적 거주라는 전제가 현지화 노력과는 상반된 관계에 있다는 점을 반증하는 것으로 보인다.

그러나 이 연구를 통해 드러난 또 다른 흥미로운 사실은 한시적 이주의 상황이 현지화뿐만 아니라 국제화에도 제약을 가져온다는 것이다. 여기서 국제화란 넓게는 특정 국가의 제도나 언어 또는 문화에 얽매이지 않고 국경을 넘어 자유로이 이동할 수 있는 능력을 획득하는 것을 의미하며, 아주 좁게는 학생들이 국제학교의 언어와 문화규범에 적응해가는 것을 뜻한다. 말레이시아 현지 학교를 선택하는 대신 영어로 가르치는 국제학교, 그중에서도 미국식 국제학교를 선호하는 한인들은 말레이시아 국제학교의 주요 수요자 집단을 구성한다. 그러나 동시에 한인들은 말레이시아의 국제학교들 내에서도 두드러지는 사회문화적 폐쇄성으로 인해 지적을 받기도 한다. 이 연구에서는 주재원 가족들을 포함하는 국제학교의 한인 재학생 가족들이 보여주는 폐쇄성을 단순히 부적응의 문제로 이해하기보다는, 한시적 이주자로서 이들이 처한 특수한 상황과 연결해 살펴보고자 한다.

이러한 맥락에서 연구자는 말레이시아의 한인들 사이에 나타났던 외국 대학 진학에 대한 선망이 최근 들어 한국 대학을 선호하는 방향으로 전환되고 있다는 말레이시아 현지 경험자들의 분석에 주목한다. 말레이시아의 한인들 사이에 나타나는 뚜렷한 국제학교 선호에도 불구하고, 이들에게는 국제학교가 제시하는 규범과 기준 이외에 끊임없이 의식하고 있어야 할 또 다른 교육의 규범과 기준이 존재한다. 파견근무가 종료되면 귀국해야 한다는 예정된 미래에 대한 고려, 그리고 오랜 기간 축적되어 온 주재원 자녀들의 한시적 조기유학생으로서의 경험담들은 주재원 가족들로 하여금 그저 "아빠를 따라가서 현지의 국제학교를 다니다가 다시 따라오는" 차원을 훨씬 넘어서는 복잡한 과제를 던져준다. 예전에는 미국식 국제학교를 다니면서 영어 실력을 키우고 좋은 성적을 유지한다면 모든 것이 잘 풀리리라는 기대가 있었던 반면, 이제는 국제학교에서 획득한 언어 능력, 학벌, 그리고 국제화된 가치와 사고방식이 과연 한국 사회에서 얼마만큼의 효용과 상품가치를 지닐 수 있을 것인가, 또는 국제학교에서 획득한 능력과 자질이 과연 미국 등 "영어권 선진국"에서의 성공을 보장해줄 수 있을 것인가 등의 질문에 심각한 고민들이 대두되고 있다.

여기에 사용된 자료들은 주로 말레이시아에서의 주재원 생활을 경험한 적이 있거나 현재 주재원으로 근무하고 있는 분들, 그리고 그 배우자분들과의 심층면접을 통해 얻은 것이다. 심층면접은 서울과 쿠알라룸푸르에서 이루어졌다.[1] 또한 주재원 가정들이 말레이시아 현지에서 자녀를

---

1 서울에서의 인터뷰는 2013년 12월과 2014년 1월에, 그리고 쿠알라룸푸르에서의 인터뷰는 2014년 2월 1일에서 12일 사이에 이루어졌다.

교육하고 있는 다른 한인 가정들과 비교할 때 어떠한 특수성을 가지고 있는지를 이해하기 위해 몇몇 교민들과 기러기 학부모들을 만나 이야기를 나누어보았다. 연구자는 한인 주재원들의 자녀 교육이라는 주제와 관련된 다양한 시각들을 입체적으로 반영하기 위해 쿠알라룸푸르에 소재한 두 곳의 국제학교를 방문하여 교사들 및 입학 담당 직원들과 면담을 했다. 이분들과의 대화는 현지 한인들의 자녀 교육 방식을 바라보는 외부인들의 시선에 대한 정보와, 말레이시아 내 국제학교들과 관련된 정부 정책이나 외부적 환경의 변화에 대한 자료를 제공해주었다. 마지막으로 주재원, 교민, 또는 기러기 가족 등 다양한 동기와 경로로 말레이시아에 들어와 거주하는 한인 학부모들과 학생들의 교육 상황을 종합적으로 이해하고 이들이 현지에서 한인으로서 필요로 하는 교육의 내용이 무엇인지를 파악하기 위해 한국인학교를 방문하여 수업을 참관하고 교사들을 면접했다.

1. 떠나기 전—가족을 동반한 외국 생활에 대한 기대

특히 2000년대 중반 이후 국내에서 조기유학 붐이 일어나면서, 많은 가족들이 부담스러운 교육 비용과 아버지와 장기간 떨어져 지내는 "기러기" 생활을 감수하면서라도 자녀들을 영어권 국가에서 교육하려는 문화가 생겼다(홍석준·성정현 2013 참조). 이러한 상황에서, 대기업에 다니는 "애들 아빠"를 따라가서 회사의 지원을 받으면서 해외 생활을 경험하고 아이들은 국제학교에서 영어로 교육받을 수 있다는 점은 해외 파견근무의 기회를 매력적으로 만드는 핵심적인 요인이었다. 한국 사회 전반에 걸쳐 영어 사용 능력이 매우 중시되는 상황에서, 3년에서 5년에 걸친 파견근무 기간 동안 아이들을 영어로 수업하는 국제학교에 보낸다면 영어 실력이 눈부시게 향상될 것이며, 이러한 경험은 아이들이 앞으로 사회적으로나 경제적으로 성공하는 데 큰 도움이 될 것이라는 기대감이 존재했다. 대부분의 국제학교는 외교관 자녀 및 공기업과 일반 기업의 주재원 자녀에게 우선적으로 입학을 허가하고 있으며, 특히 말레이시아에서도 가장 수준이 높은 것으로 여겨지는 국제학교 네 곳에는 주재원 자녀가 아니면 거의 입학이 불가능한 것으로 알려져 있다. 또한 국내의 일부 대학에서 실시하고 있는 재외국민 특별전형은 응시 자격에 학생의 해외 수학 기간과 더불어 부모의 동반 거주 기간을 명시하고 있기 때문에 주재원 자녀들은 기러기 가족을 포함한 다른 조기유학생보다는 훨씬 용이하게 지원 자격을 획득할 수 있다.

　가족을 동반한 외국 생활을 선망하고 기대함에도 불구하고 해외 근무 여부를 직원 개인이 선택할 수는 없다. 따라서 주재원의 해외 파견과 국내 복귀를 "회사에서 가라면 가고 오라면 오는 것"이라고 표현하기도 한다. 그러나 실제로 가족들과 함께 파견과 귀국에 따른 두 번의 이주를 계획하고 실천에 옮기는 데는 복잡한 준비 과정과 큰 비용이 수반된다. 때문에 주재원 당사자는 회사의 발령 시기에 맞추어 움직일 수밖에 없다 하더라도, 가족들이 이와 동시에 모두 옮겨 가기는 어려울 뿐만 아니라, 주재원이 속한 기업이 가족 동반 부임에 소요되는 경비를 상당 부분 부담해주는 경우가 아니라면 가족과 함께 이주하는 것 자체가 어려울 수도 있다. 특히 기업의 주재원 자녀 교육비 보조 여부와 보조금의 수준은 동반 이주를 결정하는 데 중요하게 작용한다. 말레이시아의 경우, 지난 10여 년간 한국 학생들의 조기유학 열풍이 불었고, 최근에는 국제학교의 말레이시아 내국인 입학 제한이 철폐되면서 한국 부모들이 선호하는 주요 국제학교의 등록금은 해마다 큰 폭으로 인상되고 있다.

기업의 입장에서도 가족 동반 부임에 수반되는 경비를 모두 지원할 경우 재정적 부담이 크기 때문에 다양한 방식으로 주재원에 대한 지원 방식과 규모를 조정해왔다. 즉 기업들은 주재원에게 교육비 지원 한도를 두거나, 계열사와 직급 등에 따라 교육비 지원 정도를 달리하거나, 아직 자녀가 없거나 취학 연령 이전의 자녀를 둔 직원들을 주로 보내는 등의 방법으로 주재원 파견에 따르는 부담이 지나치게 늘어나지 않도록 하고 있다. 회사에 따라서는 주재원의 수를 최소한의 수준으로 유지하거나 단신 부임을 유도하는 정책을 취하기도 한다. 단신 부임의 경우 한국 본사의 직원을 장기적으로 현지에 파견하기보다는 프로젝트 단위로 몇 개월씩 현지에서 근무하고 돌아가도록 하는 경우가 많다. 전반적으로 공기업과 대표적인 대기업의 주재원들은 가족과 함께 이주하는 데 큰 어려움을 겪지 않는 반면, 중견 기업 파견근무자의 경우 가족과 함께 움직이는 데 많은 제약이 있어 가족을 한국에 두고 혼자 해외 근무를 하는 경우도 많다고 한다.

주재원의 숫자가 비교적 많고 여러 해에 걸쳐 말레이시아에 주재원을 내보낸 경험이 있는 대기업 소속 직원의 경우, 이미 현지 생활을 경험한 선임자로부터 가족들과의 이주와 정착에 필요한 정보를 전달받을 수 있어 현지에서의 시행착오를 최소화하는 데 큰 도움이 된다. 그러나 주변에 관련 정보를 가진 경험자를 찾기 힘든 중견 기업 또는 말레이시아에 주재원을 파견한 경험이 별로 없는 기업에 소속된 직원들은 부족한 정보력을 "발로 뛰고" 시행착오를 겪어가며 극복해야 한다. 따라서 현지의 한인 교회나 성당과 같은 종교단체들은 한인 학부모들이 만남의 자리를 가지고 정보를 교환하는 장으로 활발히 활용된다.

가족 동반 부임을 제한하는 요인으로 비용 문제 이외에도 자녀의 나이와 학년이 중요하게 작용하기도 한다. 자녀들이 취학 전이거나 초등학생인 경우 아직 대학 입학과 관련된 여러 가지 사항들을 고려하지 않아도 되기 때문에 비교적 자유롭게 자녀와 배우자를 동반하고 파견국으로 이주할 수 있다. 일반적으로 자녀의 나이가 어릴수록 새로운 언어 환경에 쉽고 빠르게 적응하는 경향이 있으며 파견근무 기간이 끝나고 귀국하더라도 한국의 학교 제도에 적응하고 입시를 준비할 시간이 많이 남아 있기 때문에 동반 이주에 따르는 교육 관련 위험 부담이 상대적으로 적은 편이다. 따라서 나이가 어린 자녀를 둔 주재원들에게 해외 파견근무는 아직 입시에 얽매이지 않은 아이들을 해외에 데리고 나가 영어 실력도 키우면서 넓은 세계와 다양한 활동을 경험하고 외국인 친구도 사귈 수 있게 해주는 기회로 여겨진다.

반면 장기간의 해외 근무에 중학생 이상의 자녀를 동반하기 위해서는 입시제도를 비롯한 여러 가지 위험 부담과 기회비용들을 잘 따져봐야 한다. 특히 최근 들어 중학교 2학년 또는 3학년 이상의 자녀는 파견근무지에 동반하지 않는 경우도 늘어나고 있다고 한다. 이러한 차이는 고학년 자녀의 경우 동반 이주에 따르는 한시적 해외유학이 가져다줄 이점에 비해 위험 부담이 크기 때문으로 해석된다. 부모를 따라 보통 3년에서 5년에 이르는 파견근무 기간 동안 국제학교에 다니다가 귀국을 한 아이들이 짧은 시간에 한국의 교과 과정을 따라잡고 일반적인 대학입시 전형에 응시해서 좋은 결과를 내기를 기대하는 것은 매우 어렵다. 따라서 한국으로 귀국한 주재원 자녀들은 대개 "특례입학"이라고 불리는 "재외국민 특별전형" 또는 영어 특기자를 대상으로 하는 "글로벌 특별전형"에 의존하게 된다.

이전에는 3년, 6년, 9년, 12년 등으로 다양하던 특례제도 중에서 현재는 속칭 "3년 특례"와 "12년 특례"만이 남아 있다. 특례입학은 보통 재외국민 특별전형을 통해 이루어지지만 일부 대학에서는 글로벌 특별전형으로 12년 특례 대상자를 선발하기도 한다. 12년 특례제도는 말 그대로 해외에서 모든 교육 과정을 마친 학생에게만 지원 자격을 부여하기 때문에, 대학입시를 앞둔 주재원 자녀들은 주로 3년 특례제도를 염두에 두고 학업계획을 세우게 된다. 재외국민 특별전형의 선발 인원은 대학 정원의 2퍼센트 이내로 수십 년간 큰 변화가 없는 반면, 국내 기업의 활발한 해외진출과 조기유학생의 증가로 특별전형 응시 자격을 갖춘 학생의 숫자가 급격하게 늘어나면서 항간에서는 "특례가 정시나 수시만큼 어렵다"는 말도 돌고 있는 상황이다.

큰 애들은 한국에서 잘 지내고 있고 여기서 잘해서 대학만 가면 되는데 굳이 데리고 오지 않는 집도 많아요. 간혹 고학년도 특례를 바라고 오는 분들도 있는데 요새는 특례도 경쟁률이 너무 세서 힘들다고 하죠. 한국에만 있어도 대학 가기 어려운 건 마찬가지니까(J기업 주재원 부인 K씨).

비슷한 맥락에서 D사에 근무하는 J씨는 한국에서 공부를 잘하고 있는 아이들이라면 해외에 "나가서 적응해서 따라가고 다시 돌아와서 특례 준비를 하는" 힘든 과정을 거치는 것이 대학 입학에 오히려 지장을 줄 수 있다고 했다. 이분은 "요즘은 애들이 중3 이상이라든가 하면 외국 발령이 났을 때 안 가겠다고 하기도 한다"며 "회사에서 나가라는 데 따르지 않으면 불이익이 있을 수도 있지만, 내 가족의 삶이 우선이라고 한다면 그런 건 감수해야 한다고 생각할 수도 있다"고 말했다. 그러나 비슷한 연령대의 자녀를 둔 경우라도 여러 상황을 종합해볼 때 한국에서 계속 학교를 다니는 것보다는 고등학교 1학년을 포함한 3년을 현지 국제학교에서 이수한 후 국내 대학의 특례제도를 활용하는 것이 대학 입학에 더 유리하게 작용한다고 판단하는 경우도 있으며, 이런 경우에는 번거로움과 비용 부담을 감내하고 동반 이주를 선택하기도 한다.

2. 말레이시아로 이주하여 정착하기

여러 가지 사항을 고려한 끝에 주재원이 가족들을 모두 데리고 현지로 부임하기로 결정한 경우에도, 현지에서의 업무 시작 시점에 맞추어 온 가족이 동시에 이주하는 데는 현실적인 어려움이 따른다. 일반적으로는 보통 주재원으로 발령을 받은 아버지가 몇 주 앞서 말레이시아에 도착해서 살 집을 구하고 아이들을 보낼 학교들을 물색하고 나면 부인과 자녀들이 뒤따라오게 된다. 특히 주재원의 발령 시점과 자녀들이 한국에서 학기를 마치는 시점이 일치하지 않을 경우에는 아버지가 먼저 현지에 가서 근무를 하고 어머니는 한국에서 아이들이 학기를 마칠 때까지 기다렸다가 뒤늦게 현지로 따라가게 된다. 이러한 "시간차 이주"는 낯선 곳으로 삶의 터전을 옮기는 과정에서 가족들의 일상생활에 지장을 주는 상황을 최소화하기 위한 노력이라고 할 수 있다.

주재원 가족들이 현지에서 살 곳을 결정하는 데는 여러 가지 요인들이 작용한다. 여기에는 한인 상권과 한인 사회에 얼마나 쉽게 접근할 수 있는가, 집이 자녀들의 학교나 아버지의 직장에서 가까운 곳에 있는가, 거주 비용으로 할애할 수 있는 예산은 얼마인가 등이 주된 고려 사항이 된다. 또한 선임자나 말레이시아 근무 경험이 있는 지인들이 전해주는 정보와 경험담도 거주지를 결정하는 데 큰 영향을 미친다. 대체로 쿠알라룸푸르와 근교 지역에서 근무하는 주재원들은 한인들이 몰려 사는 암팡Ampang 또는 몽키아라Mont' Kiara 지역에 정착한다. 이미 오래전부터 한인 타운으로 자리를 잡은 암팡 지역의 경우, 한인들이 모여서 사는 콘도(아파트)들이 많고 한인 상권이 잘 형성되어 있다. 또한 인근에 각국 대사관들이 모여 있으며 주재원들이 가장 선호하는 A국제학교를 비롯하여 다양한 가격 수준의 여러 국제학교들이 인접해 있다. 따라서 몽키아라에 비해 상대적으로 노후한 거주환경과 최근 들어 불거진 치안 문제에 대한 논란에도 불구하고 여전히 많은 한국인들이 이곳을 거주지로 선택하고 있다.

몽키아라 지역은 고급 신축 콘도 위주로 형성된 쾌적한 거주환경과 더불어 콘도 밀집 지역 바로 옆에 위치한 최신식 대형 쇼핑몰과 한인 상권이 제공해주는 생활의 편의성으로 인해 특히 최근에 이주해 온 상대적으로 젊은 한국인들에게 인기가 있다고 한다. 최근 들어 한인들 사이에서 몽키아라 지역의 인기가 점점 높아지면서 심지어 "몽키아라의 절반이 한국 사람"이라는 말이 돌기도 한다. 이 동네에 사는 J기업 주재원 부인 K씨는 이곳에 집을 정하게 된 데 대해 다음과 같이 설명했다.

우리는 그냥 이쪽에 한국 사람들이 많이 모여 살고, 한국 식당도 많고, 한국 가게도 많고 콘도도 새것이 많고 그렇다고 하니까 이쪽으로 왔어요. 암팡도 주택가 쪽 보면 단독으로 된 이층집 그런 것들도 좋던데요. 애들 학교 선생님 들도 그쪽에 많이 살고. 그렇다고 집값이 여기보다 그렇게 더 비싼 것도 아니에요. 쿠알라룸푸르 중심가 주변도 좋은데 거기는 콘도 값이 더 비싸고. 외국인들도 사실 거기 많이 사는데, 한국인들은 그냥 여기들 많이 있으니까 이쪽으로 와요. 편하긴 해요. 여기 콘도에 수영장이랑 체육시설이 다 되어 있으니까, 수영이랑 운동 레슨도 다 콘도로 와서 해주고.

인근 B국제학교 교사의 설명에 따르면 이 지역의 거주단지는 한국 기업의 주재원들뿐만 아니라 다른 나라에 본부를 둔 다국적 기업의 주재원들에게도 매우 인기가 높기 때문에, 주변의 국제학교에는 다국적 기업과 관련된 교육 수요가 집중되고 있다고 한다. 그러나 한국 기업 주재원의 경우, 인접한 두 곳의 국제학교 중 한 곳은 한국인이 그다지 선호하지 않는 영국식이며 다른 하나는 미국식이지만 한국 학생들을 쉽게 받아주지 않기 때문에 집은 몽키아라 지역에 구하고 자녀들은 암팡 지역에 위치한 국제학교에 보내는 경우도 많다.

흥미로운 점은 거주지를 선택하는 데 있어 주재원 본인이 근무하는 직장의 위치보다는 생활의 편의성이나 자녀들이 다니게 될 학교의 위치를

위   몽키아라 콘도 밀집 지역

아래 콘도 밀집 지역에 위치한 국제학교

위 몽키아라의 한인 상점들

아래 몽키아라의 한인 음식점

우선적으로 고려하는 경향이 있다는 점이다. 그러다 보니 오히려 파견근무 당사자인 아버지들은 매일 긴 시간을 들여 장거리 출퇴근을 해야 하는 상황이 종종 발생한다. 예를 들어 J기업의 경우 한국에서 파견된 주재원들의 대부분이 몽키아라에 거주하지만 회사는 여기서 꽤 먼 곳에 위치해 있어 회사가 제공하는 통근 버스를 이용하는 경우 출퇴근이 편도로 한 시간에서 한 시간 반 정도 걸린다고 한다. 이러한 결정에는 주재원인 남편 또는 아버지를 따라 낯선 곳에서 수년간 생활해야 하는 가족들의 편의가 충분히 고려되지 않을 경우, 현지 생활에 대한 만족도나 삶의 질에 큰 타격이 있을 수 있다는 고려가 작용한다. L기업에서 근무하는 B씨는 이전에 인도네시아에 파견되었을 때 직장 위주로 집을 구했다가 근무 기간 내내 가족들의 원망을 사는 시행착오를 경험한 적이 있다고 한다. B씨는 가족보다 먼저 인도네시아 현지에 도착해서 직장에서 가까운 곳에 집을 구하고 그 집에서 가까운 학교에 아이들을 보내기로 결정했다. 하지만 아이들과 함께 나중에 도착한 부인은 "아줌마들 이야기를 들어보더니" 바로 아이들을 평판이 좋은 다른 학교로 전학시켰고, 아이들은 매일 편도로 한 시간 반에서 차가 막힐 때는 세 시간까지도 걸리는 학교에 다니느라 인도네시아 거주 기간 내내 고생을 했다. 결국 불편하고 고단한 일상생활에 대한 "모든 비난의 화살"은 사무실 가까운 곳에 집과 학교를 정한 B씨에게 쏟아졌다고 한다. 수년 후 말레이시아에 근무하게 된 B씨는 가족들보다 한 달 먼저 현지에 도착해서 "무조건 애들 중심으로" 집을 구했다고 한다.

말레이시아에 파견된 한국 기업 주재원의 자녀들은 모두 현지의 일반

학교가 아닌 국제학교에 다닌다. 말레이시아의 유일한 국가 공용어는 "바하사 말레이시아"로 불리는 말레이어이며, 따라서 모든 공립과 사립 초중등학교의 수업은 원칙적으로 말레이어로 이루어진다. 비록 학교에 따라 영어를 많이 사용하는 경우도 있기는 하지만 이러한 경우에도 공용어인 말레이어를 제대로 배우지 않고는 학과 과정을 따라가는 것이 불가능하다. 국제학교를 절대적으로 선호하는 현상은 영어를 공용어로 사용하지 않는 국가에 파견된 주재원 가족에게 공통적으로 나타나는 현상이다. 이들은 현지에 완전히 정착하기 위해 이주한 것이 아니고 몇 년 후면 다시 한국으로 돌아가야 하는 상황이기 때문에 굳이 시간과 노력을 들여 현지어를 배울 필요를 느끼지 않는다. 또한 영어와는 달리 현지어는 열심히 배워봐야 국제적으로 인정받고 활용할 가능성이 별로 없다는 인식도 현지 학교 진학을 꺼리는 이유가 된다. 이는 미국이나 캐나다 등 영어를 공용어로 하는 국가에 파견된 주재원들이 국제학교가 아닌 좋은 학군의 공립학교에 자녀들을 보내는 것과 대조적이다.

그러나 국제학교의 숫자가 많고 종류도 다양하며 선택의 폭이 넓은 말레이시아 대도시 지역에서는 주재원들의 국제학교 선택 과정 또한 복잡한 양상을 보인다. 선택 시 고려하는 사항으로는 학교 수업료와 등록금이 얼마인가, 미국식인가 영국식인가, 원어민 교사 비율이 어떻게 되는가, 한국 학생을 잘 받아주는가 등이 있다. 기본적으로 국제학교들은 의무교육 제도의 혜택을 받는 일반 학교에 비해 엄청나게 비싼 수업료와 등록금을 받기 때문에 부모가 말레이시아 기준으로 상당히 높은 소득을 가지고 있지 않으면 입학이 어렵다. 그중에서도 쿠알라룸푸르 지역에서 최고 수준의 국제학교로 알려진 네 개 학교는 차상위 등급으로 분류되는 국제학교 보다도 두세 배 비싼 수업료와 등록금을 부과하고 있고 입학 자격도 엄격하게 제한하고 있다.[2] 따라서 비교적 높은 수준의 교육비 지원을 받는 대기업과 공기업의 주재원이라 하더라도 아이들을 소위 가장 좋은 국제학교에 입학시키는 것이 쉽지 않을 수 있다고 한다. 또한 말레이시아는 영국의 식민지배를 받은 나라로, 엘리트층을 중심으로 영국식 교육을 선호하는 경향이 있으며 따라서 국제학교 중 상당수는 영국식이다. 그러나 한국인, 특히 파견근무를 나가 있는 주재원들은 미국식 국제학교를 강력하게 선호하기 때문에 선택의 폭은 더 좁아진다. 게다가 대부분의 한국 학생들은 지금까지 한국어만을 사용해왔을 뿐만 아니라 말레이시아에 와서도 한인 거주 지역에 머물러 영어 실력이 잘 늘지 않는 경우가 많기 때문에 한국 학생들을 기꺼이 받아주지 않는 국제학교들도 있고, 학교에서 입학 허가에 필요한 영어 실력의 기준을 엄격히 적용할 경우 입학 신청이 거부되는 경우도 있다.

연구자가 면담한 주재원 가족들의 사례를 종합해보면, 자녀들을 바로 원하는 학교에 입학시킬 수 없는 경우가 많으며 특히 두 명 이상의 자녀를 둔 주재원들의 경우 아이들의 학교를 한 번에 결정하기 어렵다는 것을 알 수 있었다. 주재원 자녀들은 보통 부모와 함께 거주하며, 또한 일부 학교들은 외교관과 주재원 자녀들에게 입학 우선순위를 주기 때문에 기본적인 입학 자격은 쉽게 충족한다. 그러나 최상위 국제학교의 경우 등록금과

---

2 이들 학교의 경우 순수 수업료만 1년에 6만 링깃(한화로 약 2000만 원)에 달하며, 입학금과 건축비 명목의 기부금까지 합치면 실제로 부담해야 하는 액수는 이보다 훨씬 크다.

국제학교 사무실 앞에 있는 홍보 배너

수업료 부담이 매우 크기 때문에 두 명 이상의 자녀를 이러한 학교에 보내려면 회사 지원만으로 학비를 충당할 수 없어 상당한 액수의 자비를 지출해야 한다. 이러한 추가 지출이 불가능하다면, 아이들 중 적어도 한 명은 현지에서 "가장 좋다는" 국제학교가 아닌 다른 학교로 보내야만 한다. 그 밖에 곧바로 원하는 학교에 들어갈 수 없는 경우로는, 희망하는 학교에 결원이 나지 않아 대기자 명단에 이름을 올리고 기다려야 하는 경우, 입학 시 요구하는 수준 테스트를 통과하지 못해 일단 입학 기준이 덜 엄격한 학교에 보내는 경우, 그리고 한국의 학제와 현지 국제학교의 학제가 서로 맞지 않아 입학이 가능한 학기가 시작될 때까지 임시로 다른 학교에 보내는 경우 등이 있다.

말레이시아로 주재원 발령이 난 후, 아버지들이 먼저 집을 구하고, 가족들이 모두 현지에 합류하고, 아이들을 학교에 입학시키고 나면 본격적으로 현지 생활에 적응하는 과정이 시작된다. 말레이시아 생활을 시작하는 주재원 가족들이 낯선 느낌을 갖는 요인으로는 언어 소통의 문제, 느리고 비효율적인 일상 업무 처리, 예상했던 것보다 신경이 쓰이는 치안 상황, 생각보다 비싼 물가, 현지인과는 다른 식생활 때문에 원하는 재료를 구입하기 위해서는 여기저기 장을 보러 다녀야 하는 불편함 등이 있다고 한다.

주재원 가족들이 현지 생활에 적응하는 것이 곧 이들이 "현지화"된다는 것을 의미하지는 않는다. 오히려 이들은 대다수의 말레이시아인과는 극도로 유리되어 있는 자신들의 생활에 별다른 문제의식을 느끼지 않으며 현지화의 필요성을 절실히 체감하지도 않는 것으로 보인다. 대부분의 한국 기업 주재원 가족들에게 "현지"라는 단어는 대다수 말레이시아 국민들이 일상적인 삶을 영위하는 영역이 아니라 한국인이 집중적으로 거주하는 주택단지와 한국인들이 선호하는 국제학교를 둘러싼 생활 영역을 의미한다. 즉 일상생활의 현지화를 현지 주민들과 활발히 접촉하면서 현지의 언어와 문화를 습득하는 것으로 정의할 때, 한국 기업 주재원들과 그 가족들의 현지화 수준은 매우 낮은 것으로 나타난다. 한 국제학교의 교사는 한국인들이 같은 콘도에 모여 살고, 한국 식당에서 밥을 먹고, 한국 미용실에서 머리를 하고, 한국 식료품점에서 장을 보며, 한인 교회에 다니고, 아이들은 놀이터에서 한국 애들끼리 놀며, 한국인 학부모들끼리만 어울리는 배타적인 성향을 보인다며, 한국인 커뮤니티 안에서 머무르고자 하는 뚜렷한 성향은 아이들이 현지에 빠르게 적응하는 데 지장을 준다는 견해를 피력했다. 한국인이 많이 사는 콘도에 거주하는 몇몇 외국인들은 한국에서 온 남성들이 술에 만취해 소란을 피우거나 아무 데서나 고기를 구워 먹는 등 공동주택의 규칙을 준수하지 않는 것에 강한 불쾌감을 표시하기도 했다.

그러나 외부인의 눈에 비친 문제점을 일부 인정한다 하더라도, 여전히 한시적 이주자로서 주재원 가족들을 둘러싼 특수한 상황들, 그리고 그 자녀들이 다니는 국제학교들이 가지고 있는 나름의 문화와 규범 또한 고려의 대상이 되어야 한다. 즉 짧게는 3년에서 길게는 5년간 머무를 계획으로 말레이시아에 도착한 주재원 가족들은 현지 생활에 적응하고 아이들을 현지 국제학교에 적응시키는 것을 넘어서 한국에 돌아가야 한다는 "예정된 미래"를 준비해야 하는 상황에 놓여 있다. 따라서 일부 주재원들은 현지에서 자녀들을 국제학교에 보내면서도 일상에서는 항상 한국 사람을 만나서 한국어를 사용하고 한국식 생활을 할 수 있다는 점을 한국인의 사회적 폐쇄성이라든가 현지 적응의 장애물로 생각하기보다는, 향후 국내 복귀에 도움이 될 수 있는 요인으로 긍정적으로 평가하기도 한다.

3. 말레이시아의 교육제도와 한인들의 학교 선택

1) 말레이시아의 교육제도

주재원들은 가까운 미래에 "결국 (자녀와 함께) 한국으로 돌아갈" 예정이거나 부모가 한국에 돌아가서 다시 자리를 잡더라도 자녀들은 다른 나라로 유학 보내는 것을 염두에 두고 있다. 주재원들은 현지에 완전히 정착하거나 자녀들을 말레이시아 국내 대학에 보낼 계획이 없기 때문에, 현지인들의 절대 다수가 의존하는 말레이시아의 공교육제도는 이들이 자녀의 학교를 선택하는 데 있어 전혀 고려의 대상이 되지 않는다. 즉 주재원 자녀들이 적응해야 하는 현지의 교육환경은 현지에서 가장 보편적인 공교육 체제가 아닌 외국인학교 또는 영어학교로서의 국제학교이다. 교육비의 상당 부분을 소속된 한국 기업에서 지원받으면서 현지 기준으로는 천문학적인 수준의 등록금을 요구하는 국제학교에 다닐 수 있다는 것은 주재원 자녀들이 말레이시아의 보통 학생들과는 완전히 유리된 삶을 영위하는 것을 가능하게 한다. 주재원 가족들이 현지 교육기관으로 당연하게 선택하는 국제학교들은 외국인과 해외 생활에 익숙한 극소수 말레이시아 국민만 접근 가능한 기관으로 말레이시아의 어지간한 일반인들은 접근할 수도 없는 배타적이고 폐쇄적인 곳이다.

앞에서도 언급했듯이 말레이시아의 교육제도는 기본적으로 말레이어로 된 교육 과정을 제공한다. 학제는 초등학교Sekolah Rendah 6년, 중등학교Sekolah Menengah 5년, 그리고 대학 준비 과정pre-university program 2년으로 이루어진다. 공립 초등학교의 종류로는 정부의 전면적 지원을 받으며 말레이어로 수업을 하는 가장 보편적인 형태의 초등학교SK: Sekolah Kebangsaan와, 정부로부터 부분적 지원을 받으며 중국어 또는 타밀어로 수업하는 공립형 초등학교SJK: Sekolah Jenis Kebangsaan가 있다. 사립 초등학교의 경우 말레이어로 된 국정 교육 과정을 따르는 일반 사립 초등학교와 영어로 된 교육 과정을 제공하는 국제학교로 나누어진다. 최근 들어서는 일반 사립 초등학교가 점차 사라지면서 이들이 국제학교로 전환되는 추세가 나타나고 있다. 말레이시아에 거주하는 한인들의 대체적인 경향은 단기 거주자의 경우 거의 예외 없이 국제학교를 선택하는 반면, 장기 거주자의 경우 국제학교 또는 중국어 공립형 초등학교SJK Cina를 선택하는 것으로 나타난다.

중등학교의 경우 정부의 지원을 받는 모든 공립학교는 반드시 말레이어로 가르치게 되어 있다. 따라서 중국어 초등학교가 부분적으로 정부의 지원을 받는 것과는 달리, 중국어 중등학교는 정부 지원을 전혀 받지 않는 사립학교로 운영되며 따라서 중국어 중등학교의 등록금은 공립 중등학교보다 훨씬 높게 책정된다. 또한 중국어 중등학교의 졸업장은 말레이시아 국내에서 공식 학력으로 인정되지 않기 때문에 이 학교에 다니는 학생들은 졸업 후 유학을 떠나거나 국내 학력을 인정받을 수 있는 다른 여러 가지 방법을 강구해야 한다. 한편 타밀어는 말레이시아에서 상대적으로 사용 범위가 좁고 그 사용 능력이 사회적으로 높은 지위와 연결되기

어렵기 때문에 타밀어 중등학교는 존재하지 않는다. 그 밖의 사립학교로
는 말레이어를 사용하는 일반 사립 중등학교와 영어를 사용하는 국제학
교가 있다. 중등교육의 경우 한인들의 국제학교 선호가 더욱 두드러져 주
재원은 물론이고 교민들도 극소수를 제외하고는 국제학교에 자녀들을
보내는 경향을 보인다.

대학 준비 과정의 경우 공립 중등학교에서 제공하는 중등학교 6학년
과정(영어로 Form 6, 말레이어로 Tingkatan 6)과 주로 정부가 우수한 말레이
를 선발하여 대학에 위탁하여 교육하는 메트리큘라시metriculasi, 그리고 사
립대학에서 운영하는 대학 준비 과정 등이 있다. 말레이시아 국내 대학에
가지 않고 해외 대학에 진학할 계획이라면, 진학 희망 국가에 따라 선호
하는 대학 준비 과정이나 준비하는 시험의 종류가 달라진다. 한인들은 주
로 국제학교에서 중등 교육 과정을 이수하기 때문에 사립대학에서 운영
하는 대학 준비 과정을 선택할 수밖에 없다. 한 가지 참고해야 할 것은 영
국식 학제를 따르는 국제학교를 마친 한국인 학생의 경우 "우리나라로 치
면 고등학교를 2년만 다닌 것"이 되기 때문에 한국에 있는 대학에 진학하
는 조건인 "12년 교육 과정 이수"를 충족하려면 반드시 대학 준비 과정에
들어가서 1년을 채워야만 한다는 점이다.

국제학교에 들어간 한국인 학생들은 현지에 거주하는 동안 말레이시
아의 공용어인 바하사 말레이시아에 노출될 기회가 별로 없는 상태에서
영어를 주로 사용하는 각급 국제학교의 언어 환경에 적응하는 데 주력하
게 된다. 일부 학생들이 다민족 다언어 사회인 말레이시아에서 사용되는
주요 언어 중 하나인 중국어를 선택과목으로 공부하기도 하지만 이러한

선택을 현지화를 위한 노력으로 보기는 어렵다. 직접적으로는 중국어능력 검정시험인 HSK^Hanyu Suiping Kaoshi, 汉语水平考试에서 높은 등급을 받는 것이 한국 대학입시에 유리하게 작용한다는 점이 중국어를 선택하는 중요한 이유이며, 장기적으로는 중국이 국제사회에서 급격하게 부상한 상황에서 중국어를 해두는 것이 앞으로 유리할 것이라고 판단해 중국어를 습득하는 것이다. 즉 말레이시아에서 공부하고 있는 한국인 학생들 사이에서 중국어는 중국계 현지인과의 사회적 교류를 매개해주는 언어로 사용되기보다는 한국 또는 다른 국가에서 사회적으로 성공하기 위해 동원할 수 있는 언어 자원으로서의 의미를 가진다. 자녀들을 중국어 초등학교에 보내는 일부 교민 가정들은 중국어가 말레이시아 사회 내에서 가지는 중요성을 훨씬 더 적극적으로 인정하고 수용하는 경향을 보인다. 하지만 말레이시아에서 중국어로 중등교육을 받게 될 경우 말레이시아 국내외에서 발생할 수 있는 여러 가지 제약 요건 때문에, 중등교육 단계에 이르면 결국 대부분이 영어로 교육하는 국제학교를 선택하게 된다.

2) 주재원들이 선호하는 국제학교의 다양한 현지화 정도

말레이시아에 거주하는 주재원과 교민들은 현지에 소재한 국제학교들을 주로 미국계, 영국계, 그리고 현지계로 분류한다. 말 그대로 미국계 국제학교는 미국의 교과 과정을, 영국계 국제학교는 영국의 교과 과정을 따르며, 현지계 국제학교는 말레이시아인 교직원의 비율이 높은 국제학교로 그중에서도 처음에 일반 사립학교로 개교한 학교들은 사립 교과 과정과 국제학교 교과 과정을 절충하여 가르친다. 국제학교들 중 일부는 각

학교의 해당 교육 과정 이외에도 국제적인 이동이 잦은 학생들을 위한 IB^International Baccalaureate^ 교육 과정을 제공한다.

비록 같은 국제학교로 분류되지만 이들은 "현지화" 정도에 있어 중요한 차이를 보인다. 여기서 현지화란 크게 두 가지 관점, 즉 현지인의 비율이 얼마나 되는가, 그리고 현지와 연관된 내용을 교육 과정에 포함하고 있는가를 중심으로 살펴볼 수 있다. 국제학교의 내국인 학생 비율과 관련된 말레이시아 정부의 정책은 최근 10년 사이에 크게 변화했다. 2006년까지 말레이시아 내 국제학교의 내국인 비율은 0.05퍼센트에 불과했으나, 2006년에 정부는 학교 정원의 40퍼센트 내에서 내국인의 입학을 허가할 수 있도록 했다(Bailey 2013). 그러나 2012년 말레이시아 정부가 국제학교의 내국인 입학 제한을 폐지하면서, 개별 학교가 자체적으로 학생의 비율을 조정하지 않는 한 국제학교의 내국인 비율에는 상한선이 없게 되었다(중앙일보 2014. 03. 12). 국제학교에 대한 규제 완화와 더불어 급격하게 증가한 내국인 교육 수요는 이미 10여 년 가까이 이어져온 한국인의 말레이시아 조기유학 열풍 등과 맞물리면서 국제학교에 대한 수요를 급격하게 증가시켰고, 이로 인해 국제학교의 등록금도 빠르게 상승하고 있다.

교육 과정의 측면을 살펴보면, 말레이시아 교육부는 자국에 소재한 국제학교들이 교과 내용을 자체적으로 결정할 수 있도록 허용한다. 그러나 한편으로 국제학교들은 교육부의 관리감독을 따라야 할 의무가 있으며 그 의무의 일환으로 현지 문화와 관련된 기본적인 내용을 교과 과정에 반드시 포함해야 한다. 이러한 맥락에 있는 교육 내용으로 가장 눈에 띄는 것은 말레이시아 국민을 구성하는 주요 세 종족, 즉 말레이, 중국계, 인도

계의 명절에 거의 모든 국제학교가 특별행사를 개최한다는 것이다. 2014
년도에 A국제학교는 2월 14에 중국 전통의상축제를 개최했으며, D국제
학교도 14일과 15일 양일에 걸쳐 중국 음력설을 축하하는 학교 행사를 진
행했다. 이와 같은 맥락에서 말레이시아 무슬림의 최대 명절인 하리 라야
에는 무슬림 인구의 대다수를 차지하는 말레이들의 전통의상을 입고 등
교하는 행사를, 그리고 말레이시아의 인도계 힌두교도들의 최대 명절인
디파발리^{Deepavali}에는 인도 전통의상을 입고 등교하는 행사를 개최한다.
그러나 이러한 특별행사들은 현지의 문화와 언어를 체득하려는 진정한
의미의 현지화 노력이라기보다는 일회성 문화축제의 성격을 가진다는 한
계가 있다.

한국 기업의 주재원들은 적어도 파견근무 기간 동안은 교육비에 상대
적으로 구애받지 않을 수 있기 때문에 가능하다면 자녀들을 "가장 좋은"
국제학교에 보내고 싶어 한다. 주재원들 사이에서 가장 인기가 있는 최상
위 미국계 국제학교들은 모든 면에서 현지화 정도가 가장 낮은 학교들로
"외국인학교"의 성격을 띤다. 즉 교사의 대부분이 북미나 영국, 호주 등지
에서 온 영어 원어민들이며, 학생들의 구성에 있어서도 내국인이 차지하
는 비율이 현저하게 낮고, 교과 과정 또한 말레이시아의 국정 교과 과정이
나 입시제도와 거의 연관이 없으며, 국가 공용어인 바하사 말레이시아가
정규 수업 과정에 포함되어 있지 않다. 한국인 학부모들이 흔히 "웨스턴"
이라고 칭하는 외국인 교사들은 대부분 다른 국가의 국제학교에서 근무
한 경험이 있는 원어민 교사들이다. 이들의 상당수는 이전에 다른 나라
의 국제학교에 함께 근무했던 동료들의 연계망을 통해 세계 여러 국가에

있는 국제학교를 옮겨 다니며 학생들을 가르친 경력을 가지고 있다. 타 국제학교 근무 경험이 있는 원어민 교사들을 초빙하는 데 드는 비용은 학교가 요구하는 높은 수준의 등록금에 그대로 반영되며, 원어민 교사의 비율이 높을수록 등록금 또한 높은 것으로 나타난다. 최상위 국제학교의 등록금은 현지 공립학교 등록금의 100배 이상, 차상위 국제학교 등록금의 3배에 달하는 금액으로 교육의 대상을 극소수로 제한하는 효과를 가진다. 한국 기업 주재원의 경우, 회사의 교육비 지원이 상대적으로 후한 경우라 하더라도 두 명 이상의 자녀를 모두 최상위로 분류되는 학교에 보내는 것은 경제적으로 부담이 되는 경우가 많다.

값비싼 등록금과 더불어 이들 학교들은 자체적으로 입학 허가 우선순위를 적용하고 있다. 예를 들어 미국계 국제학교의 경우 미국 국적자나 미국계 회사 주재원의 자녀들이 최우선 입학 대상이 되며, 미국인 이외에는 외교관과 기업 주재원의 자녀들이 우선 고려 대상이 된다. 즉 높은 등록금을 부담할 경제적 능력이 있다고 해서 누구나 이들 학교에 입학 허가를 받을 수 있는 것은 아니다. 특히 미국계 학교인 A교와 B교는 학교 자체의 정책에 따라 현지인 비율을 낮은 수준으로 유지하고 있다. B교의 경우 내국인은 말레이시아 외교관 또는 무역협회 직원의 자녀로서 모든 교육을 해외 또는 국제학교에서 받은 학생들만 입학을 허가한다는 원칙을 적용하고 있다. 이 학교의 말레이시아 국적자의 비율은 전체 학생 수의 17퍼센트 정도로, 이는 말레이시아 국적의 학생이라도 사실상 말레이시아에서 일반 학생들과 더불어 생활한 경험이 거의 없다는 것을 의미한다. B교는 다양한 국가에 소재한 국제학교의 환경에 이미 익숙해져 있는 총 58개국 출신의 학생들과, 주로 북미 출신으로 세계 각국의 국제학교에서 가르친 경험이 있는 교사들, 그리고 여러 나라 국제학교들 간의 제도적 인적 네트워크를 통한 교류 활동 등으로 국제학교 고유의 문화를 만들어나가고 있다.

한국인 주재원들은 최상위 국제학교 중에서도 미국계 학교를 선호하는 경향을 뚜렷이 보이는데, 그중에서는 처음 말레이시아에 올 때부터 미국계 국제학교를 염두에 두었던 경우도 있지만, "처음에는 영국계 학교도 고려했는데 와보니 한국 학부모는 거의 미국계 학교를 보내더라"며 이야기하는 경우도 있었다. 특히 미국계 국제학교 중 한 곳인 A교의 경우 소위 "가장 좋은" 국제학교로 알려져 있으면서도 한국 국적 학생 비율 상한선이 25퍼센트로 매우 높으며, 한국 대학에서도 직접 방문하여 입시 설명회를 개최하는 등 국내에서의 인지도도 높아 수년 후 한국으로 돌아가게 되었을 때 여러모로 유리한 것으로 인식된다. 게다가 미국식 국제학교이기 때문에 한국으로 돌아가는 대신 미국 유학을 선택할 경우에도 진학 준비에 큰 도움이 된다는 고려가 작용하기도 한다.

A교가 애들 대학을 그렇게 잘 보낸대요. 교장 추천도 있고, 서클 활동 기록이랑 그런 것도 다 외국 대학에서 인정해주고. 여기서 오래 거주하신 분들은 A교에서 웬만큼 하면 다 학교를 잘 보내요. 한국에서도 똑같은 Y대학을 가더라도 국제학부 이런 데 아니고 생명과학부 이런 데. 얘기 들어보니까 SAT랑 토익이랑 성적이 비슷한 애들이 둘 있었는데 Y대학에는 A교 다닌 애가 붙었대요. Y대학은 미국식 학교를 더 선호한다는 말이 있어요(초등학교 4학년 자녀를 둔 주재원 부인 L씨).

현지계 국제학교로 불리는 차상위 국제학교의 범주에는 처음부터 국제학교로 설립된 곳과 국정 교육 과정을 따르는 사립학교에서 점차로 국제학교로 변모해가고 있는 학교들이 포함된다. 예를 들어 C국제학교는 원래 사립학교로 설립되었지만 2014년 기준으로 초등학교 4학년 이하로는 사립학교 과정 없이 국제학교로만 운영되고 있다. 사실상 학교 운영진이나 교사진 등에는 근본적인 변화가 없어 "무늬만 바꾼" 것이라고 이야기하는 사람도 있다. 그러나 가장 큰 변화는 사립학교 교과 과정이 주로 바하사 말레이시아로 되어 있던 데 비해, 같은 학교라도 국제학교로 전환된 이후에는 대부분의 수업이 영어로 이루어진다는 점이다. 그러나 사립학교로 운영될 때와 마찬가지로 여전히 교사와 학생들은 내국인이 주류를 이루고 있으며 바하사 말레이시아와 중국어는 필수과목으로 지정되어 있다.

차상위 국제학교의 교사들은 대부분이 영어를 일상어로 사용하는 말레이시아 국적자이며 외국 출신 원어민 교사의 비율은 매우 낮다. 원어민에 비해 훨씬 저렴한 비용으로 채용할 수 있는 현지 출신 교사가 주류를 이루기 때문에 이들 국제학교의 등록금은 최상위 국제학교의 3분의 1 내지는 절반 정도 수준에서 유지된다. L기업 주재원 B씨는 차상위 국제학교를 "로컬 플러스", 즉 내국인이 다니는 일반 학교보다 한 등급 위에 있는 학교로 분류하면서 주재원이 이 정도로 낮은 비용으로 자녀를 로컬 플러스 국제학교에 보낼 수 있는 국가는 별로 없다고 이야기했다. 이는 말레이시아가 영국의 전 식민지로서 소위 영어권 국가이기 때문에 가능한 상황이다. "외국에서 교사를 모두 채용해야 하면 비용이 상승하지만, 이 나라 사람들 중에서도 영어가 되는 사람들이 많아 상대적으로 비용이 저렴"하다는 것이다.

이들 국제학교들은 대체로 내국인 입학 제한을 적용하지 않고 있다. 예를 들어 한국 기업의 주재원들에게도 상당히 인기가 있는 C국제학교의 경우, 현재 재학생 중 내국인의 비율이 약 70~75퍼센트에 달하며 정해진 상한선은 없다고 한다. 그러나 공립학교 학비의 수십 배에 달하는 국제학교의 학비는 내국인들 중에서도 일부 계층, 즉 의사, 변호사, 사업가 등 전문직 종사자와 중산층 가정의 자녀들로 교육의 대상을 제한하는 효과를 낸다. 이는 일부 국제학교들이 엄연한 의미에서 "국제학교"라기보다는 중산층 말레이시아인과 일부 외국인의 영어 교육 수요를 충족하는 "영어학교"로서의 성격을 가진다는 것을 보여준다. 특히 말레이시아 정부가 국제학교에 대한 규제를 완화한 후 내국인을 중심으로 국제학교의 수요와 공급이 빠르게 증가하고 있으며, 이와 더불어 학비도 인상되는 추세에 있다.

3) 교민과 현지 사업가의 다양한 학교 선택

주재원 학부모들 사이에서는 최상위 미국계 국제학교를 선호하는 경향이 뚜렷이 나타나는 반면, 말레이시아에 장기 거주할 계획이 있는 한인들은 보다 다양하게 자녀들의 학교를 선택하는 경향을 보인다. 이러한 선택에는 물론 비싼 국제학교의 학비를 고용 기업이 아닌 개인이 지불해야 하는 데 따르는 경제적 부담이 중요하게 작용한다. 그러나 수년 내 한국으로 복귀할 것을 염두에 두어야 하는 주재원들과 현지에 이미 정착했거나 정착할 계획을 가지고 있는 한인들 사이에는 당연히 자녀 교육에 있어 우선적으로 고려해야 하는 사항에도 차이가 있을 수밖에 없다. 특히 후자의 경우 교육에 들어가는 비용이 현지에서 활용할 수 있는 언어적, 문화적, 사회적 자원을 축적하는 데 얼마만큼 효율적으로 반영될 수 있는지에 훨씬 더 신경을 쓰는 경향을 보인다.

예를 들어 말레이시아 현지에서 사업을 하고 정착하려면 자녀들을 D국제학교 또는 E국제학교에 보내야 한다는 말이 있다고 한다. 영국식 교육 과정을 따르는 이 두 국제학교는 말레이 왕족들과 특권층에게 인기가 많은 것으로 정평이 나 있다. 영국식 국제학교의 인기는 말레이시아의 "오래된 부자old-money people"들이 "영국적인 것"을 선호하는 경향을 반영하는 것으로 해석된다. 또한 외교관 또는 주재원 자녀들이 주로 다니는 국제학교의 경우 학생들이 자주 들고 나기 때문에 오래 지속되는 친구 관계를 형성하기가 힘든 반면, 말레이 부유층에게 인기가 많은 D학교의 경우 일단 입학한 학생들이 졸업 때까지 머무르는 경우가 많으며 따라서 특권층 출신의 학생들과 깊이 있는 교류를 지속적으로 맺을 수 있다는 점이 장점으로 지적되기도 한다. 게다가 "왕족 학생 한 명이 등교하는데 밴van에 운전사와 하녀까지 따라와서 학교 끝날 때까지 함께 있다더라." 또는 "여기 보내는 한 분은 딸 덕분에 헬리콥터도 타봤다고 하더라." 등의 이야기들에서 드러나는 것처럼, 영국식 국제학교에서는 왕족과 특권층의 화려하고 이국적인 생활을 가까이서 볼 수 있을 뿐만 아니라 자녀들을 통해 말레이시아의 특권층과 사회적 관계망을 형성할 수 있을 것이라는 기대가 존재한다. 하지만 현지의 부유층이 영국식 국제학교에 큰 매력을 느낀다는 점에도 불구하고, 한국인에게 생소한 영국식 교육 과정을 제공하고,

외국 출신 원어민 교사의 비율이 다른 최상위 국제학교들보다 낮으며, 한국에서의 인지도가 낮아 특례전형에서 불리할 수 있다는 인식 등으로 인해 한국 기업 주재원들 사이에서는 미국식 국제학교에 비해서 인기가 덜한 편이다.

중국어 공립형 초등학교 또한 일정 기간이 지나면 한국으로 돌아가야 하는 주재원들보다는 현지에 정착한 교민들에게 인기가 높은 유형의 학교이다. 의무 교육 과정을 제공하는 공립학교로 학비가 매우 저렴할 뿐만 아니라 자녀들에게 "모국어"를 가르치고 싶어 하는 현지 중국계의 수요가 집중되면서 말레이어로 가르치는 일반 공립학교에 비해 학생들의 가정환경이나 학업 분위기가 우수한 것으로 알려져 있다. 자녀가 성공적으로 적응할 경우 중국어를 자연스럽게 사용할 수 있게 된다는 점, 비록 영어나 중국어만큼의 비중을 두지는 않지만 현지에 정착하게 될 경우 꼭 필요한 말레이어를 습득할 수 있다는 점, 그리고 일부 학교의 경우 오후에 영어 과정을 추가로 선택할 수 있도록 하여 국제학교나 사립학교에 비해 부족한 영어 학습을 보충해준다는 점이 강점으로 인식된다. 중국계 초등학교를 마친 한인 학생들은 보통 국제학교에서 중등 교육 과정을 밟게 되지만 드물게는 사립 중국어 중등학교로 진학하는 경우도 있다. 몽키아라 지역에서 사업을 하면서 6학년 큰 아이를 중국계 공립학교에, 그리고 4학년 작은 아이를 현지계 국제학교에 보내고 있는 교민 K씨는 다음과 같이 이야기한다.

공립학교이고 학비도 없고 그래서 못 사는 집 애들이 많이 올 것 같죠? 외국인은 1년에 200링깃(약 6만 5000원) 내는데 여기 애들은 하나도 안 내고 다니거든요. 그런데 애들 때문에 학교에 가보면 벤츠도 있고 고급차, 외제차가 많이 와요. 여기가 영국 식민지였잖아요. 그러니까 예전에는 중국인이라도 만다린을 읽고 쓰지는 못했잖아요. 그런데 요새는 생각들이 바뀌어서 애들한테 만다린을 읽고 쓰는 법을 가르치려고 하는 것 같아요. 물론 중등학교 가면 좀 달라져서 다른 학교로 많이 옮기기도 하죠. 중국계 공립학교에 가면 중국어도 배우고 영어와 말레이어도 배워야 해요. 현지에 오래 사실 계획인 분들은 초등학교는 중국계 공립학교를 보내고 세컨더리(중등학교) 갈 때 국제학교 같은 데로 옮기는 분들이 많아요. 세컨더리 가면 주로 영어에 주력하면서 중국어나 말레이어는 튜이션(과외)으로 돌리고. 영어는 앞으로 쭉 할 거니까 어렸을 때 중국어나 말레이어를 좀 해두면 아무래도 유리하죠.

그러나 가정에서 한국어를 사용하는 한인 학생들이 중국계가 절대다수를 차지하는 학교에서 중국어로 수업을 받고, 뿐만 아니라 필수과목인 말레이어를 배우고 동시에 앞으로 국제학교에 진학할 것을 대비해 영어도 챙겨야 한다는 것은 학생들과 학부모들에게 큰 부담을 안겨준다. 중국계 학교에 자녀를 보내는 경우, 부모들은 중국어, 말레이어, 영어 개인교사를 각각 두거나 자녀를 해당 학원에 보내야 한다. K씨는 두 가지 이상의 언어를 잘 가르칠 수 있는 가정교사를 구하기도 쉽지 않은 데다가, 아직 초등학교 6학년인 아이가 정규 과정과 영어 보충 과정을 모두 마치고 오후 네 시가 넘어 집에 돌아와서 다시 가정교사와 공부하느라 많이 피곤해한다며 걱정스러워 했다.

자녀들의 학교를 선택하는 과정에서 주재원과 교민 간의 차이가 나타났지만, 자녀들이 말레이시아 국내 대학에 진학하는 것보다는 한국이나 영어권 국가에 있는 대학에 가는 것을 선호한다는 점은 현지 교민들 또한 주재원들과 비슷하다고 할 수 있다. 비록 가족의 삶의 터전을 완전히 한국으로 옮길 생각이 없다 하더라도, 자녀들만큼은 한국에서 대학 교육을 받게 하고 싶다는 부모들이 최근 들어 부쩍 늘어났다고 한다. 17년 전에 말레이시아로 이주했으며 지난해 큰 아이를 한국 대학에 입학시킨 J씨는 이렇게 이야기한다.

> 둘째도 될 수 있으면 한국으로 학교를 보내려고 해요. 주변 분들 이야기가 한국 사람이기 때문에 한국으로 학교를 가는 것이 아무래도 유리하다고. 아니면 외국 학교를 가더라도 최소한 1~2년은 한국에 가서 학교를 다녀보는 것이 좋다고 그러세요. 외국에서 계속 직장도 가지고 할 게 아니라면 외국 학교 가는 게 그다지 유리하지 않기도 하고. 또 외국은 체류비도 너무 비싸잖아요.

그러나 장기간 말레이시아에 거주했거나 앞으로 정착을 계획하고 있는 한인들이 주로 염두에 두는 한국 대학 입학 경로는 해외에서 모든 교육 과정을 마친 한국인 학생들을 위한 "12년 특례전형"이다. 따라서 한국에서 학교를 다니던 아이들을 말레이시아에 국제학교에 적응시키고 또다시 돌아와서 한국의 상황에 맞추어 입시 준비를 시켜야 하는 주재원 학부모들에 비해 한국의 교육제도와 입시제도의 변화에 상대적으로 덜 민감하게 반응할 수 있다.

4. 귀국 준비와 귀국의 과정

1) "귀국"이라는 예정된 미래에 대한 대비

주재원들이 처한 한시적 이주의 상황, 즉 일정 기간이 지나면 결국 한국으로 돌아가야 한다는 사실 때문에 이들의 가족 구성원들은 외국에 머무르는 동안에도 한국의 교육제도나 입시제도로부터 자유로울 수 없다. 대부분의 주재원들이 자녀들을 영어로 가르치는 국제학교, 특히 그중에서도 미국식 국제학교에 보내는 만큼, 말레이시아 현지 근무가 끝나면 자녀들을 미국이나 다른 영어권 국가로 유학 보내는 방법도 고려한다. 그러나 실제로 이러한 선택을 하는 데는 다양한 현실적인 제약이 작용하며, 따라서 많은 경우 자녀들의 귀국과 한국 학교 복귀는 피할 수 없는 현실이 된다.

아버지의 파견근무를 계기로 현지의 국제학교에 들어간 학생들이 아버지의 국내 복귀 이후에도 남아서 다니던 학교를 졸업하고 해외 대학에 진학하기 위해서는 엄청난 비용이 소요된다. 주재 기간이 종료되면 기업이 제공하던 모든 학비 지원이 중단되어 학비와 체재비가 고스란히 개인의 부담으로 남게 되는 것은 물론이고, 한국인이 선호하는 미국 소재 대학에 진학하여 학교를 마치는 데까지는 더 큰 비용이 추가된다. 국제학교에 익숙해진 아이들의 상당수가 한국의 치열한 경쟁체제로 돌아가는 대신에 다니던 학교를 졸업하고 해외 대학에 진학하길 원하지만, "외국으로 보내면 애 하나당 집 한 채 팔아야 한다"는 말이 나올 정도로 엄청난 비용을 부담할 수 있는 부모는 많지 않다.

게다가 말레이시아 파견근무를 마치고 지난해에 귀국해 큰 아이를 국내 명문대학에 특례로 입학시킨 K기업 주재원의 부인 K씨의 이야기에 따르면 최근 3~4년 전부터 현지의 학부모들 사이에서 한국 대학 선호 현상이 점차로 확산되기 시작했다고 한다. 시간이 지나고 다양한 사례에 대한 경험이 축적되면서 해외 대학 진학이 엄청난 비용을 들인 만큼의 성과로 이어지지 않을 수도 있다는 인식이 형성되고 있다는 것이다.

> 한동안 조기유학 열풍이 불어서 많이들 나오셨잖아요. 그런데 그때 나온 애들이 이제 외국 대학 졸업하고 취직할 나이가 되었는데 취직이 잘 안 되어서 약간 환상이 깨지는 부분도 있고. 애들 아빠는 한국 학교를 나와야지 인맥도 쌓고, 계속 외국에 나가 살 게 아니면 한국 학교를 나와야 한다고 그래요. 정 공부를 계속하고 싶으면 대학원을 외국으로 가거나 교환학생을 가면 된다고.

한국 대학으로 진학하는 것이 여러모로 유리하다는 판단은, 10여 년간의 조기유학 열풍을 통해 학부모들 사이에 축적된 경험 이외에도 외국 대학을 나온 젊은 직원들을 상대해본 주재원들의 경험에서 비롯된 것이다. 여러 해에 걸쳐 다양한 국가에서 주재원으로 근무한 경험이 있는 D기업의 J씨에 따르면 한국 기업과 외국 기업은 젊은 직원들에게 배분하는 업무의 성격, 기대하는 역할이나 태도, 심지어 업무 관련 프레젠테이션의 방식에서까지도 큰 차이가 있다고 한다. 따라서 외국 대학 졸업자들과 일해본 경험이 있는 한국 기업의 상사들은 해외유학 경험자가 많지 않았던 시절에 이들에게 가졌던 기대나 환상에서 빠르게 벗어나고 있으며, 영어에 능통한 외국 대학 졸업자들은 한국 기업의 분위기와 업무 처리 방식에 적응하지 못하고 쉽게 이직을 결정하는 경향이 강하다고 한다.

주목할 만한 것은 회사를 그만두지 않는 이상 일정 기간이 지나면 반드시 한국으로 돌아가야만 하는 주재원들과 그 가족들뿐만 아니라, 교민 가정과 기러기 가정에서도 이미 한국 대학 선호 현상이 두드러지게 나타나고 있다는 점이다. 말레이시아 현지 한인 자녀들의 교육과 관련해 많은 경험과 정보를 가지고 있는 한국인학교의 교사들은 다음과 같은 견해를 드러냈다.

> 예전에는 외국으로 유학을 가기도 하고 여기 남기도 하고 그랬어요. 그런데 외국 유학은 학비도 비싸고 거기에 비해 메리트도 별로 없고. 이제 외국 대학 나온 사람도 많은데, 한국 회사에서도 처음에는 대우를 잘해주다가 막상 좀 써보니까 문화적 차이도 있고 언어 문제도 있고 윗사람들이랑 코드가 안 맞고 무례하다고도 하고요. 요새는 외국에서도 취직이 잘 안 된다는데, 우리나라 애들이 국제학교 나와서 영어를 아무리 잘해봐야 자국민보다는 못하니까요. 그리고 영어뿐만 아니라 한국말도 잘해야 쓸모가 있어요. 그래서 요새는 영어는 고등학교까지 한 것으로 되었다며 한국 대학으로 많이 들어가요. 이게 최근 5~6년 전부터 나타난 경향인데, 오히려 외국 대학을 다니다가 한국 대학으로 편입하는 경우도 많대요.

조기유학 열풍이 시작되는 단계였던 2000년대 중반에는 국제학교와 해외 대학 진학이 성공을 보장해줄 것이라는 막연한 기대가 있었던 반면, 조기유학을 마치고 해외 대학에 진학한 학생들이 학교를 졸업하고 국내외 취업시장을 경험하기 시작한 수년 전부터는 막연한 기대가 점차로 현실적인 조정 단계를 거치고 있다는 것이다. 연구자가 인터뷰한 여러 주재원과 그 배우자 그리고 한인학교 교사들은 결국 한국 사람이 성공하기 위해 기본이 되어야 하는 것은 한국어 능력과 한국 사회 적응 능력이라고 공통적으로 주장했다. 게다가 해외유학이 활성화되고 시간이 흐르면서 이제 외국 대학을 졸업한 영어 능통자가 희소성을 가지던 때는 이미 지났다는 판단이 나오고 있다. 이러한 맥락에서 외국계 기업 한인 주재원 부인 L씨는 "요새 뭐 영어 잘하는 애들이 한둘이에요. 뉴욕대 나온 사람이 또 한둘이냐고요"라고 하며, 영어 실력과 외국 대학 졸업장 이외에도 특화된 언어 능력이나 업무 능력이 있어야만 대우받을 수 있는 때가 왔다고 주장했다.

그러나 한국인은 결국 한국 대학을 가는 것이 유리하다는 주장에 동의한다 할지라도 수년간을 말레이시아의 국제학교에서 교육받은 자녀들을 실제로 한국에 있는 대학에 입학시키는 데는 많은 어려움이 따른다. 말레이시아 정착 과정과 한국으로의 귀국 과정을 모두 성공적으로 마무리하기 위해 학부모와 학생들은 적어도 두 가지 이상의 교육 시스템에 적응해야만 한다. 특히 대학입시와 관련된 특수한 문제는 일부 대학이 실시하고 있는 재외국민 특별전형 제도와 이에 맞추어 특화된 사교육 시장을 통해 상당 부분 해소되고 있는 것으로 보인다. 그러나 입시를 본격적으로 준비해야 하는 나이가 되기 훨씬 이전에도 양쪽 시스템을 모두 따라잡아야 한다는 이중의 부담 때문에 학부모와 학생들은 끊임없는 선택의 상황에 처하곤 한다.

많은 학생과 학부모들이 공통적으로 맞닥뜨리게 되는 대표적인 선택의 상황 중 하나는 수업이 없는 주말 시간을 어떤 일에 먼저 할애할 것인지를 결정해야 하는 경우이다. 예를 들어 한국인학교에 다니는 학생들은 주중에는 각자 소속된 학교에서 공부하고 토요일에는 한국인학교에 가서 한국어와 한국의 주요 교과목을 공부하게 된다. 그러나 이러한 일정을 실행에 옮기는 데는 여러 가지 제약이 따른다. 학생들이 주중에 다니는 정규학교는 토요일에 수업을 하지 않는다. 그러나 대신에 토요일에는 종종 학교의 문화행사와 체육활동 일정이 잡힌다. 즉 학생이 한국인학교에 꾸준히 나가기 위해서는 정규학교의 행사에 참석할 수 없게 되며, 반대로 학교 행사에 적극적으로 참여하기 위해서는 한국인학교를 빠져야 하는 상황이 발생한다. 또는 말레이시아에 이주하고 국제학교에 입학한 지가 얼마 되지 않은 학생과 학부모들은 아이들이 영어를 사용하는 환경에 빠르게 적응할 수 있도록 주말 시간을 영어 학원을 다니거나 영어 과외를 받는 데 우선적으로 할애한다. 하지만 주중에 이미 과도한 학업 부담에 시달리는 아이들을 주말에도 일찍 깨워서 학교나 학원에 보내는 것 또한 부모로서는 힘들고 내키지 않는 일이라고 한다.

　　이러한 어려움에도 불구하고 주재원 학부모와 자녀들은 당장 다니고 있는 국제학교에 잘 적응하는 동시에 앞으로 돌아가게 될 한국 학교에서 성공적으로 재적응할 수 있도록 미리 준비를 해야 한다는 이중의 과제를 안고 있고, 이 중 어느 하나도 쉽게 놓칠 수 없는 상황에 처해 있다. 한국인학교 교사들의 이야기에 따르면, 말레이시아에서 학교에 다니고 있는 한국 학생들의 대부분이 결국은 한국에 돌아가게 될 가능성이 높으며,

따라서 "한국인으로서의 정체성"과 더불어 "교육의 연속성"을 유지하는 것이 무엇보다도 중요하다고 한다.

> 예전에는 처음에 와서 영어를 배우는 데 집중하느라 1~2년이 지난 후에야 한국인학교를 보내려고 하는 경우도 많았어요. 하지만 한국어 공부를 3학년 때까지 하고 안 하다가 5학년 때 와서 다시 한다고 하면 그동안 빈 것을 채울 수가 없거든요. 한국어 공부 시기를 놓치면 나중에 따라잡을 수가 없어요. 한국어가 아무리 모국어지만 안 쓰고 공부를 안 하면 결국 외국어나 같아요. 그런데 최근 1~2년 전부터 온 지 2주나 한 달 됐을 때 바로 찾아오고, (말레이시아에) 오자마자 (한국인학교에) 오시는 분도 많아졌어요. 예전 같으면 한국 공부를 하지 않다가 한국에 가기 한 6개월 전부터 겁이 나는 거예요. 한국 가서 어떻게 맞닥뜨려야 하나. 그런데 교육이라는 게 두세 달 해서 되는 게 아니잖아요. 어차피 한국 가서 수업을 들어야 하는데 중요 과목은 좀 해둬야죠. 여기서 살다 간 애들이 가서 적응을 잘 못하고 문제가 있으니까 따로 반도 만들고 그러는 게 아니겠어요.

한국에 귀국해야 한다는 예정된 미래를 염두에 두고 생활하는 주재원과 그 가족들 중에는 말레이시아 부임의 장점으로 자녀들이 언어와 문화의 측면에서 한국인으로서의 정체성을 유지할 수 있다는 점을 드는 경우도 있었다. 2008년에서 2011년까지 말레이시아에서 근무했던 주재원 P씨는 미국 등에서 근무를 할 경우 자녀들이 현지 아이들과 어울리다 보면 한국어를 잊어버리기도 하지만, 말레이시아에 근무하는 동안에는 아이들이 한국어를 잊지 않을 수 있어서 좋았다고 했다. 특히 P씨의 가족이 거주했던 몽키아라는 한인 인구의 집중도가 매우 높으며 한국 대기업의 주재원들이 선호하는 거주 지역이기도 하다. 이 동네에 사는 경우, 아이들은 학교에 가면 영어를 배우고 집에 돌아오면 한국인들에게 둘러싸여 생활할 수 있는 환경이 자연스럽게 조성된다. 이 주재원의 견해에 따르면 어렸을 때부터 국제학교에 다닌 애들은 현지 아이들과도 잘 어울리지만, 그래도 결국 "마음속"의 이야기를 할 수 있는 것은 "한국 애들"이며 결국 남는 것도 한국 애들이라는 것이다.

주재원 가정은 자녀들이 한국의 교육제도에 뒤처지지 않게 하기 위해 현지에서도 꾸준히 시간과 노력을 투자해야 하는 특수한 상황에 놓여 있다. 일부 국제학교 교사들이 한국인 학생과 학부모들의 두드러지는 사회적 폐쇄성을 지적하는 데에는 이러한 상황도 크게 한몫하는 것으로 보인다. 한편 말레이시아에서 국제학교에 잘 적응하면서 한국 교과 과정도 따라가는 것은 아이들에게 너무 지나친 부담이라고 말하는 한 국제학교 교사는, "만약 한국인들이 여기서 영어 교육을 받기를 원하지만 동시에 한국 교육제도를 따라가야 할 필요성이 있다면 차라리 주말학교가 아니라 정규 교과 과정을 제공하는 한국인학교를 설립하는 것이 낫지 않겠느냐"고 반문했다.

그러나 국제학교들 혹은 국제학교 교사들 사이에서도 한국 학생들의 특수한 상황과 필요에 대해 어떻게 반응하고 대처해야 할 것인가를 둘러싸고 견해의 차이가 존재한다. 예를 들어 A국제학교는 학생 정원의 25퍼센트까지 한국 국적의 학생을 받아주며 학교 측에서 한인 학부모들을 위한 모임을 따로 마련해주고 있다. 또한 이 학교에는 한국의 주요 대학들이 직접 찾아와 한국인들을 대상으로 입학설명회를 개최하기도 한다. 반면에 B국제학교의 경우, 특정 국가 출신의 학생들이 학교에서 지나치게 큰 비중을 차지하는 것을 경계하고 학생 구성을 다양하게 유지하는 데 주력하면서 "진정한 의미에서의 국제학교"를 추구하고 있다. 이러한 맥락에서 충분히 국제적이지 못하고 한국인끼리만 어울려 다니는 학생과 학부모들에 대한 시선은 상대적으로 냉정하고 비판적이다.

주재원 가족의 해외 이주는 한시성을 전제로 한다. 즉 현지에서의 생활을 구성하고 계획하는 방식은 파견 시에 정해진 일정 기간이 지나면 한국으로 돌아가야 한다는 것을 염두에 두고 이루어진다. 그러나 해외에 나올 때부터 돌아가야 할 시기를 예측할 수 있으며 다양한 방식으로 귀국 이후의 삶을 대비하며 살아간다고 하더라도, 막상 파견근무가 종료되었을 때 가족들의 생활을 한국으로 그대로 옮길 수 없는 경우가 많다. 부모들이 볼 때 한국 교육제도로의 복귀가 불가피하거나 꼭 필요하다고 판단되면 파견이 결정된 시점부터 자녀들에게 "우리는 결국 한국으로 돌아가야만 한다"는 것을 반복적으로 각인시키기도 한다. 그러나 여러 경험적 사례들은 반복적인 각인만으로 자녀들을 설득하는 것도, 그리고 자녀들이 귀국과 동시에 쉽게 재적응할 수 있도록 미리 완벽하게 준비시키는 것도 불가능하다는 것을 잘 보여준다. 회사가 정해주는 파견과 복귀의 시기가 가족 구성원 개개인의 삶의 주기와 잘 맞아떨어질 경우 귀국과 재적응의 과정은 비교적 순조롭게 이루어질 수 있다. 그러나 그렇지 못할 경우 가족들이 한국에서의 생활을 함께 다시 꾸려나가는 데 큰 지장을 받기도 한다.

또한 주재원들이 현지에 도착해서 현지를 떠나는 사이의 기간 동안 자녀들의 문화적 가치나 언어 사용 능력에도 큰 변화가 나타날 가능성이 높다. 달리 말하면 한국에서 막 출발해 도착했던 그 아이가 그대로 자라서 한국으로 돌아가는 것이 아니라는 점을 고려해야 한다는 것이다. 실제로 많은 주재원 자녀들이 일단 국제학교에 적응을 하고 나면 다시 한국으로 돌아가는 것에 큰 두려움을 가지게 된다고 한다. 특히 한국을 떠나올 때 부모와 아이들 모두 한국 교육제도의 팍팍한 경쟁문화에서 벗어나는 데에 해방감을 누렸던 만큼, 바로 그 경쟁체제로 다시 들어가서 본격적으로 입시에 대비해야 한다는 사실은 크나큰 심리적 부담을 안겨주게 된다. H기업의 주재원 H씨는 "여기 온 애들 80~90퍼센트가 안 돌아가고 싶다고" 한다면서 그래도 "갈 날이 정해져 있으니까" 선택할 수 있는 여지는 그다지 많지 않아 고민 중이라고 털어놓았다.

2) 귀국—한국으로 돌아오는 과정에서 발생할 수 있는 상황들

앞에서 살펴보았듯이 모든 주재원 자녀들이 한국으로 돌아오는 것은 아니다. 비교적 적은 수의 한국 학생을 받아주는 B교의 경우 지난 10년간 이 학교를 졸업한 한국인 학생의 절반 정도는 한국 대학으로, 그리고 나머지 절반은 미국 대학으로 진학했다고 한다. 그러나 이 학교는 학비가 말레이시아 내의 국제학교 중에서도 최고 수준인 학교로 가장 적극적으로 국제화를 지향하는 학교의 사례이며, 대부분의 한인 학부모들과 학생들은 미국 대학 진학에 드는 엄청난 비용을 감당할 엄두를 내지 못하거나 미국 대학 졸업 이후 진로의 불확실성을 고려하여 한국행을 결정하게 된다.

그러나 수년간의 말레이시아 생활은 한국에서의 일상생활과 교육에 단절을 가져오며, 이로 인해 부모와 자녀들 모두 한국으로 돌아가는 것에 두려움을 느끼게 된다. H기업의 H씨는 1년 전 가족과 함께 부임해 올 당시 아이들이 "한국 학교에서의 치열한 경쟁문화에서 벗어나서 자유롭게 세상을 경험했으면 하는 기대"가 있었으며 실제로 말레이시아에 온 후 "좀 여유가 있어서" 좋다고 했다. 그러나 파견기간이 정해져 있는 이상 여유를 계속해서 누릴 수는 없으며 "나중에 한국에 가면 애들이 어떻게 적응할지 걱정"이라고 했다. 아직 대학 입학을 생각하기에는 어린 자녀들을 둔 경우에도 부모들은 국제학교의 자유로운 분위기에 익숙해진 아이들이 한국에 돌아갔을 때, 이미 경쟁문화에 길들여진 "영악하고 빠릿빠릿한" 한국 애들과 어울려서 잘 지낼 수 있을지를 걱정하게 된다. 초등학교 4학년과 2학년에 재학 중인 두 아이를 둔 J기업 주재원 부인 K씨는 다음과 같이 이야기한다.

> 한국 애들은 엄청나게 많이 공부하는데 여기서 그냥 행복하게 놀기만 하는 게 아닌가 싶기도 하고. 한국에서는 요즘 애들 보면 영악하고 빠릿빠릿하고 그렇잖아요. 그런데 여기 애들은 순진하다고 해야 하나, 어리바리하다고 해야 하나. 우리 큰애는 돌아가면 중1인데 들어가면 교육이 제일 걱정이죠.

다행히 파견과 귀국의 시기가 아이들의 교육 일정이나 발달 단계와 잘 맞아떨어지거나 아이가 적응력이 뛰어나고 활달하며 언어 감각이 있는 경우, 자녀들은 두 번의 이주에 따른 교육과 생활환경의 변화에 별다른 어려움 없이 잘 적응하기도 한다. 그러나 몇몇 주재원들은 아직 언어 능력이나 사회성이 완전히 발달하지 않은 어린 자녀들을 데리고 외국에 나가 생활하는 과정에서 예상하지 못했던 문제를 경험하게 되었다고 한다. 그중 하나는 어린 나이에 한국어와 영어는 물론 중국어와 말레이어 등 여러 언어에 동시에 노출되는 과정에서 언어에 혼란이 오는 경우이다. 치료가 필요할 정도로 심각한 경우가 아니라 하더라도 귀국 후 아이들이 사용하는 어눌한 한국어는 유치원이나 학교생활에 적응하는 데 어려움을 초래하기도 한다.

중학생 이상의 자녀를 둔 경우 대학 진학과 입시 문제가 가장 큰 고민으로 부각되는데, 바로 이 점 때문에 처음부터 주재원들이 가족과의 동반 이주를 포기하는 경우도 있다. 또한 인격과 가치관 형성에 매우 중요한 시기인 사춘기를 외국에서 보낸 아이들은 한국에서 일상적으로 통용되는 규범이나 가치관에 적응하는 데 어려움을 겪기도 한다. K기업의 주재원으로 최근까지 말레이시아에 근무했으며, 큰 아이를 특별전형으로 고대에 입학시킨 P씨의 이야기에 따르면, 일반적으로 "대기업 주재원의 파견기간이 5년인데 애들이 사춘기를 외국에서 5년씩 보내고 나면" 한국에 돌아와서 적응하는 것이 아주 힘들어진다고 한다. 이러한 경우 말레이시아에서 학교를 마치고 외국 대학에 진학하는 것을 심각하게 고려하게 되지만, 외국 유학에 드는 엄청난 비용 때문에 어쩔 수 없이 한국으로 돌아가야 하는 경우도 많다고 한다. 이 과정에서 현실적인 경제 사정을 고려해야 하는 부모들과 상대적으로 자유로운 국제학교의 분위기를 누리다가 갑자기 한국의 치열한 경쟁체제로 편입되는 것을 두려워하는 자녀들 사이에 갈등이 발생하기도 한다. 그러나 한국으로 돌아오더라도, 해외에서 몇 년간 학교를 다니다 귀국한 자녀들이 성공적으로 재적응하고 대학 진학을 위해 필요한 환경을 조성해주는 데는 상당한 정보력과 경제력이 요구된다.

부모를 따라 말레이시아로 이주해 오느라 교육의 연속성에 크고 작은 타격을 입은 자녀들은 흔히 "특례입학"이라고 불리는 재외국민 특별전형에 의존하게 되는데, 이에 기대지 않고 한국에서 계속 교육을 받은 학생들과 경쟁하여 대학에 갈 수 있는 가능성은 매우 낮다. 자녀를 동반해 파견과 귀국 과정을 거치다 보면 자녀가 대학입시에서 불리함을 겪게 마련이지만, 특례제도는 이를 상쇄해주는 역할을 한다. 그러나 해외에서 근무하는 한국 기업 주재원의 수가 늘어나고, 동시에 기러기 가족 등의 형태로 교육 이주를 떠나는 가정도 늘어나면서 특례입학의 경쟁률 또한 나날이 높아지고 있다고 한다. 게다가 특례제도를 불투명하고 불공정하게 운영한 사례가 보도되면서 특별전형에 지원할 수 있는 자격 요건 또한 예전에 비해 많이 까다로워졌다고 한다. 실제로 특별전형 지원 조건의 충족 여부는 주재원 가족들이 이주의 시기를 조정하는 데 결정적인 영향을 미친다. 세세한 조건은 대학마다 다르지만 현재 통용되는 대략의 조건에 따르면, 해외에서 고1을 반드시 포함하여 연속으로 3년 이상 교육을 받았거나 비연속인 경우 4년 이상을 다닌 기록이 있어야 한다. 또한 해외에서 이수한 학기를 포함하여 총 24학기 이상을 학교에 재학했음을 증명해야 한다.

말레이시아에서 학교에 다니던 자녀들은 아버지의 귀국 발령 시기가 포함된 학기를 끝까지 마치지 않으면 특례입학이 요구하는 재학 기간을 증명할 수가 없게 된다. 게다가 상이한 학제로 이동할 경우, 학기의 시작과 종료 시기가 서로 다르기 때문에 한쪽에서 학기를 끝마치고 나면 다른 쪽에서는 제때 학기를 시작할 수 없는 상황도 종종 발생한다. 이런 점들을 감안하면, 실제로 말레이시아에 머물러야 하는 기간은 특별전형 지원 조건에 명시된 기간보다 더 길어질 수도 있다. 반대로 주재원의 파견근무 기간이 끝나기 이전에 이미 자녀들이 특례전형 지원 자격을 갖추었다면 가족들이 먼저 한국으로 귀국해서 본격적으로 입시 준비에 전념하기도 한다. 또한 말레이시아에서 가장 일반적인 영국식 학제(초등교육 6년+중등교육 5년)를 따르는 학교를 졸업한 경우에는 한국 학제로 치면 고등학교 2학년까지만 수료한 것이 되므로, 이 경우 현지 사립대학이 운영하는 대학 준비 과정에 들어가서 두 학기를 채워야만 한국의 대학에 입학할 수 있는 자격이 갖추어진다. 특례입학 전형 과정에서는 재학 학기 수와 전형 조건 충족 여부를 서류로 증명해야 하는데 주재원의 이동 시기와 학교의 학사 일정이 잘 맞아떨어지지 않거나 한국 학교와 현지 학교 사이에 학제의 차이가 있을 때는 이것 또한 쉽지 않은 작업이라고 한다. 심지어 학생과 학부모는 학기 수를 맞추어 특례 지원 조건을 갖추었다고 생각했는데 증빙서류를 준비하는 과정에서 한 학기에 대한 증명이 불가능하다는 것을 깨닫고 크게 당황하는 경우도 있다고 한다. 상황이 이렇다 보니 학부모들은 학교로부터 재학 기간을 증명받을 수 있는가에 대해 매우 민감하게 반응하게 된다.

한편 입시를 눈앞에 두고 한국으로 귀국한 주재원과 그 자녀들은 끊임없이 변화하는 특례제도의 지원 자격과 합격 요건을 충족하기 위해 장기 해외 거주 경험이 있는 학생들의 필요에 맞추어 특화된 사교육 시장에 의존하게 된다. 이 특별한 사교육 시장에 대한 접근성은 주재원들이 한국에 귀국한 이후 어느 지역에 정착할지를 결정하는 데 큰 영향을 미친다. 즉 파견근무 기간을 마치고 한국으로 돌아왔을 때 주재원 가족들은 당연히 이전에 살던 동네로 다시 돌아가거나 부모의 근무지 근처로 이사를 가게 되는 것이 아니라는 것이다. 귀국 후 강남구 대치동에 정착한 K기업 주재원 부인 K씨는 다음과 같이 이야기한다.

우리나라에 특례 전문학원이 딱 두 개밖에 없는데 둘 다 이 동네에 있어요. 특례는 90퍼센트가 이 동네로 자리 잡아요. 아이들의 영어 실력을 유지하면서 학원을 보낼 만한 데가 압구정이랑 이 동네예요. SAT나 토플 만점을 목표로 하는 애들만 전문으로 하는 학원이 있거든요. 아는 친구는 분당으로 갔는데 학원이 없어서 주말마다 애들을 이리로 날라요. 특례반을 따로 꾸리는 학교도 있어요. 외국에서 애들이 제일 많이 들어올 때 인사발령이 나서 이 동네학교에 자리가 나지를 않았어요. 개포동에서 진선여고까지 다 가봤는데 자리가 없었죠. 서초구로 넘어가면 자리가 있다는데 선뜻 안 가게 되더라고요.

비록 자녀를 미국 등지의 외국 대학에 보내는 데 드는 경비와는 비교가 되지 않지만 강남 지역의 높은 거주 비용과 소수 학생들의 필요와 요구에 맞추어 특화된 학원의 비싼 교육비는 국내로 복귀한 주재원 가정에 큰 경제적 부담을 안겨준다. 또한 장기 해외 거주로 국내에서의 사회적 관계망이 단절된 데다가 주재원 가정의 특수한 상황은 유사한 경험을 한 사람들만이 이해할 수 있기에, 국내로 복귀한 주재원 가족들은 귀국 후 일종의 사회적 소외감을 느끼기도 한다.

> 한국은 저학년 때 엄마들이 뭉쳐서 그대로 올라가는데, 애들 둘 다 저학년 때 엄마들을 만날 기회가 없었어요. 그래서 동네 엄마들 사이에 못 껴요. 한국에서 엄마들이 잘 안 놀아줘요. 그분들만의 노하우가 있는데 잘 공개를 안 해요. 와서 이야기를 해보면 비슷한 상황에 있던 사람들이랑 이야기하게 돼요. 동창들은 무조건 부러운 눈빛으로 보니까 이야기를 별로 안 하게 돼요.

이분의 이야기에 따르면 올해 대학에 입학한 큰딸은 그래도 동창회라도 나갈 수 있는 엄마를 부러워하며 자신은 "아빠 따라서 왔다 갔다 하느라" 동창도 없고 동네 친구도 없다고 강한 불만을 토로했다고 한다. 특히 입시를 앞두고 귀국한 자녀들은 부러움 섞인 질시를 보내거나 입시 경쟁자로 보고 경계하는 시선 때문에 친구를 사귀기 어렵다고도 한다.

　장기간의 해외 거주 경험에서 습득한 독특한 문화적 가치와 언어적 특성은 자녀들이 한국으로 돌아왔을 때 다른 학생들로 하여금 이질감을 느끼게 하는 이유가 되기도 한다. L기업 주재원으로 근무했던 C씨 아들은 쿠알라룸푸르에 있는 미국계 국제학교를 다니다가 고등학교 3학년 때 한국으로 귀국했다. 이분은 아들이 대학에 입학하고도 한참 시간이 흐른 후에야 아들이 귀국 후 한국 학교에서 "왕따"를 당했었다는 것을 알게 되었다고 한다. 특히 한자식 표현이나 존댓말 체계에 익숙하지 않다는 점이 문제가 되었는데, 예를 들어 교사의 "우향우, 좌향좌"라는 구령의 뜻을 알아듣지 못하고 엉뚱하게 반응한다든가 선생님과 대화할 때 반말에 가까운 표현을 쓰는 경우 즉각적인 주목을 받았다고 한다. 게다가 교사가 학생의 "머리를 쥐어박거나" 몽둥이를 휘두르며 위협하는 행동 등은 체벌문화가 없는 국제학교에 익숙해진 아들에게는 일종의 "문화적 충격"이었다고 한다.

물론 주재 기간이 종료된 이후 한국으로 돌아와 자녀들을 한국의 입시제도에 대비시키거나 외국 대학으로 보내는 과정에서 개별 가정이 경험하게 되는 구체적인 상황에는 큰 차이가 있을 수 있다. 또한 같은 가정의 아이들이라 할지라도 한 아이는 파견과 귀국에 뒤따르는 환경 변화에 적응하는 데 큰 어려움을 느끼지 않는 반면, 다른 아이는 변화를 매우 힘겨워하기도 한다. 그러나 분명한 것은 주재원들과 그 가족 구성원들이 수년의 기간 내에 말레이시아로 이주하고 다시 한국에 들어와 재정착하는 과정에서 발생하는 경제적 비용과 사회문화적 비용이 예상했던 것보다 클 수 있다는 점이다. 또한 이주와 재정착의 복잡한 과정이 아이들의 일상에 가져올 수 있는 혼란을 최소화하면서, 동시에 아이들이 복수의 교육 체제에 대비할 수 있도록 끊임없이 정보를 수집하고 환경을 조성해주어야 한다는 것은 주재원과 그 배우자에게 감당하기 쉽지 않은 도전이 되기도 한다.

5. 맺으며

이 연구의 결과를 이해하는 데 있어서 반드시 고려해야 할 것은 말레이시아에서 근무했거나 현재 근무하고 있는 한국 기업 주재원들의 자녀 교육 경험이 현지 한인 사회에서도 매우 특수한 경우라는 사실이다. 높은 수준의 생활비와 교육비 지원을 받는 한국 주요 대기업 주재원들의 경우, 상대적으로 큰 고민이나 어려움 없이 한국인들이 선호하는 지역에 원하는 집을 구하고 현지에서 가장 좋다고 하는 국제학교에 자녀들을 입학시킬 수 있다. 그러나 중견 기업 주재원들을 비롯해 교육 이주자, 교민, 개인 사업가 등 거주와 교육에 드는 비용의 일부 또는 전부를 개인이 부담해야 하는 경우에는 자녀 교육과 관련된 결정을 내리는 데 있어 경제적이고 제도적인 제약들이 중요하게 작용한다. 아직까지도 말레이시아에서 외국인이 자녀들을 교육하는 데 드는 비용은 북미나 유럽 선진국은 물론 다른 여러 아시아 국가에 비해서도 저렴한 것으로 여겨진다. 하지만 최근 국제학교의 내국인 제한을 둘러싼 말레이시아 정부의 정책 변화와 이에 따라 현지 교육시장에 일어나고 있는 변화는 전반적인 교육비 상승으로 이어지고 있다. 또한 말레이시아에서 외국인의 현지 체류와 학교 입학 자격에 관련하여 다양한 규제들이 존재하고 그 내용도 자주 변경되고 있기 때문에, 기업이나 기관이 가족의 체류 자격과 자녀들의 국제학교 입학 자격을 보장하지 않는 대부분의 한인들은 자녀를 현지에서 교육하는 과정에서 더 많은 난관에 부딪히게 된다.

이 책에 실린 다른 글들이 말레이시아와 인도네시아에 있는 한국 기업의 현지화 전략과 그 구체적인 과정에 초점을 두고 있는 반면, 이 글은 말레이시아에 한시적으로 이주한 주재원 가족이 자녀를 교육하는 데 있어 현지화를 그다지 중요하게 고려하지 않음을 보여준다. 한편으로는 말레이시아 국제학교에서의 영어 교육 경험이 아이들이 장차 국제사회로 진출했을 때 성공할 수 있는 바탕이 될 것이라는 기대, 그리고 다른 한편으로는 대부분의 주재원 가정들이 결국 받아들여야만 하는 귀국이라는 예성된 미래와 그에 뒤따르는 자녀들의 한국 교육제도 재적응의 문제는 현지화에 대한 관심을 부차적인 것으로 만드는 경향이 있다. 특히 한국에서 조기유학 붐이 일기 시작하던 2000년대 중반에는 국제화된 교육이 제공해줄 수 있는 가능성과 혜택에 대한 기대가 컸던 반면, 조기유학의 경험이 축적되면서 국제화와 관련된 기대는 현실적 조정을 거치고 있고, 이는 한국 대학을 선호하는 경향으로 이어지고 있는 것으로 보인다. 말레이시아에 거주하는 한국인의 교육 문제를 둘러싼 여러 복잡한 상황 속에서 개별 한인 가정들은 현지인의 교육 방식에 적응해가는 것도, 국제학교의 규범과 문화를 완전히 수용하는 것도, 그리고 한국 교육 체제에 그대로 맞추어가는 것도 아닌 나름의 절충점을 찾기 위해 끊임없이 노력하고 있다.

참고 문헌

권기수·고희채. 2010. "중남미진출 한국 기업의 현지화가 기업성과에 미치는 영향". 『이베로아메리카연구』 21권 2호. 1~24쪽.

김용규. 2000. "국제기업의 아시아 주요 신흥시장 진출시 현지화 고려 요소". 국제경영연구. 11권 2호. 141~185쪽.

김지훈. 2013. "서평: 욕망, 어머니됨, 어머니노릇하기로 풀어낸 말레이시아의 기러기 가족". 성정현·홍석준. 2013. "그들은 왜 기러기가족을 선택했는가: 말레이시아 조기유학 현장보고". 『동남아시아연구』 23권 2호. 323~328쪽.

성정현·홍석준. 2013. 『그들은 왜 기러기가족을 선택했는가: 말레이시아 조기유학 현장보고』. 한울아카데미.

Bailey, Lucy. 2013. International School and Host Country Nationals: A Case-Study from Malaysia, Australian International Education Conference 2013 발표 자료.

조선일보. 2005. 04. 07. "조기유학 신천지, 말레이시아로 날아간 '기러기'들"

주간경향. 2013. 10. 29. 1048호. "조기유학: 자칫하면 '교육미아'로 전락"

중앙일보. 2014. 03. 12. "아시아 교육허브 전쟁: 한국은 지금"

찾아보기

오명석

서울대학교에서 학사와 석사를 이수하고, 호주의 모나쉬대학교 인류학과에서 말레이시아 농촌마을의 소농경제에 대한 논문을 제출해 1993년에 인류학 박사 학위를 받았다. 현재 서울대학교 인류학과 교수로 재직하고 있으며, 최근의 주요 논문으로는 "말레이시아에서의 돼지고기 소비와 종족관계"(2004), "동남아 이슬람의 쟁점: 이슬람과 현대성"(2011), "이슬람적 소비의 현대적 변용과 말레이시아의 할랄인증제"(2012), "동남아의 수피즘"(2013) 등이 있고, 주요 저서로 『동남아의 화인사회』(2000, 공저), 『동남아의 지역주의와 종족갈등』(2003, 공저), 『세계의 풍속과 문화』(2005, 공저), 『우리 안의 외국문화』(2006, 공저) 등이 있다.

전제성

서강대학교에서 학사와 석사를 이수하고, 서울대학교 정치학과에서 민주화 시기 인도네시아 노동정치에 관한 논문을 제출해 2002년에 정치학 박사 학위를 받았다. 현재 전북대학교 정치외교학과 부교수로 재직하고 있으며, 최근의 주요 논문으로는 "Strategies for Union Consolidation in Indonesia"(2009), "인도네시아 국가와 외국인자본 관계의 변화"(2010), "한국의 동남아 지역연구와 정치학계의 기여"(2010), "한국 시민사회 '아시아연대운동'의 문제와 과제"(2011), "인도네시아의 대학교육 – 발전을 위한 개혁과 도전"(2012), "무니르의 생애로 본 인도네시아의 사회운동과 민주화"(2013) 등이 있고, 주요 저서로『State Violence and Human Rights in Asia』(2011, 공저),『인도네시아 속의 한국, 한국 속의 인도네시아』(2013),『맨발의 학자들』(2014, 공저),『동남아의 이슬람화』(2014, 공저) 등이 있다.

강윤희

서울대학교에서 인류학 학사와 석사를 이수하고, 미국 예일대학교에서 인도네시아의 주술과 의례 언어에 대한 논문으로 인류학 박사 학위를 받았다. 현재 서울대학교 인류학 과 부교수로 재직 중이다. 최근 논문으로는 "Singlish or Globish: Shifting Language Ideologies and Global Identities among Korean Educational Migrants in Singapore"(2012), "'Any One Parent Will Do': Negotiations of Fatherhood among South Korean 'Wild Geese' Fathers in Singapore"(2012), "Global Citizens in the Making: Child-Centred Multimedia Ethnographic Research on South Korean Student Migrants in Singapore"(2013), "인도네시아 한인 기업의 언어사용과 의사소 통"(2014), "언어 자원과 언어 능력의 재구성: 싱가포르 한국 조기유학생들과 동반 가족 의 사례"(2014) 등이 있다.

엄은희

서울대학교 지리교육과를 졸업하고, 동대학원에서 신자유주의 시대 필리핀 광산개발 과 주민의 저항에 대한 논문을 제출해 2008년 박사 학위를 받았다. 현재 서울대학교 아 시아연구소 동남아센터 선임연구원으로 재직하며 동남아시아 지역의 개발과 환경 이 슈를 중심으로 연구하고 있다. 주요 논문으로는 "공정무역 생산자의 조직화와 국제적 관계망: 필리핀 마스코바도 생산자 조직을 사례로"(2010), "환경 (부)정의의 공간성과 스 케일의 정치학"(2012), 주요 저서로는 필리핀 영화산업에 드러난 슬럼의 문화를 다룬 『대중문화, 지역을 디자인하다』(2013, 공저) 등이 있다.

최서연

서울대학교 영어교육과와 인류학과 대학원을 졸업하고 미국 버지니아대학교에서 "탈식민주의 말레이시아의 영어교육논쟁: 종족성, 계급, 그리고 식민교육에 대한 향수"라는 제목의 논문으로 박사 학위를 받았다. 현재 서울대학교 아시아연구소 연구원으로 재직하고 있으며, 연구 관심 분야는 아시아 교육시장의 국제화, 교육정책의 사회문화적 효과, 그리고 식민주의와 엘리트주의가 교육제도나 언어 사용 방식과 연관되는 방식 등이다.

말레이세계로 간 한국 기업들
삼성, 미원, 삼익, 코린도의 동남아 현지화 전략

1판 1쇄 찍음 2014년 11월 3일

1판 1쇄 펴냄 2014년 11월 10일

엮은이 오명석

펴낸이 정성원 · 심민규

펴낸곳 도서출판 눌민

출판등록 2013. 2. 28 제2013-000064호

주소 서울시 마포구 양화로 156, 1624호 (121-754)

전화 (02) 332-2486   팩스 (02) 332-2487

이메일 nulminbooks@gmail.com

© 오명석, 전제성, 강윤희, 엄은희, 최서연 2014

Printed in Seoul, Korea

ISBN 979-11-951638-4-7 03320

· 이 책은 2012년 정부(교육부)의 재원으로 한국연구재단의 지원을 받아 수행된 연구의 결과입니다(NRF-2012S1A2A3048850).

· 이 책의 국립중앙도서관 출판예정도서목록(CIP)은 서지정보유통지원시스템 홈페이지(http://seoji.nl.go.kr)와 국가자료공동목록시스템(http://www.nl.go.kr/kolisnet)에서 이용하실 수 있습니다.(CIP제어번호: CIP2014030803)